Advanced Management

先进管理

戴作辉◎著

经济管理出版社

ECONOMY & MANAGEMENT PUBLISHING HOUSE

图书在版编目（CIP）数据

先进管理/戴作辉著 . —北京：经济管理出版社，2019. 12
ISBN 978 - 7 - 5096 - 6971 - 6

Ⅰ . ①先… Ⅱ . ①戴… Ⅲ . ①企业管理—研究 Ⅳ . ①F272

中国版本图书馆 CIP 数据核字（2020）第 010174 号

组稿编辑：胡茜
责任编辑：钱雨荷 胡茜
责任印制：黄章平
责任校对：陈颖

出版发行：经济管理出版社
　　　　　（北京市海淀区北蜂窝 8 号中雅大厦 A 座 11 层　 100038）
网　　　址：www. E-mp. com. cn
电　　　话：（010）51915602
印　　　刷：北京晨旭印刷厂
经　　　销：新华书店
开　　　本：720mm×1000mm /16
印　　　张：15. 75
字　　　数：312 千字
版　　　次：2020 年 5 月第 1 版　 2020 年 5 月第 1 次印刷
书　　　号：ISDN 978 - 7 - 5096 - 6971 - 6
定　　　价：59. 00 元

自 序

先进管理的普遍意义

世界是物质的世界，社会是人类的社会。这个世界是由大大小小的系统组成的宏观系统。其中的每个系统既是其所从属的更大系统的组成部分，又包含了内部不同层级的分系统、子系统与微系统。

每一个人、家庭、团队、企业或国家都是基于一定的人性需要、内部组织与外界环境之间相互关系而划分定义的具有一定时间、空间与功能相态的盈散系统。具有各自的运动规律、磁场效应、势能作用与生命周期特性。都需要在与外界环境不断进行物质、信息与能量交换的活动中，有机协同人性需要、内部组织与外界环境三者之间的关系，寻求系统能量、主体价值与产出能力的最大化。

因此，"物竞天择""优胜劣汰""弱肉强食""适者生存"是真实的世界法则，不会因时、因地、因人而改变。而且每个人的社会竞争力不仅限于个体本身的能量、价值与能力，更在于个体背后所属系统的资源支撑能力。小赢看为人处事，中赢看家族背景，大赢看系统支撑。这导致任何个体间的无序化竞争活动，通常都受其共同从属的社会系统元构体的约束而存在某种无形的线性协同关系。事实上在任何一个系统的建立与发展过程中，人性、事理、机会、物具与物料之间的协同管理都是重中之重。

管，管道，内通外限。内向疏通、引导与促进，外向限制、约束与规避。

理，道理，合规顺理。上承系统发展规律，下应个体人情事理，"止于至善"。

管理是在特定的人性诉求环境下，以内导外限的方式手段形成竞争性协同效应，帮助系统合规顺理地实现内存能量、主体价值与产出能力最大化的活动过程。

先进管理是基于"协同共赢"的价值导向思想，以提升系统效率为中心、追求相关方共赢，强调先知先觉、博采众长、与时俱进的全新管理理论。有别于基于"零和博弈"的利益导向思想，以提高局部效率为中心，追求自我利益最大化的传统经验管理、科学管理与精益管理理论。

先进管理主张在针对具体任务事项时，先理清系统格局，把握发展趋势与人性诉求，明确价值目标，再物色并组合可控的系统资源而构建特性化的盈散结构，形成个性化竞争优势、规避管理风险、确定笃行对策，辅以全过程信息流的反馈、控制，驱动相关方协同共创共赢的同时实现持续性的改善与创新。然后又针对创新升级的成果，梳理其匹配的盈散结构、人性诉求与价值目标，形成更具发展力的竞争优势，并以此来规避新的风险，确定新的对策和新的信息流网络，驱动更高层次上的相关方协同共创共赢与改善创新。如此周而复始，形成螺旋上升式的"理—合—辨—行—控"五步管理循环。

"理"，梳理，强调思想文化的梳理。着重确保在文化上"不落伍"，信仰上知道"为了谁"，目标上了解"为什么"和权责上明确"限制性"。

"合"，组合，强调保障能力上的整合。着重明确风险上的"防范性"，资源上"有什么"和优势上"用什么"。

"辨"，明辨，强调审时度势。着重明确机会上的"可图性"，战略上的"做什么"和战术上的"怎么做"。

"行"，笃行，强调组织用人。着重明确计划上的"时间性"，组织上的"谁负责"和执行上的"贯彻力"。

"控"，程控，强调情报决策。着重明确协调上的"平衡性"，指挥上的"协同性"，控制上的"信息流"和创新上的"发展力"。

事实上，先进管理的过程，就是在"合理致知、竞协发展"的理念下，通过"理—合—辨—行—控"五步管理循环相辅相成而逐次升级的过程。侧重"人—事—机—物—料"之间的价值化协同，强调人性需要、价值管理、系统改善和环境应对等各方面要素的统筹协同，审时度势、与时俱进。这在各个领域的管理上，都具有普遍性的适用意义。为方便《先进管理》读者朋友们系统性地理解掌握，也为方便先进管理在各领域的实际运用，特归纳先进管理万用表（见表1）、大同社会内部管理对照表（见表2）、标杆企业的内部管理对照表（见表3）、杰出家庭内部管理对照表（见表4）供对照参考。

表1   **先进管理万用表**

管理步骤	关键事项	管理定位	管理核心		
			系统观	价值观	竞争观
一、梳理（思想文化）	文化	"不落伍"	"合理致知、竞协发展"，博采众长、与时俱进		
	信仰	"为了谁"	为满足系统大多数成员的价值诉求而竞争		
	目标	"为什么"	有效的目标是在更大的所属系统发展格局下，通过调动系统相关的资源支持，能够实现的某种预期效果。这种目标的实现过程，在满足个体价值诉求的同时，也有益于系统整体利益的最大化		
	权责	"限制性"	组织赋予，因职而权	各安其位，各得其所	各司其职，各尽其责

续表

管理步骤	关键事项	管理定位	管理核心		
			系统观	价值观	竞争观
二、组合（保障能力）	风险	"防范性"	防范系统失控、政令不通	防范价值沦丧、自私自利	防范各行其是、受制于人
	资源	"有什么"	任何可利用的物质、信息与能量	任何可利用的共识性欲望诉求	任何可利用的共识性行为动机
	优势	"用什么"	系统价值链上的核心优势在所属的更大系统中的品牌竞争力		
三、明辨（审时度势）	机会	"可图性"	在更大系统格局下为本系统创造更大价值的可能性		
	战略	"做什么"	为规避潜在风险、实现系统性目标，依据系统资源与竞争优势，设计全局性的发展谋略与投入规划		
	战术	"怎么做"	在战略规划举措指引下，制定的系统发展原则、部署与保障的行动计划纲要		
四、笃行（组织用人）	计划	"时间性"	主要工作布置、进度周期安排及安全隐患排解	利益分配统筹，并做好舆情公关布置	个体挑战目标的距离统筹，并做好应急预案配备
	组织	"谁负责"	构建系统盈余结构，明确组织职能与规章制度。稳定性原则	构建个人能力成长通道，德能匹配。公平性原则	构建职业上进与岗位晋升通道，优胜劣汰。积极性原则
	执行	"贯彻力"	专业分工，制度管控，依法治理	"德""能""绩""态"，四维一体考核	岗位胜任能力评估，竞争性协同
五、程控（情报决策）	协调	"平衡性"	分散配置、集中调度，资源利用最优化	个体利益与整体利益相统一	个体目标与整体目标相统一
	指挥	"协同性"	驱动系统各模块的稳定运行与协同发展	满足系统各个阶层从业者的生存、休闲与成长的公平性诉求	调动系统各个阶层从业者的劳动、创造与上进的积极性
	控制	"信息流"	系统发展目标实现过程的效率、质量、成本与风险控制	个体利益与整体利益的统一程度，提高个体动机强度	个体目标与整体目标的统一程度，提高个体行为效率
	创新	"发展力"	不断总结提炼经验，创造发展机会，消减系统风险，促进系统进化升级		

表2   大同社会的内部管理对照表

管理步骤	关键事项	管理定位	管理核心		
			系统观	价值观	竞争观
一、梳理（思想文化）	文化	"不落伍"	"合理致知、竞协发展"，博采众长、与时俱进		
	信仰	"为了谁"	为满足社会大多数人的福祉而创造更多社会价值而奋斗		
	目标	"为什么"	有效的目标是在世界发展格局下，通过调动社会相关的资源支持，能够实现的某种预期效果。这种目标的实现过程，在满足个体价值诉求的同时，也有益于社会整体利益的最大化		
	权责	"限制性"	社会民主组织授权，权力为社会民生服务	各安其位，各得其所	各司其职，各尽其责
二、组合（保障能力）	风险	"防范性"	防范社会动乱、政令不通、民心不安	防范社会信仰偏离、自私自利	防范社会内讧、各自为政、受制于人
	资源	"有什么"	世界范围内，可利用的物质、信息与能量等资源	与社会意志相统一的个体意志	旨在促进社会发展的个体行为动机
	优势	"用什么"	社会各个领域价值链上的核心优势在世界产业链中的品牌竞争力		
三、明辨（审时度势）	机会	"可图性"	把握世界发展潮流，捕捉社会发展机遇，明确社会发展方向		
	战略	"做什么"	为规避潜在的发展风险，实现社会发展目标，在实际的社会资源与竞争优势下，设计全局性的发展谋略与产业规划		
	战术	"怎么做"	在战略规划举措指引下，制定的社会发展原则、部署与保障的行动计划纲要		
四、笃行（组织用人）	计划	"时间性"	主要工作布置、进度周期安排，社会职能优化及其隐患排解	满足社会各阶层的安居乐业诉求，并做好舆情公关布置	统筹社会各阶层的个体志向目标的距离，并做好应急预案配备
	组织	"谁负责"	构建"农""工""商""学""兵""政""党"的社会盈余结构，明确职能职责与法律法规。稳定性原则	构建"徒""工""匠""师""家""宗""圣"各级别的个人能力成长通道。公平性原则，德能匹配	构建各领域的职业上进与岗位晋升通道。积极性原则，优胜劣汰
	执行	"贯彻力"	专业分工，制度管控，依法治理	思想教育、学历教育、技能教育，三维一体	岗位胜任能力评估，竞争性协同

管理步骤	关键事项	管理定位	管理核心		
			系统观	价值观	竞争观
五、程控 (情报决策)	协调	"平衡性"	分散配置、集中调度，社会资源利用最优化	个体利益与社会整体利益相统一	个体目标与社会整体目标相统一
	指挥	"协同性"	驱动社会各个系统的稳定运行与协同发展	满足社会各个阶层从业者的生存、休闲与成长的需求	调动社会各个阶层从业者的劳动、创造与上进的积极性
	控制	"信息流"	控制社会发展目标实现过程的效率、质量、成本与风险控制	控制个体利益与社会利益的统一程度，提高个体动机强度	控制个体目标与社会目标的统一程度，提高个体行为效率
	创新	"发展力"	不断总结提炼发展经验，创造社会发展机会，消减社会发展风险，促进社会发展、人类进化与管理升级。		

表3 **标杆企业的内部管理对照表**

管理步骤	关键事项	管理定位	管理核心		
			系统观	价值观	竞争观
一、梳理 (思想文化)	文化	"不落伍"	"合理致知、竞协发展"，博采众长、与时俱进		
	信仰	"为了谁"	为促进企业能够担当更多社会责任、创造更多社会价值而奋斗		
	目标	"为什么"	有效的目标是在产业链发展格局下，通过调动企业相关的资源支持，能够实现的某种预期效果。这种目标的实现过程，在满足个体价值诉求的同时，也有益于企业整体利益的最大化		
	权责	"限制性"	企业经营组织授权，权力为企业效益服务	各安其位，各得其所	各司其职，各尽其责
二、组合 (保障能力)	风险	"防范性"	防范企业政令不通、重大损失与经营破产	防范企业经营理念的偏离、急功近利	防范企业内讧、各自为政、受制于人
	资源	"有什么"	企业内外部可以利用的品牌、技术、资金、厂房、机器、人力、材料、制度、信息等	与企业意志相统一的员工意志	旨在促进企业发展的员工行为动机
	优势	"用什么"	企业价值链上的核心优势在产业链中品牌竞争力		
三、明辨 (审时度势)	机会	"可图性"	把握行业发展潮流，捕捉企业发展机遇，明确企业发展方向		
	战略	"做什么"	为规避潜在的经营风险，实现企业发展目标，依据企业资源与竞争优势，设计全局性的发展谋略与投资规划		
	战术	"怎么做"	在战略规划举措指引下，制定企业产品的市场竞争原则、部署与保障的行动计划纲要		

续表

管理步骤	关键事项	管理定位	管理核心		
			系统观	价值观	竞争观
四、笃行（组织用人）	计划	"时间性"	主要工作布置、进度周期安排，组织职能优化及其隐患排解	满足企业相关方的利益诉求，并做好舆情公关布置	统筹企业各级岗位的挑战目标的距离，并做好应急预案配备
	组织	"谁负责"	构建"研""采""产""供""销"的企业盈余结构，明确职能职责与规章制度。稳定性原则	构建"徒""工""匠""师""家""宗""圣"各级别的员工能力成长通道。公平性原则，德能匹配	构建"徒""工""员""师""理""监""总"各层次的职业上进与岗位晋升通道。积极性原则，优胜劣汰
	执行	"贯彻力"	专业分工，制度管控	"德""能""绩""态"四维一体考核	岗位胜任能力评估，竞争性协同
五、程控（情报决策）	协调	"平衡性"	分散配置、集中调度，企业资源利用最优化	个体利益与企业整体利益相统一	个体目标与企业整体目标相统一
	指挥	"协同性"	驱动企业各个系统的稳定运行与协同发展	满足企业各个阶层从业者的生存、休闲与成长的需求	调动企业各个阶层从业者的劳动、创造与上进的积极性
	控制	"信息流"	控制企业发展目标实现过程的效率、质量、成本与风险控制	控制员工利益与企业利益的统一程度，提高个体动机强度	控制员工目标与企业目标的统一程度，提高个体行为效率
	创新	"发展力"	不断总结提炼经验，创造发展机会，消减企业发展风险，促进企业发展、技术革新与管理升级		

表 4　　　　　杰出家庭的内部管理对照表

管理步骤	关键事项	管理定位	管理核心		
			系统观	价值观	竞争观
一、梳理（思想文化）	文化	"不落伍"	"合理致知、竞协发展"，博采众长、与时俱进		
	信仰	"为了谁"	为促进家族能够担当更多社会责任、创造更多社会价值而奋斗		
	目标	"为什么"	有效的目标是在社会发展格局下，通过调动家族相关的资源支持，能够实现的某种预期效果。这种目标的实现过程，在满足个人价值诉求的同时，也有益于家族整体利益的最大化		
	权责	"限制性"	家族授权，权力为家族利益服务	各安其位，各得其所	各司其职，各尽其责

续表

管理步骤	关键事项	管理定位	管理核心		
			系统观	价值观	竞争观
二、组合（保障能力）	风险	"防范性"	防范家族利益重大损失与衰落	防范家族经营理念的偏离、急功近利	防范家族内讧、互相拆台、受制于人
	资源	"有什么"	家族内外部可以利用的人脉、资金、资产与信息等	与家族意志相统一的个人意志	旨在促进家族兴旺发展的个人行为动机
	优势	"用什么"	家族价值链上的核心优势在社会生活与工作环境中的影响力与竞争力		
三、明辨（审时度势）	机会	"可图性"	把握社会发展潮流，捕捉家族发展机遇，明确家族发展方向		
	战略	"做什么"	为规避潜在的经营风险，实现家族发展目标，依据家族资源与竞争优势，设计全局性的发展谋略与投资规划		
	战术	"怎么做"	在战略规划举措指引下，制定家族成员的社会竞争原则、部署与保障的行动计划纲要		
四、笃行（组织用人）	计划	"时间性"	主要工作布置、进度周期安排，家族职能优化及其隐患排解	满足家族相关方的利益诉求，并做好舆情公关布置	统筹家族各辈人员的志向目标的距离，并做好应急预案配备
	组织	"谁负责"	构建"收""支""婚""育""教""养""立"的家族盈余结构，明确职能职责与规章制度。稳定性原则	支持家族成员的"徒""工""匠""师""家""宗""圣"各级别能力成长。公平性原则，德能匹配	支持家族成员的"学习""成长""婚嫁""立业""兴家"各阶段事业成长。积极性原则，优多劣少
	执行	"贯彻力"	专业分工，制度管控，家礼约束	"德""能""绩""态"四维一体考核	岗位胜任能力评估，竞争性协同
五、程控（情报决策）	协调	"平衡性"	分散配置、集中调度，家族资源利用最优化	个人利益与家族整体利益相统一	个人目标与家族整体目标相统一
	指挥	"协同性"	驱动家族各个系统的稳定运行与协同发展	满足家族各辈人员的生存、休闲与成长的需求	调动家族各辈人员的劳动、创造与上进的积极性
	控制	"信息流"	控制家族发展目标实现过程的效率、质量、成本与风险控制	控制个人利益与家族利益的统一程度，提高个人动机强度	控制个人目标与家族目标的统一程度，提高个人行为效率
	创新	"发展力"	不断总结提炼经验，创造发展机会，消减家族风险，促进家族兴旺发达		

戴作辉

2020 年 2 月 29 日

前　言

　　一个国家的经济是一种动态平衡而有序的盈散系统。不断通过自身特性化的盈散结构与外界环境进行物质、信息与能量的交换活动，促进社会价值与财富的持续创造。

　　国家调控政策、生活习俗、消费文化与劳动热情，都在国家经济盈散结构框架下，旨在协同推动各行各业竞争性协同氛围的形成，实现各产业经济价值与效益的最大化。其中的计划经济是一种基组织的行为，市场经济是一种自组织的行为。基组织是国家经济的结构保障，自组织是国家经济的活力来源。

　　作为自组织的每个人、每个企业都从个体利益出发，希望以最小的投入获取最大的价值。但通常受到一只"无形的手"的指引，在追求自己利益的同时，往往能比真正出于本意情况下的努力更加有效地促进社会协同的利益①。以至于每一个人、每一个企业的成长经历与发展潜力，通常都受制于国家经济的主题导向、政策演变与环境变迁的影响。

　　因此，一个人如果没有切合自己认知的思辨体系，听再高端的演讲与课程都是浪费时间②。一个企业如果没有适合自身发展需要的管理方式，引入再先进的技术都无法支撑稳健发展。这就是所谓"不谋万世者，不足谋一时；不谋全局者，不足谋一域"。

　　一个企业必须有自己特性化的管理方式，确保相关的发展路径、技术积淀与管理内功做到审时度势、乘势而为。才能灵活应对各种变量风险，实现企业价值与效益的最大化。而且，企业稳健发展的本身也是在促进整个社会经济的价值创造与财富增加，企业的不健康存在与发展的本身就是社会经济的最大浪费。

　　比如享誉世界的顶级管理大师迈克尔·波特先生的咨询公司 Monitor Group 在2012 年 11 月申请破产保护③，并不代表其五力分析、竞争战略和价值链理论不行，其中关键在于该公司的商业模式与创新研发是否与时俱进，该公司管理者的经营理念与管理方法有没有与时俱进，该公司的整体经营能否灵活应对各种变量

---

　①　亚当·斯密. 国富论［M］. 胡长明译. 重庆：重庆出版社，2015.

　②　约翰·泰勒·盖托著. 上学真的有用吗［M］. 汪小英译. 北京：生活·读书·新知三联书店，2010.

　③　孙黎，李平. 好理论，坏管理，战略大师波特的公司破产了［J］. 中欧商业评论，2014.

风险的冲击影响。

事实上，管理具有鲜明的时代与环境特征。生产力水平决定生产方式的选择，生产方式的选择决定生产关系的性质，而生产关系的复杂程度往往促使管理方式的改变。

传统以个人能力经验为中心的经验管理，以提高单位效率为中心的科学管理[①]，和以提高价值链效率为中心的精益管理，都是基于利益导向的"零和博弈"思想的产物，致力于通过行业有限资源的快速抢占来实现自己的利益最大化。

在传统管理方式下，强调凭借个人能力经验来追求股东利润的最大化。客户面前"拍胸脯"拿单、经营过程"拍脑袋"决策、接到客诉"拍桌子"骂人是常态。口头上重视工业设计、工艺管理、设备维保和人才培养，行动上追求"短""平""快"地赚取眼前利润。自然导致产品粗制滥造、竞争力低下，进而压缩企业的发展空间。

在精益管理方式下，强调流水线作业、批量性规模生产来追求企业利润。企业都想通过控制价值链上的稀缺资源来获取竞争优势，通过加大周期性项目投建来获取规模优势，最终形成差异化或低成本的获利模式。其缺点是抬高运营成本、降低市场反应敏捷度，最终不得不透过产品向消费者转嫁系统成本。这种做法很难顺应少量多品种的个性化定制潮流。

如今在新工业时代背景下，强调"跨界整合、协同创新"，强调通过竞争性协同效应实现相关方共赢。无论所属哪个行业、无论卖什么产品的企业，都必须以产业市场价值为中心，将买卖关系思维向服务关系思维让渡。无论是作坊式生产还是流水线生产、大批量生产还是定制化生产、劳动密集型还是无人化工厂，都必须稳步实现自动化、信息化、数字化、智能化的转型升级。

做不到融合运用自动化、信息化、数字化与智能化相关的先进制造技术，就无法审视企业各系统运行的有效性。

做不到合理统筹各类时间周期管理，就无法快速组织团队消除各种系统性浪费。

做不到引导各级岗位员工在做好岗位工作的同时，不断发掘自己的潜能、吸收外界经验、发现存在问题，就无法驱动全员致力于绩效提升的价值化贡献。

新工业时代的管理必须是以提升系统效率为中心，追求相关方共赢的管理方式。强调系统竞争、人性协同、兼容共享，强调价值经营、持续改善、与时俱进，拒绝一成不变、拒绝生搬硬套、拒绝平凡无奇。

这种基于"协同共赢"思想而先知先觉、博采众长、与时俱进的全新管理方式，称之为"先进管理"。

下图为管理方式的演变。

---

① 弗雷德里克·泰勒. 科学管理原理［M］. 黄榛译. 北京：北京理工大学出版社，2012.

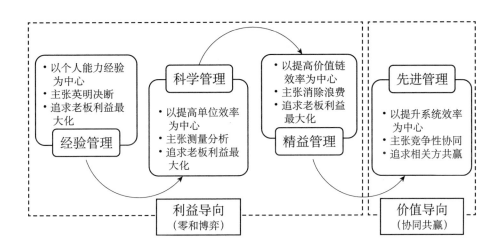

管，管道，内通外限。内向疏通、引导与促进，外向限制、约束与规避。

理，道理，合规顺理。上承系统发展规律，下应个体人情事理，"止于至善"①。

管理的定义就是在特定的人性诉求环境下，以内导外限的方式手段形成竞争性协同效应，帮助系统合规顺理地实现内存能量、主体价值与产出能力最大化的活动过程。

先进管理是基于"协同共赢"思想，以提升系统效率为中心、追求相关方共赢，强调先知先觉、博采众长、与时俱进的全新管理理论体系。有别于基于"零和博弈"的利益导向思想，以提高局部效率为中心和追求自我利益最大化的传统经验管理、科学管理与精益管理。

先进管理的定义就是在特定的目标导向②与人性诉求环境下，通过计划、组织、协调、指挥、控制与创新的系列性手段③，营建并完善开放、兼容与共享的系统元构体及竞争性协同系统价值链上各相关方的优势资源，实现系统内在能量、主体价值和产出能力最大化的活动过程。

先进管理的哲学宗旨就是"合理致知、竞协发展"。其六大要素是系统筹划、人性协同、价值经营、组织管理、先进生产和持续改善。

先进管理，并不能狭隘地认为利用最新的信息化、数字化技术实施管理就叫先进管理。先进管理侧重"人—事—机—物—料"之间的价值化协同，必须统筹人性需要满足、产品价值管理、系统局限改善和环境变化应对等各方面要素，

---

① 曾参：《大学》，（原收于戴圣的《小戴礼记》），由"明明德、亲民、止于至善"三纲领和"格物、致知、诚意、正心、修身、齐家、治国、平天下"八条目为主题，阐释政治与人性的协同思想。

② 彼得·德鲁克. 管理的实践［M］. 齐若兰译. 北京：机械工程出版社，2009.

③ 弗雷德里克·泰勒. 科学管理原理［M］. 黄榛译. 北京：北京理工大学出版社，2012.

审时度势、与时俱进。

先进管理主张在针对具体事项时，先理清系统格局，把握发展趋势与人性诉求，明确管理目标，再物色并组合可控的系统资源而形成个性化竞争优势，并以此构建特性化的盈散结构来规避管理风险、确定笃行对策，驱动相关方协同共创共赢的同时，辅以全过程信息流的反馈、控制和持续改善。从而在维持系统相态稳固的前提下，确保系统三螺旋元构体在不断与外界进行物质、信息与能量交换活动中，实现生命周期内存能量、主体价值与产出能力的最大化。下图为先进管理的方法解析图。

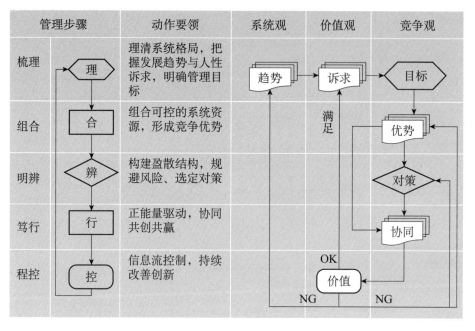

其中，构建并控制特性化盈散结构是先进管理对策的关键。如此才能调集相关方优势资源来促进竞争力与话语权，提升整体性竞争优势。在战略层面关注"价值盈余""投入产出比"和"风险变量"，战术层面关注"节律周期""弛豫时间"和"协同能力"，执行层面关注"竞争节拍""产出效率"和"系统成本"。

《先进管理》的内容主要由基础理论、先进生产与持续改善三个部分展开。从现实经济管理瓶颈的视野引申先进管理的时代意义，从人性需要和系统管理的角度剖析先进管理的本质要求，从价值本义与价值管理的层面论证先进管理的价值主张，从先进生产方式和持续改善模式的方向阐释先进管理的理论运用。

本人二十年的精益生产实战历程，可谓"修绠汲古、择善固执，无惧红尘遮望眼，赋能创新、与时俱进，勤学科技踏征程。"持续不断地总结、改善、学习与思考，得以首创出先进管理理论体系，并成就了《先进管理》的撰著。

一方面，《先进管理》具有普遍性意义，不仅只限于生产制造领域。希望本书的出版能够帮助各行各业的朋友们进一步开阔视野、举一反三，把握时代、做好自己，建立自己人生的盈散结构。从而与时俱进、夯基补强、博采众长、持续改善，紧跟时代发展步伐，实现自我能量、人生价值与创造能力的最大化。

阅读过程中，有任何交流意见、完善建议、学习意愿与合作需求均可加微信联系：

另一方面，先进管理的整套理论毕竟是笔者个人的首创，相关的术语、公式、逻辑、方法论等大多为个人经验总结的确定，不足之处在所难免。

谨以抛砖引玉之心，诚邀广大有识之士携手先进管理的深化研究、发扬光大。

戴作辉

2019 年 12 月

目　　录

第一章　中国企业的发展困境与机遇 ………………………………… 1

第一节　外部环境压力 ……………………………………………… 2

第二节　内部发展障碍 ……………………………………………… 4

一、产权不清楚，接班传承困难 ………………………………… 5

二、家长式管理，投机心态较重 ………………………………… 6

三、创新能力差，发展后劲乏力 ………………………………… 7

四、专业人才匮乏，劳资问题突出 ……………………………… 7

五、管理不规范，过程浪费严重 ………………………………… 8

第三节　新工业时代的发展潮流 …………………………………… 9

一、新工业时代的商业逻辑 ……………………………………… 9

二、中国制造的转型升级之路 …………………………………… 10

三、企业的转型升级对策 ………………………………………… 11

第二章　先进管理概论 ……………………………………………… 13

第一节　先进管理的意义 …………………………………………… 14

第二节　先进管理的哲学 …………………………………………… 15

一、"合理致知" …………………………………………………… 16

二、"竞协发展" …………………………………………………… 16

三、先进管理的六大要素 ………………………………………… 17

第三节　先进管理的原则 …………………………………………… 17

第四节　先进管理的三观 …………………………………………… 19

一、系统观 ………………………………………………………… 19

二、价值观 ………………………………………………………… 19

三、竞争观 ………………………………………………………… 20

第五节　先进管理的权力 …………………………………………… 20

一、意动性权力 …………………………………………………… 20

二、认知性权力 …………………………………………………… 21

三、审美性权力 ································· 21

第六节　先进管理模式 ································· 22

一、先进管理模式框架 ································· 22

二、先进管理的方法论 ································· 23

三、先进管理的手法 ································· 24

四、先进管理的风控 ································· 25

五、管理成熟度评价 ································· 27

第七节　先进管理的路线图 ································· 28

一、企业转型升级七步法 ································· 28

二、管理升级路线图 ································· 30

第三章　系统与系统化管理 ································· 31

第一节　系统的本义 ································· 31

一、系统的相态 ································· 33

二、系统的盈散结构 ································· 33

三、系统元构体 ································· 35

四、盈散系统 ································· 36

第二节　系统的主导 ································· 38

一、组织主导 ································· 38

二、信息主导 ································· 38

三、能量主导 ································· 39

第三节　盈散结构的组成 ································· 40

第四节　系统价值链 ································· 42

第五节　竞争性协同效应 ································· 44

一、竞争 ································· 45

二、协同 ································· 45

三、竞争性协同 ································· 47

第六节　系统生命周期 ································· 18

一、系统的生命长度 ································· 49

二、系统风险 ································· 50

三、系统生命高度 ································· 51

四、系统的成长与自愈能力 ································· 51

第七节　系统性能指标 ································· 54

一、系统基础性能指标 ································· 54

二、系统管理性能指标 ································· 55

三、系统经营性能指标 ·························· 56

第八节 系统耐受能力锻炼 ·························· 58
　　一、风险耐受能力 ·························· 58
　　二、风险耐受能力锻炼 ·························· 58
　　三、风险压力测试 ·························· 59

第九节 系统化管理 ·························· 60
　　一、系统能量管理 ·························· 61
　　二、系统价值产出能力管理 ·························· 62
　　三、系统风险管理 ·························· 63
　　四、系统管理八大原则 ·························· 65
　　五、系统管理的秘诀 ·························· 67

第四章 人性与人性化管理 ·························· 69
第一节 人性的需要 ·························· 70
　　一、人性需要的本义 ·························· 70
　　二、人性需要的层级关系 ·························· 71

第二节 自然属性需要 ·························· 72
第三节 社会属性需要 ·························· 72
第四节 精神属性需要 ·························· 73
第五节 欲望与动机 ·························· 74
第六节 动机与动机强度 ·························· 75
　　一、动机产生的内因 ·························· 76
　　二、动机产生的外因 ·························· 76
　　三、目标距离的影响 ·························· 76

第七节 人的主动性 ·························· 76
　　一、公平性 ·························· 77
　　二、积极性 ·························· 78
　　三、有效沟通 ·························· 79

第八节 行为与行为效率 ·························· 81
　　一、行为的分类 ·························· 81
　　二、行为效率 ·························· 81
　　三、动机强度与行为效率的关系 ·························· 82
　　四、情绪水平与行为效率的关系 ·························· 82
　　五、积极性与行为效率的关系 ·························· 83

第九节　人性化管理 ································· 84
　　一、人性化管理的任务 ····················· 85
　　二、人性化管理的三级水平 ················· 86
　　三、人性化管理的六项法则 ················· 87

第五章　价值与价值化管理 ····················· 93
　第一节　价值的定义 ························· 93
　第二节　价值的组成 ························· 94
　　一、意动价值 ····························· 95
　　二、认知价值 ····························· 95
　　三、审美价值 ····························· 96
　第三节　产品价值 ··························· 96
　　一、产品的本体价值 ····················· 97
　　二、产品的技能价值 ····················· 98
　　三、产品的附加价值 ····················· 99
　　四、产品的核心价值 ····················· 100
　第四节　商品价值 ··························· 101
　　一、服务价值 ····························· 102
　　二、盈余价值 ····························· 103
　　三、商品价值的定义与公式 ················· 104
　第五节　商品定价 ··························· 105
　第六节　价值化管理 ························· 108
　　一、价值化管理的逻辑图 ················· 109
　　二、价值创造模型 ······················· 110
　　三、价值化管理的模式框架 ················· 111
　　四、价值管理能力的评价指标 ··············· 112

第六章　先进生产 ····························· 114
　第一节　产业链分析 ························· 116
　　一、产业进入选择 ······················· 117
　　二、产业链分析 ························· 117
　　三、同行竞业分析 ······················· 118
　第二节　商业模式设计 ····················· 120
　第三节　价值导向定位 ····················· 122
　第四节　经营模式选择 ····················· 123

一、生产者导向模式 ……………………………………………… 123
二、产销一体化模式 ……………………………………………… 124
三、消费者导向模式 ……………………………………………… 124
第五节 生产方式选择 ……………………………………………… 125
第六节 企业价值链管理 …………………………………………… 127
一、价值链管理的定义 …………………………………………… 127
二、价值链的产出能力 …………………………………………… 128
三、价值链的性能指标 …………………………………………… 129
第七节 企业内控体系构建 ………………………………………… 129
一、企业内控原则 ………………………………………………… 130
二、企业内控体系 ………………………………………………… 130
三、部门价值化管理 ……………………………………………… 131
第八节 生产流程管理 ……………………………………………… 138
一、流程程序分析 ………………………………………………… 138
二、线路图分析 …………………………………………………… 140
第九节 产品价值流管理 …………………………………………… 141
一、当前状态价值流图分析 ……………………………………… 143
二、提案改善的机会 ……………………………………………… 143
三、理想状态价值流图分析 ……………………………………… 145
第十节 生产工艺管理 ……………………………………………… 147
一、生产工艺管理制度 …………………………………………… 147
二、工艺设计管理 ………………………………………………… 149
三、工艺程序管理 ………………………………………………… 150
四、负荷余力管理 ………………………………………………… 152
五、制程能力管理 ………………………………………………… 154
第十一节 人机协同管理 …………………………………………… 159
一、人机操作分析 ………………………………………………… 160
二、联合操作分析 ………………………………………………… 162
三、双手操作分析 ………………………………………………… 162
第十二节 动作效率管理 …………………………………………… 164
一、动作效率管理的原则 ………………………………………… 165
二、动素分析 ……………………………………………………… 166
三、动作经济分析 ………………………………………………… 176
四、动作效率的改善原则 ………………………………………… 176

第七章　持续改善 ··· 178
　第一节　持续改善的形式 ··· 179
　第二节　持续改善的意义 ··· 180
　第三节　持续改善哲学 ··· 182
　第四节　持续改善的任务 ··· 183
　第五节　持续改善的范围 ··· 184
　第六节　持续改善的模式 ··· 185
　第七节　持续改善模式导入 ··· 188
　第八节　持续改善活动管理 ··· 190
　　一、持续改善委员会 ··· 190
　　二、"一把手"工程 ·· 191
　　三、"七个零"的改善追求 ·· 193
　第九节　持续改善的工具方法 ······································· 194
　第十节　管理综合考评 ··· 195
　　一、考评的意义 ··· 196
　　二、适用范围 ··· 196
　　三、考评组织 ··· 196
　　四、考评内容 ··· 196
　　五、考评程序及要求 ··· 197
　　六、总结会议 ··· 198
　　七、结果利用 ··· 198
　　八、举例 ··· 199
　第十一节　全员提案改善 ··· 199
　　一、提案改善活动逻辑 ··· 200
　　二、提案改善活动范围 ··· 200
　　三、提案改善活动重点 ··· 201
　　四、提案改善活动流程 ··· 202
　第十二节　项目专案改善 ··· 203
　　一、项目专案的分类 ··· 204
　　二、项目管理原则 ··· 205
　　三、项目专案改善流程 ··· 205
　第十三节　成本内控体系 ··· 207
　　一、企业成本内控体系组成 ······································· 207
　　二、导入成本内控的核心 ··· 209
　　三、导入成本内控的关键 ··· 209

四、成本内控实施步骤 ·· 213

第十四节　持续改善效益核算 ···································· 214

一、制程改善类效益核算标准 ·································· 215

二、设计改善类效益核算标准 ·································· 218

三、布局改善类效益核算标准 ·································· 219

四、工具改善类效益核算标准 ·································· 219

五、系统改善效益核算标准 ···································· 220

六、表单优化类效益核算标准 ·································· 220

第十五节　部门管理效益核算 ···································· 220

一、成本核算项目 ·· 221

二、成本核算科目 ·· 221

三、成本核算规则 ·· 221

四、基准值核定原则 ·· 221

五、与上年同比节约效益的核算 ································ 222

六、与标准对比节约效益的核算 ································ 222

参考文献 ·· 224

后跋 ·· 227

第一章　中国企业的发展困境与机遇

　　中国改革开放的实质就是在中国特色的经济盈散结构的框架下，持续激发市场经济的各类自组织与基组织在竞争性协同中的创新潜力与发展活力，构建一个"创新、协调、绿色、开放、共享"① 的开放型经济系统。

　　在改革开放的初期，时代主题是"开放促就业，强国富民"。为调动人民自主创业积极性、激发市场竞争活力、构建产业经济体系，通过"来料加工""来样加工""来件配装"和"补偿贸易"的"三来一补"招商模式，和对于外资企业实行三年免税和两年半免税的"三免两减半"扶持政策，大力发展地方经济产业。

　　这时期，所有商业活动的基本动机都是为老板或股东赚钱，而不是为了满足目标市场消费者的价值消费需要。为了在市场"零和博弈"的思潮下快速抢占产业资源，企业普遍的经济模式都是以联合对接产业链分段需求为中心的"面对面"模式。

　　在此背景下，大多数企业都是抓住某些机会，通过劳动协议把雇佣人群聚集在固定的地点，约束其每天按固定的时间从事相对固定的工作，产出相对固定的产品。再以相对固定的仓储物流配送到相对固定的销售渠道，最后以相对固定的营销方式完成价值交换来实现股东利润最大化。构建起自己的"供应商→生产商→品牌商→经销商→消费者"价值传递链，逐级延展、批量满足市场需求，就能获得高额利润和长足发展。过程中一直忙于发展壮大，缺少回头看。

　　一方面，举国上下只争朝夕地顽强拼搏，让中国制造仅用30年的时间就建成一个举世无双的工业体系。出现高铁、激光、5G技术、3D打印、超级计算机、微晶超级钢、大型挖泥船、大型龙门吊、火箭振动台，以及量子通信和特高压输电等一大批领先世界的核心技术，造就一个流水线生产与作坊式生产并存、无人化工厂与密集型工厂并存、定制化生产与大批量生产并存的工业时代。中国成为全世界唯一拥有联合国产业分类的41个工业大类、191个中类和525个小类的全部工业门类的国家。

　　工业品类齐全构成生产配套高时效性的竞争优势，既确保中国经济发展不受制于人，又大幅拉低供应链成本。从而让中国制造的产品成为质优价廉、高性价

---

　　① 参见《中华人民共和国国民经济和社会发展第十三个五年规划纲要》。

比的代名词，增强了中国制造在国际贸易中的整体性竞争优势。

另一方面，跨国公司和国际资本长时期以来，一直基于低成本供应链的策略进行全球化布局与投资，通过建立全球性产业经济链虹吸全球性资源，获取最大化的利益。使工业制造的区域趋向性也越来越强，各国的工业发展越来越不平衡，同时也让各国经济的相互依存度日益加强。

大量的中国企业长期被分工于国际产业链的低端环节。在中国市场供不应求的时代，只要一直重复"广告轰炸→渠道压货→终端降价"的套路，就能将粗制滥造的产品做出很好的销售业绩。导致各个产业环境普遍以追求短期利润为中心，都不是很重视创新投入、技术研发、工艺管理和人才培养。

国家统计局福建调查总队曾对福建省9个行业2142家5000万元以上规模企业中抽取500家作为样本，整体性调查分析福建工业企业技术引进和消化吸收状况。发现其中：

有引进成套进口设备、关键设备或生产线的企业占34.7%，获得专利技术许可或转让的企业仅占4.2%。

有进口设备的企业占54.4%，其中的35.1%的企业进口设备满负荷生产，45.6%的企业发挥70%~80%，9.6%的企业发挥50%~70%，发挥50%以下的企业占5.3%。

36.6%企业认为通过引进国外技术提高产品质量、附加值和竞争力，31.8%的企业认为提高生产效率，19.4%的企业认为降低产品成本，15.4%的企业认为降低环境污染。

有意愿继续引进成套进口设备、关键设备或生产线的企业大都倾向于单纯引进硬件设备。准备同时引进软件和硬件的企业只占22.1%，准备单纯引进软件技术的企业只占6.9%[①]。

这就是大多数企业的起家背景与发展现况。

第一节　外部环境压力

近年来国际市场持续低迷，国内需求增速趋缓，传统制造业供过于求的矛盾日益凸显。导致客户要求越来越挑剔、产品周期越来越短、技术创新越来越难、行业秘密越来越少。产品性价比将在很长时期内都会是市场竞争的核心，系统性成本优势在很长时间内都是企业赢取市场竞争的关键。

---

① 参见国家统计局福建调查总队《福建工业企业技术引进与消化吸收状况分析》（2007年6月8日）。

当今时代主题是"深化改革、转型升级"。通过去产能、去库存、去杠杆、降成本、补短板的"三去一降一补"措施，大力推动供给侧的结构性改革。为化解产品供过于求而引发的恶性竞争，寻求有效的转型升级方法，商业活动的基本动机应当从通过利益导向下的单纯为老板或股东赚钱而驱动，转向价值导向下的通过满足目标市场价值消费需要带来的必要收益而驱动。

于是对大部分传统制造企业而言，必须直面源于城市发展、消费升级、互联网化、贸易保护和大众创业五个方面的外部环境压力。扬长避短、与时俱进，才能摆脱举步维艰的发展困境而转型升级成功。

第一，源于城市发展的压力。

新一轮的城市发展侧重通过完善区域内产业链并向价值链高端转移的升级方式，引领区域经济结构的革故鼎新与协同发展。绿色环保、人文价值是其中的核心命题。这将大幅提升企业的社会责任付出成本。

大量产能落后、创新乏力、污染排放、技术含量低、劳动密集型的企业，都将在新一轮城市升级大潮中被淘汰出局。只有区域龙头型、基地型的企业，科技含量高、市场前景好的企业，才能在新一轮城市升级大潮中稳住下来并集聚发展。

第二，源于消费升级的压力。

市场需求结构的变化决定消费结构的变化，进而导致产品供给结构的相应变化。随着物质产品的丰富、生活水平的提高和人民对美好生活的向往，市场消费者对产品价值的需求从单纯的功能使用效能逐步转变为还需兼备情感体验效能和精神升华效能。

这要求企业不仅要做出质美价廉的产品，还要给产品赋予特性化的价值内涵，让产品具有个性化感染力与生命力。

第三，源于互联网化的压力。

截至 2018 年 12 月，中国网民规模达 8.29 亿人，互联网普及率为 59.6%；手机网民规模达 8.17 亿人，网民通过手机接入互联网的比例高达 98.6%；网络购物用户规模达 6.10 亿人，网民使用率为 73.6%[①]。

移动互联网让无数的消费者与生产者实现自我对接，跨越国界、跨越时空。过去受限于信息不对称而无法满足的个性化需求，现在可以利用移动互联网轻易找到生产者或服务商，大幅挤压经销、代理和批发市场的生存空间。曾经基于信息不对称而气吞山河的传统渠道优势逐渐弱化，市场份额开始被越来越多的新兴创业体所蚕食。

过去受限于信息不对称而必须独自研发设计、独自组织生产、自建运维服

———————

① 参见中国互联网络信息中心《第43次中国互联网络发展状况统计报告》（2019年2月28日）。

务，现在可以利用工业互联网轻易找到开发商、生产商与服务商组建协作价值链，实现云端调控、专业分工、战略合作、协同共赢。

第四，源于贸易保护的压力。

由于全球经济前景的不乐观，近年来的国际贸易保护事件大幅增加，贸易壁垒的门槛越来越高。各国都在不断提高进口产品的进口关税、质量标准、绿色标志和环保要求。

过去各种各样的低价竞争方式很难规避反倾销壁垒。大量企业的工艺标准、技术能力和管理水平必须统筹兼顾、标本兼治，既要抓眼前变革创新，更要抓长远转型升级。从价格竞争转向性价比竞争，重质量、重创新，才能从根本上解决越来越多的贸易风险与纠纷，化解源于贸易保护带来的竞争压力。

第五，源于大众创业的压力。

改革开放后出生的"80后""90后"整体素质都比较高，个性较强、信息广泛、想法新奇，主动性、独立性与协作性也都很强。他们有大量机会通过互联网获得资源、影响力及合伙人而创业成功。

能力越强、素质越高、特长越突出的人，越看中个人职业发展，越不愿意长期受雇于某个企业。留给慵懒企业的人才通常是资质普通、能力一般、信心不足或者定位不清的平凡之辈。因为只有这些人才会愿意长期依附于企业的组织安排，凡事"等""靠""要"。也只有这些人才会愿意从事无须太多思考，只需严格执行规章指令的工作，每日朝九晚五上班，唯唯诺诺、安稳自足。

图 1-1 为传统企业转型升级的外部压力。

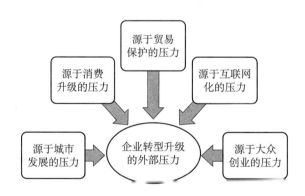

图 1-1　传统企业转型升级的外部压力

第二节　内部发展障碍

大量的传统企业一直都是战略不清、管理粗放，不善于价值地深耕，不重视创新投入、技术积累和人才培养。各种管理标准化、技术标准化和岗位标准化的内容都没有深入研究，习惯于"推""躲""避"创新问题、质量问题和安全问题。

发展较好的企业也是普遍以销售渠道为导向，"规模化压货、低价铺市场"的方式获取规模化利润。通过低用工成本生产基地的高库存作为支撑，简单粗暴地往销售渠道"塞货"。导致供应链拉得很长，各级库存居高不下，存货成本远远高于用工成本。再加上部门多、层级多，沟通成本高、审批周期长，缺乏统一的信息数据收集、处理、分析和管理的中央处理系统，整体提高企业的运营成本。

近年来曾经的卖方市场已经转变为买方市场，传统产业市场明显供过于求。大量企业随着规模的壮大、经营领域拓宽，开始发觉无论在运营管理、技术支持、产品创新，还是市场判断、融资渠道、人才聚集等方面，都大大超出经营者所拥有的经验沉淀和知识积累。

企业发展过程中的缺优势、缺创新、缺技术、缺人才等各种内生性障碍问题，开始在"产权不清楚，接班传承困难""家长式管理，投机心态较重""创新能力差，发展后劲乏力""专业人才匮乏，劳资问题突出"，以及"管理不规范，过程浪费严重"五个层面上集中凸显出来，如图1-2所示。

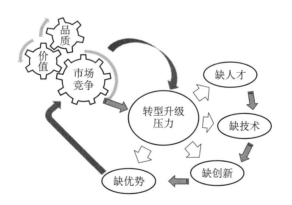

图1-2 传统企业转型升级的内部障碍

一、产权不清楚，接班传承困难

大多数企业在发展初期都是家族式企业，股权高度集中。集权式管理带来的企业经营效率通常都比较高。

随着企业的发展壮大，无法承担融资风险而引入其他投资人，老板无法事必躬亲而引入职业经理人。企业性质也就逐步转向公司化企业的治理模式。

但不论怎么发展，大量企业的产权关系都夹杂浓厚的家庭宗法关系。产权制度与产权边界不清楚，决策权和管理权都高度集中于一人之手。家族成员在企业中居控要职，表现出深厚的家族化控制特色，董事会形同虚设。这也是现今中国经济的时代特色之一。

第一，家族式企业的治理方式。

家族式企业的特征是股权集中在个别人手中。大股东集老板和总经理于一身，股权矛盾主要在于大股东与其他投资者之间。为防止大股东侵害其他投资者的利益，公司治理以限制大股东权利为中心。

在企业发展初期还好，股权集中、一呼百应，只要顺时应势地抓住良机，就能发展得顺风顺水。等企业发展到一定程度，产权不清晰造成投融资困难、合伙人反目，甚至兄弟分家、夫妻成仇的情况不时发生。产权不清的经营风险已经是家族式企业发展中的最大障碍。

第二，公司化企业的治理方式。

公司化企业的特征是企业股权相对分散。单个股东难以控制经理人的行为，股权矛盾主要在于股东与经理人之间。为防止经理人侵害股东的利益，公司治理以监督并激励经理人为中心。

而如今很大一部分企业都面临二代接班的问题。中国职业经理人市场并不健全，很难从制度上管控并避免职业经理人为短期利益而损害企业长远发展的短视行为。对大部分企业而言，家族内部交接班是个相对理想的选择。

但接班不同于简单的财产继承和产业继承。必须要依靠家庭优势将上一代的创业精神、商业人脉传承下来的同时，抓紧建立一套能够匹配接班人个性风格的管理体系。通过完备的管理体系来支撑接班人的商业眼光和经营胆略，并组建一个能够强力辅佐接班人决策的核心团队来贯彻执行。

实际情况是，"创二代"基本都是家庭条件优裕、从小衣食无忧，大多有出国留学经历，对市场竞争环境和企业发展方向的分析把握相对更有国际视野。大多比较倾向于短期回报的资本运作和金融活动，不屑于劳苦利薄的价值创造和实体深耕，未必有意愿接班。而有意愿接班的又入世不深、缺乏经验，很容易招致创业元老和功臣的不服不遵以及优秀人才的离心离德，又未必都适合掌控企业。

二、家长式管理，投机心态较重

大多数企业不论是家族式还是股份制，殊途同归地选择家长式管理模式。通常是由一位强有力的人作为统帅，实行高度集权化的经营管理，形成以家族成员为核心的组织体系。随着企业发展壮大，这些家族成员的权力不断加强、地位不断提高，企业对这些人形成一定程度的依赖性。

优点是企业主及其家族成员对企业的忠诚度无疑是最高的，家族内部简单沟通便可快速达成决策共识。有利于充分发挥企业主的资源、人脉和才能的合理配置功效，对企业战略选择、产品策略、经营投融资以及市场竞争等重大事项作出快速判断。企业各方面的决策都能表现出审时度势、果断抉择，帮助企业在短期内获得可观的利润。

缺点是家长式管理的特征在于过度依赖个人权威和感性决策，企业文化理念、管理制度流程以及核心人才培养都围绕企业创始人个性风格而量身建设。而且由于家族成员基于对外来人才替代、做事习惯改变和管理方式变革的排斥心理，也很容易造成企业不信任外来人才、拒绝与外界交流、拒绝新技术导入、拒绝新管理方式运用。

最终导致企业战略不清、管理粗放，过于注重短期利润，热衷短期投机行为，而忽视管理标准化、技术标准化和岗位工作标准化等基本功。加大企业经营风险、增加运营成本的同时又降低市场拓新能力，从而失去大量的发展机会。

三、创新能力差，发展后劲乏力

很大部分企业一直从事技术准入和资金壁垒都较低的劳动密集型产业的价值链低端，长期以来只要扩大规模、快速生产、快速交货就能获得可观的短期利润回报。

这类产业的创新研发通常涉及基础性研究攻关，投入大、周期长，却又易模仿也易被模仿，易进入也易解体。一般的企业都不会愿意做革新性的创新研发，导致企业的市场竞争优势难以稳固或与时俱进。

而且随着企业的发展壮大，个人英雄主义、组织结构臃肿、经营管理粗放及整体素质不高的局限性越来越明显，外来人才很难进入管理核心。导致企业很难吸收利用先进理念和最新技术，企业发展初期的动力慢慢变成企业转型创新的阻力。

另外，企业发展的研发投入、组织变革、投资并购以及融资借贷等重大事项，不可避免地涉及职能的裁撤重组和利益的重新分配等问题。而在家族式管理的企业中，每一个家族成员的意见都有可能会促使企业经营决策发生改变，甚至出现各个家族成员更在乎个人的眼前利益。为了使内部意见的一致，沿用创业初期的单一发展模式无疑比较容易达成共识。最终导致企业整体都不重视价值深耕、创新投入、管理规范、技术积累和人才培养，往往是群体性"回味过去""故步自封"。

以上这些因素随时都在制约着企业对产品研发、工艺设计、现场管理和技术改造等方面创新投入的积极性。"一流设备受限于三流管理，而只能生产二流产品"的现象已经逐渐存在于新时期的企业。

四、专业人才匮乏，劳资问题突出

绝大多数企业都善于抓住商机、把握机会、随机应变，但不重视细致调查、科学分析和充分论证。乐于任凭主观经验的判断，忽视专业知识的重要，认为自己的经验最厉害，将专业人才视为支出成本而不是资本投资。

于是通常都很重视人工成本和福利费用的支出，而不是从效率提升的角度，强调改善、强调创新。更鲜见从资本投资的角度，如何激发专业人才的积极性，为企业创造更多更大的价值。

在此背景下，企业的用人制度通常过于注重领导的作用和激励，而忽视团队的贡献和激励。过于注重人才的现有能力、技术与短期业绩，而缺乏挖掘人才潜在能力的长远考虑。久而久之就造成任人唯亲、人才断层和素质倒挂，影响优秀人才的引进、培养、留用和晋升。

对基层员工的管理也乐衷于采用"计件制"或"承包制"来掩盖管理水平低下的问题，并称"多劳多得"。导致旺季工作时间长，淡季待遇低，甚至时有发生拖欠员工工资的现象。

以上这些必然无法有效地贯彻企业决策、无法彻底执行管理制度、无法合理地解决员工的诉求，进而导致企业劳资关系难以真正的和谐。

五、管理不规范，过程浪费严重

大部分企业都是在改革开放浪潮下，抓住一个机会、建立一个平台，便一直忙于发展壮大。企业战略举措不清晰，运营过程管理粗放。以做好生产、管理、技术和经营等活动为主要内容的各种管理标准化、技术标准化、岗位工作标准化等工作，无论是深度、广度还是系统性都远远不够。

通常是上到战略布局、产能规划、流程设计，下到车间生产作业人员定岗定位、岗位操作都未进行统一、形成规范、建立标准。甚至发展为集团后，仍旧无法实现模式统一、步调一致的规范化管理，衍生大量因设计不当、决策失误、衔接障碍、产销失衡和管理粗放带来的隐性成本浪费。

主要体现在以下几个方面：

（1）缺乏标准化：无固定的程序、无明确的目标、无可行的步骤、无有效的方法。

（2）组织不清晰：组织架构不合理、工作执掌不明晰、权责不明。

（3）目标不量化：凡事"等""靠""要"，过程欠监督，"球员兼裁判"。

（4）缺乏计划性："工作不来无计划、事待发生再商量"，终日忙于"救火"。

（5）管理不当：管理松散、感情用事、授权不全、掌控不力。

（6）原则不严：领导意志强烈，人治掩盖法治；因人设岗，"人情味浓"，制度形同虚设。

（7）责任缺乏担当：遇事就开会，议而不决；用人不教，散养自学；"竞聘上岗",属下犯错不内疚。

（8）应急反应迟钝：应急预案不周全、应急小组不强、应急处理不力，经常把简单的问题复杂化，经常把小问题变成大问题。

以上这些情况自然造成员工没有明确方向感，不清楚工作要求，无法循规蹈矩地做到真正的自我管理。做得不对，越是卖力，越是浪费，说到底就是搞破坏。

第三节　新工业时代的发展潮流

现今世界多极化、经济全球化已经不可逆转地深入发展，投资主体由发达国家逐渐扩展到新兴经济国家，全球一体化步伐越来越快。如果把世界经济看成一个非平衡而有序的盈散系统，那么各国经济就是其子系统，全球经济一体化趋势就是各国经济的竞争性协同效应。各国的经济盈散结构都在与外界经济体进行物质、信息与能量的交换，不断获取足够支持内部经济发展的价值资源。

在跨国公司的直接投资迅速扩张、国际资本的流动速度越来越频繁、短期巨额投机的倾向越来越迅猛的时局下，国际资本的虚拟化和无序化投资倾向越来越明显。这些都在强力推动着移动互联网的蓬勃发展和新时代工业革命的加速推进。

一、新工业时代的商业逻辑

随着移动终端、虚拟现实、大数据、云计算、区块链、物联网和工业互联网的蓬勃发展，3D 设计、虚拟现实、增强现实、机器人、机器学习、类脑计算、人工智能、5G 技术、量子信息、天地通信、超级计算机等影响未来工业制造的先进技术日益成熟，各项新技术、新产品、新业态、新商业模式以更加迅猛之势潮涌而出。

于是消费者品位、自动化水平和信息化程度都在日新月异地发生变化，个性化定制、设计众包、组团定购、小批量制作、按需求生产以及差异化服务等热潮持续高涨。逐渐形成以多服务个体分头对接个性化需求的模式为特征的新工业时代经济。

新工业时代的主题是"供给侧改革，促消费稳增长"。商业活动的基本动机是为了发掘并满足目标市场的价值消费需要。经济特征是通过"品牌商→消费者""供应商→消费者""生产商→消费者"和"经销商→消费者"的自组织方式，来形成各自发展、分类满足的"点对点"模式。

企业要实现可持续发展，就必须以市场消费的价值需求为导向，创新研发出

能够真正激发市场消费者欢心体验的特性化产品，才能更具市场竞争力，才会有整合、延伸与开拓产业链的可能性。

因此，企业应当注重销售终端与运营管理、创新研发的全线协同。利用市场终端体验数据的采集功能，适时给予消费者使用提醒和正确建议的同时，进一步分析和发现潜在的价值需求，为研发创新提供信息支持。并将运营管理与信息技术深度融合，全面整合资源价值、放大市场竞争优势，辅以联合创新和精准供应链为特征的低库存运营，尽量把生产基地设在离终端销售最近的地方。最终形成"中央统控、多维营销，集成研发、协同生产，属地发货、快捷服务"的先进管理模式。

以上这些内容都对企业的用人政策、产品创新、品牌建设、市场反应、生产运营以及设备技术等各个方面，提出全新的挑战。单家企业很难统筹兼顾到越来越多、越来越复杂的人性、经济、政治、文化、技术、信息及通信等各方面要素。

可以说，基于"价值链去中间化、创造者协同共赢"原则的全新商业逻辑已经悄然兴起。如图 1-3 所示。

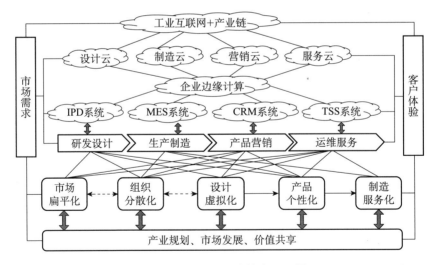

图 1-3　新工业时代的商业逻辑

二、中国制造的转型升级之路

事实上，美国的"先进制造"、德国的"工业 4.0"、中国的"智能制造"以及日本的"机器人新战略"等，虽然叫法有别、切入点不同，但战略路径异曲同工。都是通过信息技术、通信技术与自动化技术的高效协同，构建开放、兼容、共享的数字化网络，最终实现基于云计算与边缘计算的智能化运用。

中国制造业的现状是大而不强。在产业结构、自主创新能力、信息化水平、品牌经营、资源消耗以及环境保护等各个方面都与工业发达国家的差距较大。尤其是大量行业的关键核心技术与高端装备对外依存度都很高。于是务实地提出旨在深化体制改革、调整产业结构、优化资源配置、提高创新能力、扩大开放共享的"中国制造 2025"战略①，大力发展智能制造、绿色制造和服务型制造。

这对长期处于产业链低端的中国制造企业而言，绝对是个转型升级、快速赶超、抢占市场话语权的机会，也是现下举步维艰的企业的新生机遇。如图1－4所示。

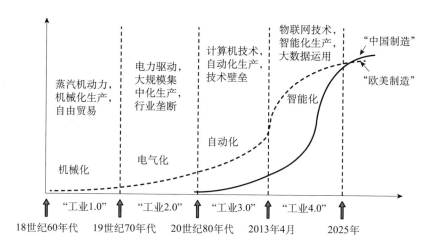

图 1－4　中国制造的转型升级路径

三、企业的转型升级对策

为了顺应时代的潮流，持续获取长足的发展，每个企业都应当建立一套与企业商业模式与价值链相匹配的先进管理体系，从发展战略、竞争战术和供给保障三个层面同步推动企业的转型升级。

在发展战略上，审时度势、与时俱进，厘清企业的价值定位与战略路径，调整商业模式、优化价值链。逐步淘汰落后产能、摒弃落后的管理方式，弥补企业原始积累的过程功课不足。通过务实的规范经营、价值管理和创新研发，转型升级为能够支撑持续发展、多方共赢的平台化企业，找到新的产业竞争优势。

在竞争战术上，逐步将有效的市场需求信息通过互联网络连接到企业信息中枢，让经营理念、运营组织、管理方式和设备技术等各方面经营要素都能与时俱进、持续改善，不落后于市场竞争水平，从而持续提升企业产品的市场竞争力。

---

① 国务院关于印发《中国制造 2025》的通知［Z］. 中华人民共和国中央人民政府，2015.

在供给保障上，逐步将生产线结合自动上下料机构、自动检测设备、自动搬运配送车，改造升级为全自动化生产线。逐步辅以具备智能化检测、分析、处理与调度功能的 iMES 系统，甚至在不远的未来实现全程无人化作业的"黑灯化"工厂。

以上三个层面协同推进，确保企业能够在持续为某种社会需求提供精准而高效的专业服务的同时，实现企业价值与效益的最大化。如图 1－5 所示。

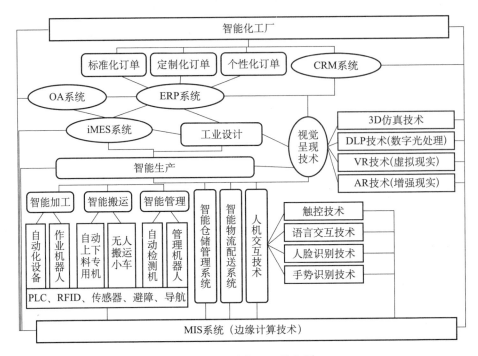

图 1－5　智能化工厂的全景

第二章　先进管理概论

众所周知，通常所说的市场公平竞争体现的只是交易规则底线的公平。在一定的市场期望质量水平下，因企业话语权的差异，市场交易活动是不可能绝对公平的。因产品质量水平的差异，市场交易结果也是不可能绝对公平的。随着企业话语权和产品质量水平的同步提高，企业产品的市场竞争力曲线不断接近市场期望质量水平。

企业话语权取决于企业在产业链中的影响力，产品质量水平取决于产品在市场中的社会信值。企业的产业话语权太少，质量好的产品也不一定能得到市场的认可。产品的质量太差，就是龙头企业也不一定能得到市场的认同。企业话语权与产品质量水平共同构成产品竞争力，如图 2 - 1 所示。

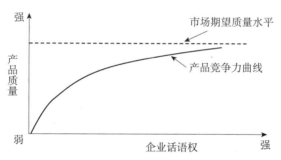

图 2 - 1　产品竞争力曲线

所以，拥有先进生产力的企业不一定就是赢家，赢家更倾向于通过产品竞争力掌控产业链价值制高点的企业。只要获得产业链中的某个价值制高点，就能获得相关领域的市场话语权。

这就要求每一个企业都必须有自己特性化的先进管理方式。以提升系统效率为中心，强调系统竞争、人性协同、兼容共享，强调价值经营、持续改善、与时俱进，从而竞争性协同"人—事—机—物—料"之间的关系，才能实现相关方共赢的同时获取企业价值与效益最大化。

事实上，企业存在的意义就是不断与外界环境进行物质、信息和能量交换活动来获取发展所需的价值资源，持续为人类提供生理、心理与精神方面所需的产品或服务价值，为社会价值与财富的创造带来正能量，这也对企业的先进管理指出了明确的方向。

第一节　先进管理的意义

在 20 世纪 80 年代以来的全球化浪潮下，全球市场逐步开放化、扁平化和竞争化，让各国工业在全球产业链分工中获得深入发展。企业利润率的高低主要取决于两个因素：

一是行业结构下的系统价值创新能力决定行业的平均利润率，制约着企业利润率的增长空间。

二是在企业商业模式①下拥有或控制的资源构成的核心竞争优势，可以帮助企业获得超出行业平均的超额利润。

同时，传统的经验管理理论、科学管理理论和精益管理理论，都得到极大的加强、补充和完善，并逐渐形成工业全球化的时代特征：

"企业价值链简朴、产业链界限清晰、政策扶持精准、市场结构相对稳定。"

这导致企业的经营思想通常是从"零和博弈"和"抢占资源"出发，强调局限性改善，以局部效率的提升驱动整体效率的提升的方式来打造企业核心竞争力。

常见的做法是把企业的整体系统分割成各个简单部分进行分别研究，然后根据简单累加而得出的结论实施管理和改善。这很容易以偏概全、顾此失彼，不可避免地会带来两个局限：

一是核心竞争力的单一化。企业能够培养一个核心竞争力就已经非常优秀了，很难在价值链的多方面都形成可持续的竞争优势②。

二是核心竞争力的呆滞化。企业的某个核心竞争力一旦形成，相关支撑性组织、流程、工艺、设备、制度和人才等要素形成的竞争性协同效应将虹吸越来越多的企业有限资源，越来越难以改变，掣肘企业与时俱进的动机，甚至阻碍企业的转型升级。

而近年来，产业环境变幻无常、新技术应用层出不穷。在一体化方案的市场期望越来越大的背景下，消费者的品位开始从产品功能体验转向企业核心竞争力的体验。企业必须以开放、共享的态度，跨界合作、协同创新和价值共赢，才能适应新工业时代的市场机遇要求，构建全新的市场竞争优势。在此趋势下，逐步形成新工业时代的特征：

"产业链边界的越来越模糊，增加了跨界竞争的不确定性，增加了企业故步自封的经营风险。"

---

① 三谷宏治. 商业模式全史［M］. 马云雷，杜君林译. 南京：江苏文艺出版社，2016.
② 迈克尔·波特. 竞争优势［M］. 陈丽芳译. 北京：中信出版社，2014.

这个时代的企业利润率的高低主要取决于两个部分：

一是企业盈散结构对多行业资源的整合能力，决定了企业能否参与共创共享行业的最高利润。

二是产品生命周期①内价值链活动的竞争性协同能力，决定了企业能否以最低的投入获取最大化的产出价值。

这就让企业深刻认识到，在产业链的竞争活动中，局部相加通常并不等于整体，而整体一般都远大于局部之和。企业的经营思想必须从"优势互补"和"协同共赢"出发，整合优质资源推动全产业的系统性改善，以系统整体效率的提升带动企业局部效率的提升。才能真正有效促进企业的转型升级。

在此背景下，先进管理将以哲学与科学并举的思维，解剖系统和系统化管理、人性与人性化管理的精义概要。

以新工业时代的眼光，重新审视价值与价格的定义、关系及计算公式，重新认识商品价值盈余理论及其计算公式。

以价值比、价值率和增值率的原理，辅助系统的价值工程分析、投入产出分析、盈亏平衡分析和投资效益分析。

先进管理的定义就是在特定的目标导向②与人性诉求环境下，通过计划、组织、协调、指挥、控制和创新的系列性手段③，营建并完善开放、兼容与共享的系统元构体，竞争性协同系统价值链上各相关方的优势资源，实现系统内在能量、主体价值和产出能力最大化的活动过程，如图2-2所示。

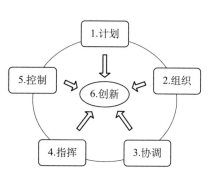

图2-2 管理手段的六个步骤

第二节 先进管理的哲学

大到一个企业、一个国家或整个世界，中到一个人、一个团队或一个项目，一个产品、一个事件或一个理论，小到一个分子或一个原子，都可以看成是具有一定时间、空间与功能相态的盈散系统。

每个系统都有自己的盈散结构约束，都有各自的运动、磁场、势能和生命周期特性，都需要在与外界不断进行物质、信息与能量交换的活动中实现自己的功能诉求。

---

① 伊查克·爱迪思. 企业生命周期 [M]. 王玥译. 北京：中国人民大学出版社，2017.

② 彼得·德鲁克. 管理的实践 [M]. 齐若兰译. 北京：机械工程出版社，2009.

③ 弗雷德里克·泰勒. 科学管理原理 [M]. 黄榛译. 北京：北京理工大学出版社，2012.

管理的对象就是系统或系统内外部的各种活动。管理的目的是帮助系统稳固基础、畅通信息、蓄积能量的同时提升整体产出能力。

在系统管理活动过程中，系统内外部物质、信息与能量的各种确定性变化及其应对处理，不可避免地要涉及数据监测、信息描述、知识提炼和处理智慧的问题。

其中，数据是系统内各类确定性物质、信息与能量的量化程度，信息是系统内各类物质、信息与能量的确定性程度变化的描述。多个关联性的结构化数据可以描述一个信息①。多个有价值且具有一定关联性的结构化信息形成一个知识。多个关联性知识形成的认知价值链所支撑的洞察力便是智慧。

从宏观角度上看，先进管理的本质就是利用既有知识结构洞察各种活动过程中的确定性数据与信息，指引针对管理对象的内导外限活动的过程。

管，管道，内通外限。内向疏通、引导与促进，外向限制、约束与规避。

理，道理，合规顺理。上承系统发展规律，下应个体人情事理，"止于至善"。

管理的定义就是在特定的人性诉求环境下，以内导外限的方式手段形成竞争性协同效应，帮助系统合规顺理地实现内存能量、主体价值和产出能力最大化的活动过程。

先进管理的哲学宗旨就是："合理致知、竞协发展"。

一、"合理致知"

"合理致知"就是合规格物、穷究顺理而致知。在清楚了解目标系统的组织构成、运行规律和价值链特征的前提下，内格心理的目标预期、外格事物的使用价值，从而形成针对性的目标解决方案和管理方式的先进管理方法。

"合理"，就是合规顺理。首先是在尊重生命，尊重人性需要的前提下共享共创、协同共赢。其次是契合事物的发展规律，顺势而为、节省投入。最后是要符合管理的目标预期，有的放矢、避免浪费。

"致知"，就是格物究理而明知。是对现状相态认知的知识和目标解决方案的智慧的连贯性掌握。《大学中庸章句》指出"致知在格物""物格而后知至"。只有先做到合理格物，穷达事物之理，才能有效致知②。

二、"竞协发展"

"竞协发展"就是竞争性协同发展。是在明确解决方案之后，以整体的目标预期驱动相关方的行为动机，形成竞争性协同效应，实现"1 + 1 > 2"的整合效能，确保相关方协同发展与共赢的先进管理方法。

---

① 戴维·温伯格. 知识的边界 [M]. 胡泳，高美译. 太原：山西人民出版社，2014.
② 朱熹. 大学中庸章句 [M]. 北京：中国社会出版社，2013.

事实上，竞争是存在的本能，是系统成长的动力，也是系统崩溃的源头。协同是共赢的前提，是系统成长的基础，也是系统僵化的源头。

竞争有助于避免僵化，协同有助于避免崩溃。竞争与协同交融并存、相互影响、相互作用。没有竞争，各安现状，就不存在发展与进化的动力，系统将不称其为系统。没有协同，各行其是，系统就无法处于一定时间、空间或功能上的相对稳定状态，系统也就不称其为系统。

三、先进管理的六大要素

从系统角度上看，先进管理的本质是在与时俱进、顺规合理的前提下，通过促进系统各组成要素之间、要素与整体之间以及整体与环境之间的互相联系互相作用，形成竞争性协同效应，来实现相关方协同共赢的活动过程。

先进管理的主要任务就是在"合理致知、竞协发展"宗旨下，帮助企业通过系统筹划、人性协同和持续改善的方法，营造竞争性协同效应、整合价值链相关方优势资源，按需生产并供应满足市场消费需求的产品或服务，如图 2－3 所示。

图 2－3　先进管理的六大要素

先进管理的组成公式：

先进管理 = 系统筹划 + 人性协同 + 价值经营 + 组织管理 + 先进生产 + 持续改善

第三节　先进管理的原则

传统的经验管理、科学管理和精益管理强调局限性改善。通常从利益导向的"零和博弈"思想出发，以局部效率的提升驱动整体效率的提升。

而先进管理强调系统性改善。通常从价值导向的"协同共赢"思想出发，以整体效率的提升带动局部效率的提升。一般遵循以下六大原则：

原则一：整体目标原则。

整体目标原则是注重系统性效率的整体提升，而不仅仅是各个局部效率的提升。让整体目标涵盖局部目标，团体目标涵盖个人目标，团体利益包含个人利益，才能让个体感觉到为团体目标努力的经历就是为自己目标奋斗的过程。

做到审时度势、随机应变，必要时抓大放小，就能实现整体价值盈余最大化。整体目标实现的效益将远远大于个体目标实现效益的总和，给个体带来远超

个人预期的效益。

原则二：人性协同原则。

能在一个系统内的同一团体共事的人，通常都是一群文化相同、理念相近、水平相当、诉求相似的人。

做到有效激发团体性动机、情绪和积极性，明辨并优化团体价值链上各环节的活动特征、竞争导向和协同规律，形成竞争性协同效应，才有可能实现团体生命周期内的产出价值和效益最大化。

原则三：组织伦理原则。

系统组织是系统有形、有序和协同的基础。利用组织伦理规则，在观念指引、氛围影响、道德约束、行为规范下对个体意识和行为进行约束控制，更易深入人心、更为持久。

这种内化性控制，有益于在无形之中实现"个体行为服从于团体行为""个体利益服从于团体利益"的目标。

原则四：权责统一原则。

系统组织由各级岗位构成，每个岗位都有相应的职责，为便于职责的高效履行必须赋予一定的职权。权力服务于责任，不负责任的权力意味着不合法。

为避免滥用职权、职责缺失的现象，一定职务上的职责和职权都必须具有相应的规范与限制。在明确"职责大于职权""职责重于职权"的前提下，实现职责和职权的天然统一。

原则五：风险预防原则。

风险是系统变量在特定时间内发生危害的不确定性或某种行为引发危害的不确定性的综合表现。

系统活动的复杂性、联系性和多变性，导致系统风险的复杂性、系统性和规律性。风险管理应当预防为首，防微杜渐，不能只顾当前的问题。

原则六：持续改善原则。

管理侧重目标对象的能力发挥和维持，改善侧重目标对象的能力挖掘和提升。

无论个人、企业、社团乃至国家的管理，都必须建立自身特性化的持续改善模式，在管理管控的过程中不断加以改善创新。直到系统关键参变量突破新的共识性阈值的临界点时，重构出更具优势的时间和空间结构的盈散结构，整体性提升系统的内存能量、主体价值和产出能力，如图2-4所示。

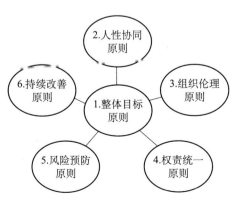

图2-4　先进管理的六大原则

第四节　先进管理的三观

先进管理的核心是在一定的管理目标和范围内，通过人与人之间、组织与组织之间或系统与系统之间的竞争性协同效应，实现整体价值和效益的最大化。竞争性协同的前提是系统观、价值观和竞争观三观吻合，且相互间的能力互补。

系统观强调机遇与风险，是对系统环境与目标价值之间关系上的观念性认知。价值观强调存在的意义，是对目标价值的取向把握与尺度评判方面的观念性认知。竞争观强调发展的可能，是对目标价值获取方式上的观念性认知。如图2-5所示。

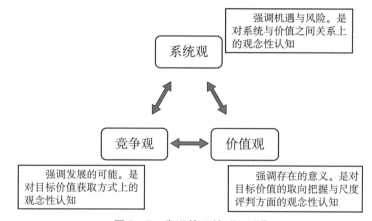

图 2-5　先进管理的"三观"

一、系统观

系统是以由盈散结构、控制性信息与驱动性能量融合而成的三螺旋元构体为核心的，具有一定时间、空间或功能相态的有机整体。

系统的管理是系统能量、系统性能、价值产出和价值盈余分配的综合管理。

系统的发展是矛盾统一的结果：一方面，系统内部分系统、子系统、微系统的竞争性协同效应，推动系统向前持续发展；另一方面，系统是所从属的更大系统的组成部分，受更大系统的竞争性协同效应约束，具有明显的界限、明确的价值诉求和一定的生命周期。

二、价值观

价值是物质性能中凝结人类技能而形成的可满足用户意动、认知或审美需要的效能标量。

满足需求是价值的创造动机，社会认可是价值的意义所在；必要盈余是价值

创造的动力，相关方协同是价值创造的条件。

价值所有、价值创造、价值交易和价值分配是经济活动的四大支柱。价值所有是价值创造和价值交易的动力，也是价值分配的前提。

价值关系决定价值分配关系，价值所有决定价值分配方式，系统主导者决定价值分配比例。

三、竞争观

个体竞争力更多取决于所属系统的竞争力，系统竞争力更多取决于系统核心优势的强弱，系统核心优势的强弱更多取决于系统能量的大小。此为外决定内的外强制胜论。

系统能量的大小取决于系统盈散结构的协同能力，系统盈散结构的协同能力取决于系统管理的水平。此为内决定外的内刚制胜论。

竞争性协同效应能够很好地将二者合二为一，成就先进管理的"外强内刚制胜论"。

第五节　先进管理的权力

先进管理的任务在于维持系统相态稳固的前提下，确保系统三螺旋元构体在不断与外界进行物质、信息与能量交换活动中，能够实现生命周期内产出价值与效益的最大化。

这就涉及统筹调度系统与系统内部环境之间以及系统与外部环境之间的规范管理、垂直管理、授权管理、监督管理、风控管理和分润管理等，各个方面的竞争性协同效应的组织权力问题。

在先进管理方式下的权力设置，一般从系统稳固性和系统创造力两个维度，结合信息同频、资源共享、决策统一、组织一体和观念一致五个层次的管理水平要求衍生出三类五种权力，并依此综合设置各层级组织权力的支撑节点、职能职责和管理范围。

一、意动性权力

意动性权力是基于意动需要协同效应的势能管控，而产生的信息协调和资源分配方面的权力，称为协调权和分配权。

协调权与分配权通过直接调配权限对象意动需要的相关资源，来影响其意动满足的欲望，激发其意动感觉的动机，进而约束其具有明确目标也有明确动机的摄取、躲避、性交、劳动和竞争等方面的意识行为。

正常情况下，协调权和分配权一般仅限于目标对象的意动感觉层面，不会激发情感体验或精神升华的欲望与动机。

所以，意动性权力一般影响面比较小、时效性也较短，但是力度最大、效果最直接。

二、认知性权力

认知性权力是基于认知需要协同效应的势能管控，而产生的决策控制和组织管理方面的权力，称为控制权和整合权。

控制权和整合权通过引导权限对象的认知判断，来调节其平常被压抑或尚未觉察到的欲望，激发其情感体验的动机，进而约束其具有明确目标但无明确动机的情感与交往方面的意识行为。并以此影响协调权和分配权的发挥。

所以，认知性权力一般影响面比较大、时效性也较长，但是力度较弱，效果的呈现也不那么直接。

三、审美性权力

审美性权力是基于审美需要协同效应的势能管控而产生的观念领导方面的权力，称为领导权。

领导权一般通过引导权限对象的审美价值取向，来调节其潜在的放松、消遣、思考和上进方面的欲望，激发其精神升华的动机，进而约束其具有明确动机但无明确目标的学习、模仿、制造和创新方面的意识行为。并以此影响协调权、分配权、控制权和整合权的发挥。

所以，审美性权力一般是影响面很大、时效性也很长，但是力度也弱，效果的呈现也不直接，如图2-6所示。

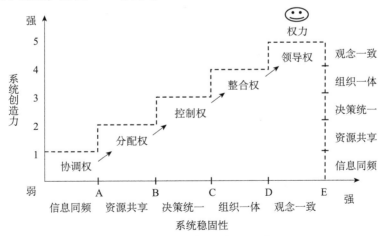

图2-6　先进管理的权力图谱

第六节　先进管理模式

先进管理体系是一个以"三观"为指引、价值链为基础、过程管控为支撑和经营内控为手段的系统性活动规则。

企业先进管理的核心是通过快速设计、快速生产、快速交货、快速服务和低获得成本的"四快一低"战略，创造并提升产品使用价值及其附加的消费体验价值和精神升华价值。主要从战略层、经营层和执行层三个层面明确界定企业管理活动的原则、模式和方法。如图2-7所示。

一是战略层面的系统筹划管理。

二是经营层面的人性协同管理、价值经营管理。

三是执行层面的系统组织管理、先进生产管理、持续改善管理。

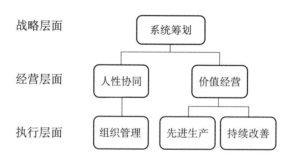

图2-7　先进管理文化

一、先进管理模式框架

先进管理模式是在"创新、协调、绿色、开放、共享"[①] 的时代发展精神指引下，秉持"系统竞争、人性协同，共创共赢、持续改善"的理念导向，以系统竞争理论和人性协同理论为基础，以先进生产方式、持续改善模式为动力，以系统管理方法和价值管理方法为抓手的系统性管理模式，如图2-8所示。

先进管理模式的落地实施主要是通过"三类协同""三个强调"来分别贯彻"四化要求"和"四个评价"，最终实现六大相关方满意。

---

① 参见《中华人民共和国国民经济和社会发展第十三个五年规划纲要》。

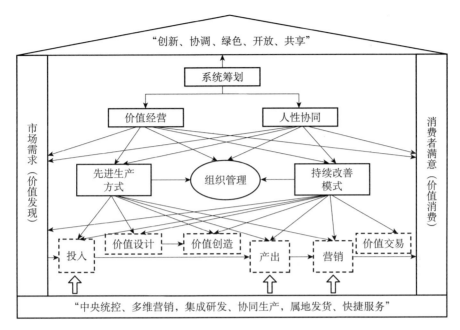

图 2 - 8 先进管理模式框架

1. "三类协同"

组织设计和业绩目标协同，过程管理和结果运用协同，企业发展和员工成长协同。

2. "三个强调"

强调从侧重结果控制转为注重过程管理，强调从被动接收问题转为主动发现问题，强调从个人攻关改善转为团队协同作战。

3. "四化要求"

绩效目标市场化、过程管理模式化、资源配置增值化、岗位薪酬考核化。

4. "四个评价"

客户体验评价、自我成长评价、标杆对比评价、竞争对手评价。

5. "六方满意"

顾客、股东、员工、供应商、经销商和社会六大相关方满意。

二、先进管理的方法论

方法论一：先进管理讲究改善创新、与时俱进。

创新是人类在劳动中不断重复、积累、改善和提升价值性经验的量变，通过重新配置生产要素形成新生产方式，向更高生产力、更大规模效益演化的质变过程。

技术的创新和发展具有一定的偶然性、不可预见性。伟大发明的初期技术通常都是简单普通的，需要经过长时间的应用、提炼和跨界协同，才能实现最终的技术创新成果。

方法论二：先进管理讲究时代发展的眼光。

重新审视价值与价格的定义、关系及计算公式，重新认识商品价值盈余理论及其计算公式，灵活运用价值比、价值率和增值率的原理及其计算公式。

方法论三：先进管理讲究系统性分析。

通过系统性的价值工程分析、投入产出分析、盈亏平衡分析与投资效益分析，发现并解决系统价值链各环节上的浪费与障碍，推动系统性质量与效益水平的提升。

方法论四：先进管理强调系统性竞争。

竞争的实力不仅限于个体自身的内存能量、主体价值和产出能力，更在于个体能否通过影响系统价值链活动，利用或组织各相关方优势资源而构建的特性化盈散结构，调集价值性能量来提升自我竞争优势。

方法论五：先进管理强调系统内各司其职。

在系统价值链活动的框架下，经营管理关注系统性的价值盈余、投入产出比和风险变量；过程管理关注系统性的系统节律、弛豫时间和协同能力；运营管理关注系统性的竞争节拍、产出效率和系统成本。输入管理关注投入成本和能耗，输出管理关注产出品质与性价比。

方法论六：先进管理强调系统间的价值链协同。

协同的前提是三观吻合和能力互补。强调人、组织与系统之间，通过各自价值链的互联互通和相互作用，形成竞争性协同效应，实现整体产出价值的最大化与相关方共赢。

三、先进管理的手法

由于系统是由盈散结构、控制性信息和驱动性能量融合而成的三螺旋元构体，并在一定生命周期内不断向前发展。先进管理在针对某一具体的特定事项时，必须不断兼顾系统格局与人性需要，讲究与时俱进与权变制宜。在管理手法上就是遵从"理—合—辨—行—控"五步循环的螺旋发展过程。

"理—合—辨—行—控"五个步骤是逐次进行、相辅相成的。每一步活动都是后一步的基础与前提，前一步活动延伸出后一步的同时又制约着其延伸步骤的活动。这很吻合五行理论[①]："理—合—辨—行—控"五个步骤分别对应"木—火—土—金—水"，也具相生相克的特征，五个步骤中缺任何一步都会影响最终管理成效。

"理"，梳理，属"木"。是厘清并定位管理的目标要求、系统构成，以及相

---

① 刘学智. 中国哲学的历程［M］. 桂林：广西师范大学出版社，2011.

关方价值诉求，区分整理是与不是、要与不要，并分类标记。前期梳理的水平程度，将制约后续变量风险和有效对策的明辨与制定。

"合"，组合，属"火"。是将整理出来的有效资源进行结构化组合，形成"1+1>2"的整体性优势。组合优势的大小，将制约后续对策笃行的成本和成效。

"辨"，明辨，属"土"。是基于梳理结果与组合优势，审时度势、权衡利弊，识别过程变量风险，并扬长避短地制定切实可行的对策。明辨对策的有效程度，将制约后续程控活动的投入与产出。

"行"，笃行，属"金"。是切实践行明辨后所定对策，坚决达成管理的目标要求。有效对策的笃行难易，将反映梳理定位的偏差，并制约新一轮管理循环的梳理活动的动机。

"控"，程控，属"水"。是强调全过程监督、管控，并及时纠偏和改善，确保按时保质保量达成管理目标。对策笃行过程的程控信息，将反映组合优势的偏差，并制约新一轮管理循环的组合活动的动机。如图2-9所示。

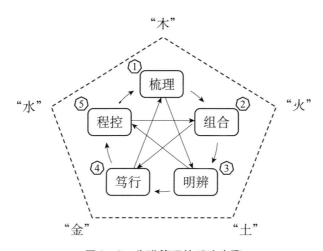

图2-9　先进管理的手法步骤

四、先进管理的风控

一个系统蕴含着多种大小不同的风险，一种风险可能涉及多个变量，一个变量也可能存在多种风险。

而且，风险等级和变量的耐受能力、风险发生概率、危害大小、影响程度，都与处理难度相关。不同等级的风险对系统的影响各不相同，同一等级的风险在系统生命周期的不同阶段的影响也不相同。

先进管理的主要任务之一就是使系统风险爆发后的实际损失与潜在危害降到最低。该过程一般包括风险识别、风险测量、风险分析、风险评估、选定对策、

实施对策、监控状态等系列性活动。

风险控制体系主要包括预防管理、危机公关和应急处理三个层级的管理管控，如图2－10所示。

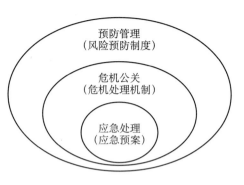

预防管理侧重风险事件发生前的预防性管理。是在充分识别、测量、分析和评估的基础上，利用制度流程、组织监督或技术革新等方法，从源头上实现风险的消减和可控。

危机公关侧重风险事件发生时的信息披露和沟通。是对可能会发生的

图2－10　风险控制的三级管理

特定情境事件而建立的防范措施与应对策略，强调及时披露信息、主动沟通，争取谅解与支持。尽量使风险损害降到最低，甚至将危机转变为转机，化"危"为"机"。

应急处理侧重突发性风险事件发生时的处理过程。是对可能发生的突发事件或灾难事先制订科学的应急预案，并在突发性风险事件发生时快速实现决策指挥、分工执行、资源保障和信息传递的协同应对、联动反应。如图2－11所示。

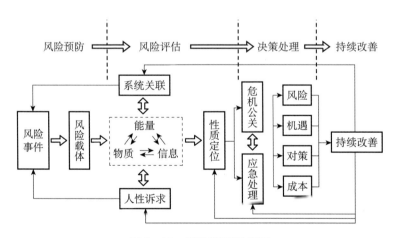

图2－11　风险管理逻辑图

为了有效应对所属环境的各种变量影响与冲击，避免系统在一定时间、空间与功能上的稳定相态发生不可逆转的损害，影响系统内存能量、主体价值和产出能力的同步增长。在风险管控过程中，一要重视预防严重危害或不可逆转损害的威胁，二要认识到所有的预防措施都会引发相应的成本，三要重视预防人为舞弊带来的危害。

因此在系统生命周期的每个发展阶段，或者系统价值发现、设计、创造、增值与分配的各个环节，都应做好风险耐受能力评估、建立应急机制和风控机制。及时发现系统缺陷、不足与风险，有针对性地改善提升系统风控能力。如图 2 - 12 所示。

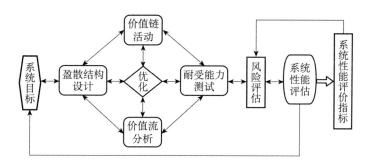

图 2 - 12　系统风控能力的改善路径

五、管理成熟度评价

企业管理体系是一套以企业"三观"为指引，以企业商业模式为基础，以过程管控为支撑，以及以企业内控体系为手段的系统性活动规则。

企业管理成熟度评价是在企业价值理念指引下，利用系统性的测评工具对企业市场活动的竞争力、经营管理的效益性和内控体系的可靠性三个层面进行查检、分析与评价建议的先进管理方法。

第一，竞争力评价。

主要是运用《企业经营模式测评体系》工具，针对企业商业模式下的价值链性能、经营价值导向、经营模式定位和生产方式选择方面的竞争力评价。

第二，效益性评价。

主要是运用《卓越绩效评价准则》[①] 工具，针对企业领导与组织、战略管理、顾客与市场、资源支持与管理、价值创造过程管理、测量分析与改进和经营结果管理方面的效益性评价。

第三，可靠性评价。

主要是运用《企业内控体系测评》工具，针对企业现金流控制系统、银行存款控制系统、采购业务控制系统、加工工艺控制系统、生产成本控制系统、物资领用控制系统、销售业务控制系统、人才梯队控制系统和投资活动控制系统的可靠性评价。

---

① 参见国家标准《GB/T 19580—2012 卓越绩效评价准则》（2012 年 3 月 9 日发布）。

第七节　先进管理的路线图

在高速发展的互联网技术的推动下，全球都在朝着制造智能化的目标进行工业转型升级。而制造智能化的基础是通过新一代网络信息技术与制造业深度的融合，实现价值链相关的人、事、机、物、料五大生产要素的全面互联，并与产业链全面连接。这是个整合更新、稳步前进的过程，急功近利、单打独斗是不可能实现真正智能化的。

尤其是对于流水线生产、作坊加工、无人车间、定制工厂并存的中国制造而言，每个企业都应在"系统竞争、人性协同，共创共赢、持续改善"的先进管理理念导向下，从战略层面、经营层面和管理层面协同升级的角度，先做好生产自动化和管理信息化。才有能力利用计算机辅助设计、计算机辅助验证、计算机辅助控制和计算机辅助管理等先进制造技术，对生产实时数据进行协同控制、深度感知、实时传输、快速计算和建模分析。也才有可能以此为基础，沿着制造智能化蓝图与时俱进、稳步提升，最终实现智能制造、柔性生产和互动体验，如图 2 – 13 所示。

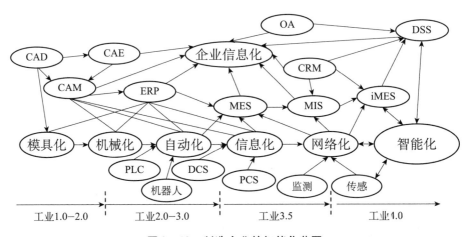

图 2 – 13　制造企业的智能化蓝图

一、企业转型升级七步法

先进管理下的企业转型升级，应当全面研究企业各项产品在开发、设计、制造、供应及销售等环节中的功能、成本与市场的表现，才能切实找到具有全新市场竞争力的业态，或者系统化开源节流、提质减耗、降本增效的创新性解决方案。

具体归纳为"企业转型升级七步法"，每一步都应主体明确、职责清楚。

第一步：活动组织规划。

（1）选定主题。

（2）确定目标。

（3）组建价值工程分析团队。

（4）制订活动计划。

第二步：业界情报收集。

（1）锁定需求情报的内容。

（2）行业情报收集与整理。

（3）通过波特五力分析和 SWOT 分析，明确企业的核心优势。

（4）产品 A、B、C 分级界定及其市场竞争力分析。

第三步：产品功能分析。

（1）剖析产品结构。

（2）产品性能定义。

（3）产品功能整理。

第四步：产品功能的成本优势评估。

（1）剖析产品成本结构。

（2）探讨产品功能成本转换。

（3）制作产品功能评估表。

（4）产品功能评估及其结果整理。

第五步：提出转型升级方案。

（1）确定未来企业盈利模式战略规划。

（2）检讨并明确现阶段经营价值链。

（3）识别并整理企业系统性与结构性问题清单。

（4）依据问题的轻重缓急提出改善方案。

（5）企业转型升级方案的评估与确认。

第六步：转型升级方案的执行。

（1）组建改善实施团队。

（2）协调资源投入。

（3）组织实施转型升级方案。

（4）改善过程跟踪、检讨与修正。

第七步：转型升级效益评估。

（1）新业态竞争力评估。

（2）新业态财务收益评估。

（3）新业态成长性评估。

（4）新业态可持续发展性评估。

二、管理升级路线图

1. 战略层面

（1）流程管理。

简单化→价值化→标准化→系统化→信息化→网络化→智能化

（2）组织管理。

价值化→矩阵化→授权化→扁平化→信息化→网络化→智能化

2. 经营层面

（1）制度管理。

规范化→流程化→标准化→系统化→信息化→网络化→智能化

（2）管理手段。

结构化→标准化→价值化→系统化→信息化→网络化→智能化

3. 执行层面

（1）设备技术。

标准化→模具化→自动化→信息化→数字化→网络化→智能化

（2）物流配送。

流程化→标准化→信息化→自动化→系统化→网络化→智能化

（3）操作作业。

规范化→流程化→简单化→自动化→数字化→网络化→智能化

第三章　系统与系统化管理

不论是大到一个人、家庭或国家，一个团队、组织或企业，一个产品、项目或事件，还是小到一个原子、分子或理论，都是基于一定的人性需要、内部组织和外界环境之间相互关系而划分定义的有机整体。

这些有机整体都可以看成是具有一定时间、空间和功能相态的盈散系统，具有各自发生、发展、进化、衰退和消亡的生命周期。不断在一定的目的性、价值性、组织性和周期性下，有机协同人性需要、内部组织和外界环境三者之间的关系，寻求系统产出价值和效益的最大化。

通常而言，每个系统既是其所从属的更大系统的组成部分，又包含内部不同层级的分系统、子系统和微系统。相互之间不论层级高低、主次大小，也都有各自特性化的元构体，有着清楚的相态、相位和相界面。

系统价值的产出效率主要看系统的竞争性协同能力，系统价值的投资回报率主要看系统价值链的盈余能力，系统价值的收益时长主要看系统元构体的生命周期，系统价值的收益率主要看系统生命周期内的稳定性。

系统管理的关键在于能否在系统生命周期内，客观面对并利用系统整体与各层级之间、层级与层级之间的竞争导向与协同规律，提升系统磁场与系统势能，引导各类基组织与自组织在基本活动和支持活动中致力于系统产出价值与效益的最大化。

系统管理的目的不论是为了改善系统的指标绩效，还是为了提升系统的产出价值，抑或是为了延长系统的生命周期，都必须统筹兼顾长远利益与短期目标、全局发展与局部突破、眼前绩效与发展后劲。"不争一城一地之得失、不计一朝一夕之荣辱""不涸泽而渔、不焚林而猎"。才能实现系统价值链的深度协同，以不变应万变。

第一节　系统的本义

世界是物质的世界，社会是人类的社会，物质是运动的物质。

世界万物都是由分子、原子等各种粒子组成的某种相对稳定而有序的能量组构体。物质的最小单位是原子，表现物质特性的最小能量单位是量子。

分子是具有一定的键合顺序和空间排列的原子群结构体。原子是由原子核与绕核运动的电子组成的结构体。原子核内含的质子数和中子数决定原子的元素属性与同位素属性，而电子内含的自旋子决定其磁性、空穴子决定其电性、轨道子决定其势能[①]。

以上这些天然特性导致各种由有形物质结构、信息流网络与能量场组成的多样态，和在一定阈值条件下的磁场效应、极化协同、导电运动以及势能做功的能动性。

基于某种认知、测量、管控与利用的便捷需要，通常将在一定时间、空间或功能状态下相互作用相互依赖的物质、信息与能量组合界定为一个有机整体，并在其不断与外界环境进行物质、信息与能量交换活动中赋予一定的价值导向，从而称之为"系统"。

系统可以是有形的人体、企业、社团、国家，也可以是无形的商业模式、管理方式、专案项目、经济现象；可以是客观的物质粒子、生态环境、宇宙星系，也可以是主观的人类思维、学术理论、宗教思想等。

系统从状态上分为近平衡系统与远离平衡系统，从相态上分为开放系统与近封闭系统，从属性上分为自然系统、人工系统、复合系统和社会系统，而从范围上分为总系统、分系统、子系统和微系统。

其中，分系统的本质是由系统价值链中某一个或多个环节组成的元构体。承担着系统价值链中的某些功能，但本身不具有独立的价值链。子系统的本质是由从属于系统价值链上的具有独立价值链的物质、信息和能量组成的元构体。微系统是由分系统元构体中的某一个或多个环节，与子系统元构体中的某一个或多个环节组合而成的独立价值链状构体。如图 3-1 所示。

钱学森先生对系统的研究结论是由相互作用、相互依赖的若干组成部分结合而成的，具有特定功能的有机整体，而且这个有机整体又是它从属的更大系统的组成部分[②]。

综上所述，每一个系统都是基于一定的人性需要、内部组织和外界环境之间相互关系而划分定义的有机整体，其内部组成要素都是具有一定线性关系。天然具有各自特性化的系统磁场、系统势能、系统组织、系统目的、系统价值和生命周期。

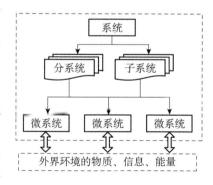

图 3-1　系统的构成

---

① 《自然》网站等媒体 2012 年 4 月 18 日报道：电子可分裂为自旋子和轨道子。
② 钱学森. 论宏观建筑与微观建筑［M］. 杭州：杭州出版社，2001.

一、系统的相态

系统内物质、信息与能量活动具有明显边界的、相对稳定的状态称为相态。通常由有序部分和无序部分融合而成。其中，系统有序化活动的状态称为"元"，系统完全无序化活动的状态称为"蒙"。

"元"是一种以信息传递为核心的标量波①的叠加效应态。表现为协同、稳定，属性阳刚。标量波只是承载位置信息，无法对外施加作用力，性阴为无。此即为"阳中有阴""阴生阳"。

"蒙"是一种以能量转化为核心的电磁波的叠加效应态。表现为竞争、混乱，属性阴柔。而电磁波是具有一定动能的向量波，能够对外施加作用力，性阳为有。此即为"阴中有阳""阳化阴"。

标量波与向量波不可避免地交织一起时，位置信息随着电磁波的对外作用而传递并形成信息流网络，而电磁波的震动与传导作用在相似的位置信息上竞争与能量转化。二者共同促进系统的有序、协同与稳定。当稳定强于混乱时，系统相态表现趋向"元态"；当混乱强于稳定时，系统相态表现趋向"蒙态"。此谓"阴阳转化、阴阳互补"。

"元"，为阴相生而成，是系统的存在之始。"元"的有序化程度称为"和"，其有序化程度的衡量称为"和值"。系统活动有序化程度的变化称为"和流"。和流造成的"元"相态的变化称为"和变"。

"蒙"，为阳相化而成，是系统的变化之始。"蒙"的无序化程度称为"熵"，其无序化程度的衡量称为"熵值"。系统活动无序化程度的变化称为"熵流"。熵流造成的"蒙"相态变化称为"熵变"。

"熵"与"和"是描述系统相态稳定程度的两种形式，二者阴阳互补、对立统一，相互转化、此消彼长，共同形成系统不断与外界环境进行物质、信息与能量交换活动的相态基础。

系统无"熵"，则系统和值无穷大，代表系统极度协同，系统表现为全元态，相态极阳，完全封闭并固化不变。

系统无"和"，则系统熵值无穷大，代表系统极度竞争，系统变现为全蒙态，相态极阴，完全开放并崩溃解体。

如图 3-2 所示。

二、系统的盈散结构

在系统磁场和系统势能的影响下，系统内无线性关系的物质、信息和能量，自动自发地形成各类自由散漫的自组织。

---

① 实藤远. 标量波理论和科学革命 ［M］. 李小青译. 上海：上海中医药大学出版社，1998.

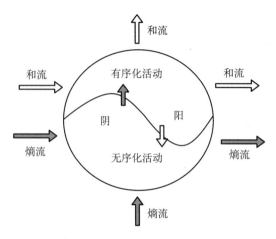

图 3 - 2　系统的相态

　　某个自组织一旦与系统内的某些物质、信息和能量建立起线性关系，便形成各类具有一定协同功能的基组织。

　　两个或多个具有线性协同关系的基组织，在相应的限制阈值被突破的情况下，可以整合为一个更大的基组织。

　　一个自组织一旦与某个基组织有线性协同关系，在相应的限制阈值被突破的情况下，该自组织与基组织将整合成为一个更大的基组织。

　　系统内的各类自组织在外界能量的涨落刺激下不断做无序运动而散发能量的过程中，不可避免地会与各类基组织发生接触并进行物质、信息与能量的交换活动，并为之疏解、消耗与释放自有的物质、信息与能量。为便于系统的认知、测量、管控与利用，通常将系统内所有自组织在物质、信息与能量的疏解、消耗与释放活动中的整体性无序化蒙态，称之为耗散结构[①]。

　　在各种无序化活动的过程中，由于频繁接触而建立线性关系的各类自组织逐渐组合成基组织。而各类基组织在系统摄入、转化、生产和释放等功能环节的活动中，进一步协同成具有一定时间、空间和功能的整体性有序化元态，称之为盈余结构。

　　若从阴阳理论[②]角度上看，耗散结构性属虚无、阴柔，熵流即为阴气。盈余结构性属实在、阳刚，和流即为阳气。二者虚实结合、阴阳互补，对立统一、相互转化，有机融合成具有一定盈散能力的价值链，并以此为核心建立特性化的盈散结构。

　　盈散结构是系统的物质基础，在价值链与外界环境进行物质、信息与能量交换的活动中，不断吸收、转化和产出价值，实现系统生命周期内的内存能量、主体价值和产出能力的最大化，如图 3 - 3 所示。

①　沈小峰，胡岗，姜璐. 耗散结构论［M］. 上海：上海人民出版社，1987.
②　刘学智. 中国哲学的历程［M］. 桂林：广西师范大学出版社，2011.

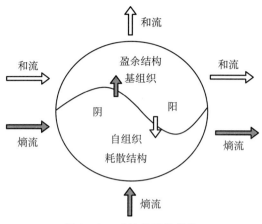

图 3 - 3　系统的盈散结构

三、系统元构体

系统盈散结构框架下的人性需要、内部组织和外界环境三者之间的协同关系，是支撑系统在不断与外界环境进行物质、信息和能量交换活动过程中保持相态稳固的根本。

系统在内外交换活动过程中的信息流网络，是确保系统能够灵活应对外界环境变化影响的整体协同能力的根本。

系统在内外交换活动过程中的能量场效应，是驱动系统不断与外界环境进行物质、信息和能量交换活动中的竞争效应的根本。

以上三者共同在系统维持一定时间、空间和功能上的和谐相态起到至关重要的作用。

通常将这些相互影响相互协作的盈散结构、信息流网络与能量场看成是螺旋上升并递进的三重螺旋关系。并由这种三重螺旋状态构成系统相对稳定的有机整体性相态，称之为"元构体"。

系统元构体在协同内部各类基组织与自组织的竞争导向与活动规律的过程中，促进系统与外界环境不断进行物质、信息和能量的交换活动。持续维持一定时间、空间与功能上的稳定状态的同时，实现系统生命周期内主体价值的发展进化和产出价值的最大化。

因此，元构体是每个成熟系统的客观存在，是系统内存能量或主体质量的外在表现，是系统"稳重"的基础，通常相当于系统的主体价值。其中的盈散结构、信息流网络与能量场，在系统生命周期内的各个阶段都是在相互影响相互协作之中围绕系统价值链而螺旋递进的。

盈散结构是系统支撑系统内外物质、信息或能量交换与流通的约束基础。是系统"平稳"特性的根源，主责系统内部基组织与自组织在内外交换活动中的组织约束与动机控制。

信息流网络在系统与外界进行物质或能量交换过程中有助于消除各种不确定的现象，实现系统内各类基组织与自组织在内外交换活动中的协同。是系统"灵活"特性的根源，主责系统的协同保障与欲望表现。

能量场是驱动系统与外界进行联通、交换，并刺激系统涨落变化的根源，驱动系统内部基组织与自组织在内外交换活动中的竞争。是系统"能动"特性的根源，主责系统的竞争支持与相变驱动，如图3-4所示。

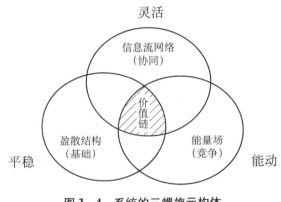

图3-4　系统的三螺旋元构体

四、盈散系统

系统的定义就是通过由盈散结构组织、控制性信息流网络和驱动性能量场构成的三螺旋元构体，竞争性协同内部各类自组织与基组织不断与外界环境进行物质、信息和能量交换活动，来维持具有一定时间、空间或功能相态的有机整体。

在系统内外活动的过程中，各项盈余活动与耗散活动的相互联系、相互作用是重中之重。于是在通常情况下，系统都被称为"盈散系统"，如图3-5所示。

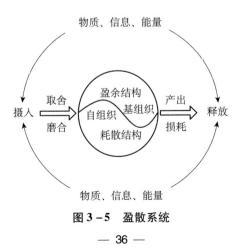

图3-5　盈散系统

每个系统既是其所从属的更大系统的组成部分，又包括内部不同层级的分系统、子系统和微系统。相互之间不论层级高低，还是主次大小，都有各自特性化的三螺旋元构体，都有着清楚的相态、相位与相界面，都是个特性化的盈散系统。

每个盈散系统在所从属的更大系统的环境下，其元构体具有的明显边界且相对稳定的状态称为相态，元构体的核心称为元点，元构体核心的位置称为相位。系统与其他系统之间的紧密接触面称为相界面，而在时间维度上的持续性存在的期限称为生命周期[①]。

比如，每个自然人都是一个随时随地都在不断与外界环境进行物质、信息和能量交换活动的盈散系统。"人"只是个系统称谓，"人体"才是系统元构体。人生存在于自然环境之中，必须不断进行各项盈余活动和耗散活动来实现自身生命周期内的健康成长与价值创造。

另外，每个盈散系统都有相似的活动原理和发展路径。在其生命周期的每个特定阶段都会有相对稳定的特性化相态、相位和相界面。只有在不断摄入的物质、信息和能量的持续冲击下，当关键变量达到阈值临界点时，系统的相态、相位与相界面才会发生实质性的改变。

一般通过观测每个盈散系统在生命周期内特定阶段的相态、相位和相界面的变化，分析人性需要、内部组织和外界环境三者之间的关系，就可以明确判断该系统的存在形式、运动特征、磁场强弱、势能大小、发展稳定性、生命周期以及产出能力，如图3-6所示。

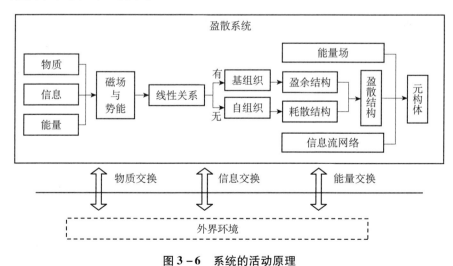

图3-6 系统的活动原理

---

① 伊查克·爱迪思. 企业生命周期［M］. 王玥译. 北京：中国人民大学出版社，2017.

第二节　系统的主导

在系统生命周期的每个发展阶段，系统的目的性与价值性导向不尽相同，系统的三螺旋元构体的主导核心将随之变化。

系统元构体的主导核心一旦发生变化，将极大影响到系统的运动规律、磁场强弱和势能大小。导致系统内存能量、主体价值和产出能力发生变化，进而引发系统相态、相位、相界面与生命周期的相应变化。

一、组织主导

当盈散结构占据核心地位时，系统组织能力将在系统的整体活动过程中起主导作用。

只要掌控了盈散结构，就能够通过影响系统价值链活动的规模大小来改变系统价值产出的过程能力。

进而调节系统元构体的主体价值性盈散活动，控制系统在内外交换活动中的应变发展能力，影响系统相态、相位、相界面和生命周期的变化。

当盈余结构占主导地位时，系统价值链的摄入大于释放，整个盈散结构表现为盈余能力。系统的盈余能力大于耗散能力，促使系统的和值增加而提升内在价值，系统能量随之增长，系统将获得发展或进化。

当盈余结构不占主导地位时，系统价值链的摄入小于释放，整个盈散结构表现为耗散能力。系统的耗散能力大于盈余能力，促使系统的熵值增加而消耗内在价值，系统能量随之消减，系统将表现为萎缩或消亡。

当盈余结构与耗散结构势均力敌时，系统价值链的摄入量和释放量相等，整个盈散结构表现为盈亏平衡。系统的耗散能力与盈余能力持平，促使系统的熵值与和值持续相等而维持内在价值不变，系统能量随之不变，系统将表现为僵化或止步不前，如图 3 - 7 所示。

二、信息主导

当系统应变能力在系统的整体活动过程中起主导作用时，信息流网络的控制将占据核心地位。

只要掌控了信息流网络，就能通过影响系统价值链活动协同水平的时效来改变系统价值产出的过程能力。

进而调节系统元构体的主体价值性盈散活动，控制系统在内外交换活动中的应变发展能力，影响系统相态、相位、相界面和生命周期的变化。如图 3 - 8 所示。

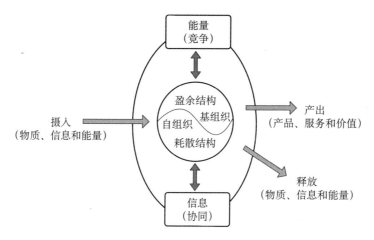

图 3－7 以盈散结构为主导的系统相态

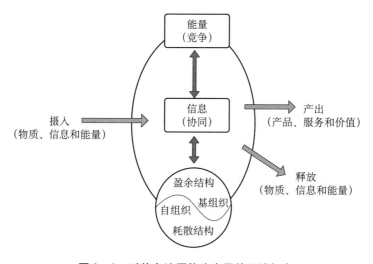

图 3－8 以信息流网络为主导的系统相态

三、能量主导

当能量场占据核心地位时，系统主体价值将在系统的整体活动过程中起主导作用。

只要掌控了能量场，就能通过影响系统价值链活动的竞争强度来改变系统价值产出的过程能力。进而驱动系统元构体的主体价值性盈散活动，促进系统在内外交换活动中的应变发展能力，导致系统相态、相位、相界面与生命周期的变化。如图 3－9 所示。

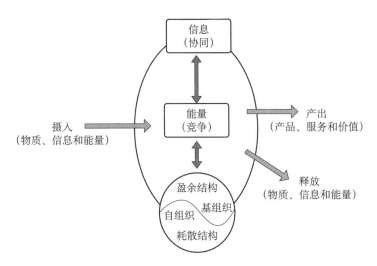

图 3 – 9   以能量场为主导的系统相态

以企业的经营管理为例：

若能主导企业商业模式的组织权，就能够通过影响企业价值链活动的规模大小，来掌控整个企业的主体价值盈散能力、目标价值产出能力和风险应变能力。

若能主导企业信息网络的决策权，就能够通过影响企业价值链活动的协同水平，来调节整个企业的主体价值盈散能力、目标价值产出能力和风险应变能力。

若能主导企业价值观念的宣贯权，就能够通过影响企业价值链活动的竞争强度，来促进整个企业的主体价值盈散能力、目标价值产出能力和风险应变能力。

第三节   盈散结构的组成

盈，丰盈；余，节余。盈余结构是系统内有线性关系的各类基组织在系统摄入、转化、生产和释放等功能环节的活动中，协同为具有一定时间、空间与功能状态的有序化元相体。

耗，损耗；散，消散。耗散结构是系统内自组织在物质、信息与能量的疏解、损耗与消失等活动中，形成具有一定时间、空间与功能状态的无序化蒙相体。

盈余结构有形且有序。以系统价值链为核心，主累积、协同、生产和约束。

在系统受干扰而产生不稳定时，不断通过系统磁场与势能作用，使系统重新回到稳定而平衡的状态。盈余结构的形成，有如下三个必要条件：

其一是具有开放性，可与外界进行物质、信息和能量的交换。

其二是近平衡态的基组织形式，相关物质、信息与能量之间呈线性关系。

其三是磁场与势能，通过不断摄入有效能量来维持过程协同性。

耗散结构无形又无序。依托盈余结构而存在，主分化、竞争、革新与自由。在系统处于稳定状态时，不断通过自组织活动，使系统走向非稳定且不平衡的状态。耗散结构的形成，也有三个必要条件：

其一是具有开放性，可与外界进行物质、信息与能量的交换。

其二是远离平衡态的自组织形式，相关物质、信息与能量之间呈非线性关系。

其三是涨落刺激，通过不断摄入能量来维持过程竞争性。

在一定的价值导向与环境条件下，盈余结构与耗散结构有机融合而衍生出由摄入—供应链、转化—生产链、盈余—分配链和释放—配送链组成的价值链，并形成以价值链为核心的盈散结构。

在盈散结构中，盈余结构与耗散结构二者相互矛盾、相互补充、相互作用、相互依赖，缺一不可。盈散结构的形成，必须同时具备以下五个必要条件：

其一是相态清楚，在一定时间、空间或功能状态上具有明显的边界。

其二是价值链，出于某种人为需要而界定的系统必然具有相应的产出价值。

其三是近平衡态，在各组成价值链的相关要素之间呈动态的线性关系。

其四是竞争性协同，不断维持有效物质、信息与能量的摄入、竞争与协同能力。

其五是生命周期，在一定时期内具有特征性的系统运动、系统磁场和系统势能。图 3-10 为盈散结构的组成。

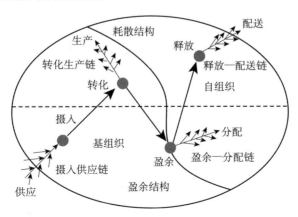

图 3-10 盈散结构的组成

在每一个盈散系统中，盈散结构与控制性信息流网络、驱动性能量场共同构成系统的三螺旋元构体，支撑系统不断与外界环境进行物质、信息与能量的交换活动，都通过价值链摄入系统的各类物质、信息和能量。

若符合系统价值链导向要求，则通过基组织的形式进入盈余结构。若不符合系统价值导向而游离的，则在系统磁场和势能的作用下通过自组织的形式进入耗散结构。

这导致系统的发展进化能力和价值产出能力，主要取决于盈余结构在盈散结构中的主导地位水平。

第四节　系统价值链

系统元构体的核心基础是盈散结构，盈散结构的核心基础则是在一定时间、空间和功能上具有摄入、转化、释放和盈余等效能的价值链。

系统价值链包括四大分链：摄入—供应链、转化—生产链、释放—配送链和盈余—分配链。

每个分链又由其两个子链组成：摄入链和供应链组成摄入—供应链，转化链和生产链组成转化—生产链，释放链和配送链组成释放—配送链，盈余链和分配链组成盈余—分配链。

某个或多个分链组成分系统的元构体，分担着系统价值链中的某些功能和价值诉求。

各个子链内部是独立而完整的价值链组成的元构体，具有独立特征性的功能和价值诉求。

而分链某个环节与子链某个环节在相互联系相互作用之中，形成独立而完整的微系统元构体及其价值链。

摄入—供应链、转化—生产链和盈余链构成价值创造升华的盈余结构，而释放—配送链和分配链构成价值消散衰减的耗散结构。基于盈余结构的盈余系统与基于耗散结构的耗散系统都属于分系统，二者有机融合才成其为一个完整的系统。

系统内各类基组织、自组织在盈散结构框架下的竞争性协同活动，通常都是价值创造与增值性的活动，称为基本活动。

系统内各类基组织、自组织在盈散结构框架下的竞争性支持活动，通常都是支持价值创造和增值的必要性辅助活动，称为支持活动。

由于系统价值链上每个环节的基本活动与支持活动之间相互依赖、相互影响，相关管理的水平都会影响到下一个环节的质量、成本和效益。其中真正能够创造价值的活动环节，才是企业核心竞争力所指的价值链核心环节①，如图 3-11 所示。

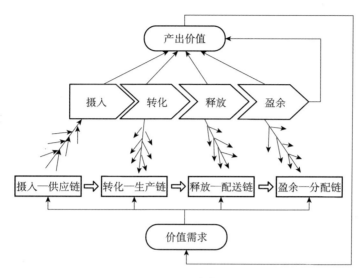

图 3-11 系统价值链

在系统价值链的各类基本活动和支持活动中，不可避免地需要不断消耗并向外辐射能量。为弥补这些能量损失，系统的元构体必须能够应对特性化的系统运动、系统磁场和系统势能的影响作用。

从而推动整个系统不断与外界进行的物质、信息和能量交换活动，促进系统价值链内摄入、转化、释放和盈余等各类价值活动的有序进行。在这个过程中，系统价值链的活动通常遵循如下四项法则：

法则一：当系统价值链的摄入能力和盈余能力的协同作用得到提高时，系统将实现发展壮大。

法则二：当系统价值链的盈余能力和释放能力的协同作用得到提高时，系统将增强价值产出能力。

法则三：通过管控系统价值链的摄入能力和释放能力的协同作用，可以实现系统能量损耗的最小化。

法则四：通过优化系统价值链的耗散能力和释放能力的协同作用，可以实现系统排放的合规合理。

图 3-12 为系统活动分析。

---

① 迈克尔·波特. 竞争优势［M］. 陈丽芳译. 北京：中信出版社，2014.

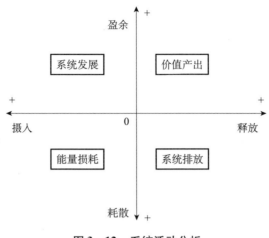

图 3 – 12　系统活动分析

第五节　竞争性协同效应

在系统磁场和系统势能的作用下，系统元构体内各组成要素之间、要素与整体之间以及整体与环境之间的物质、信息与能量交换活动，通常都具有一定竞争导向和协同规律。

竞争是存在的本能，是系统成长的动力，也是系统崩溃的源头。没有竞争，各安现状，就不存在发展和进化的动力，系统将不称其为系统。

协同是共赢的前提，是系统成长的基础，也是系统僵化的源头。没有协同，各行其是，系统就无法处于一定时间、空间或功能上的相对稳定状态，系统也就不称其为系统。

竞争与协同交融并存、相互影响、相互作用，故通常将二者合称为竞争性协同。

竞争性协同带来的系统耐受能力和三类九项性能的综合表现，称为竞争性协同能力。

竞争性协同导致的盈散系统功能与相态的持续性变化现象，称为竞争性协同效应。

竞争性协同效应是系统的本质特征，是系统发展的动力和系统多元化的前提。竞争性协同效应不是简单的组织、信息和能量的相加，而是在互相联系互相作用过程中的互信、互补、共生、共赢。系统的衰退与消亡和发展与进化只有在竞争性协同效应的作用下才能实现矛盾统一。

一方面，系统内部分系统、子系统、微系统的竞争性协同效应，持续推动系统向前发展进化。另一方面，系统是所从属于的更大系统的组成部分，受更大系统的竞争性协同效应约束，系统具有明显的生命周期。

一、竞争

竞争的存在与结果造成系统内部或系统之间的能量场差异和不平衡。让具有竞争优势的个体系统能够获取更多的价值盈余来实现发展壮大，让不具有竞争优势的个体系统逐步改善提升价值盈余能力。从而促进各类基组织与自组织相关的物质、信息与能量交换活动，形成更大的盈散系统。

此外，无序的竞争和过度的竞争将导致系统无序化活动的增加、系统熵值的增大。系统熵值一旦突破限制阈值，系统相态将发生非平衡性相变而崩溃。所属系统的崩溃，其所延伸的熵流将让各相关个体系统的物质、信息和能量摄入无序化，进而导致个体系统熵增和减而崩溃。

因此，任何竞争活动都不会是完全无序化的竞争，通常都受其所属的更大系统元构体的约束而协同。在所属的大系统元构体约束下的协同是对个体系统竞争的支持。协同是为了充分地竞争。

竞争的定义是指系统内部各组成要素之间，系统与系统之间，或者系统与外界环境之间的相互作用和相互影响，造成系统内部或系统之间的不平衡，并在元构体的约束下推动系统有序化的活动现象。

充分竞争的前提必须同时具备以下四项条件：

第一，需要种类相同。竞争行为就是为了满足需要，没有相同的需要就不存在竞争的动机。

第二，诉求对象相似。诉求对象不相类似，各取所需，也就不存在竞争行为。

第三，目标取向一致。目标取向不一致，舍取不一，自然也就不存在竞争的动机。

第四，索取能力相当。索取能力差异太过于悬殊，也会影响弱者的竞争期望值而压制竞争欲望。

二、协同

协同的存在与结果造成系统内部或系统之间的依赖和互补，建立系统间互联互通与同步同频的和流，整合为更大的盈散系统，并以此规范各类基组织与自组织相关的物质、信息与能量交换活动。各个体系统也都能利用各自特性化的竞争优势参与新盈散系统的价值链活动，分享更多的价值盈余来实现自身的发展壮大。

协同要求系统各环节化繁为简、按部就班、照章执行，但过度的协同不利于个体系统的改变创新，将导致整体性的故步自封、止步不前。进而导致所属协同系统有序化活动的急剧增加、系统和值的急剧增大。一旦突破系统阈值，系统相态将发生平衡性相变而僵化。所属系统的僵化，所延伸的和流将让个体系统的物质、信息与能量摄入僵化，进而导致个体系统和增熵减而僵化。

因此，任何协同活动都必须是盈余结构和耗散结构的同步协同。在有序化互补优势的同时，通常都受到其所属的更大系统元构体的驱动而竞争。在所属的更大系统元构体驱动下的竞争是个体系统协同的前提。竞争是为了更好的协同。

协同的定义是指系统内部各组成要素之间，系统与系统之间，或者系统与外界环境之间的相互协调与相互合作，并在系统元构体约束下进行有序化活动的现象。

高效协同的前提必须是"三观吻合"与"能力互补"。让各个系统的系统观、价值观和竞争观能够吻合一致的同时，各个系统价值链的需求侧与供给侧可以实现能力互补而形成更大的价值链。

第一，系统观相同。

系统观强调机遇和风险，是对系统与价值之间关系上的观念性认知。系统观不相同，则无法共存于同一个系统之内，自然就谈不上协同。

第二，价值观相似。

价值观强调存在的意义，是对目标价值的取向把握和尺度评判方面的观念性认知。价值观不相似，则即便同在一个系统内也都各安天命、各取所需，也就谈不上协同。

第三，竞争观相近。

竞争观强调发展的可能，是对目标价值获取方式上的观念性认知。竞争观不相近，则即便同在一个系统内也都我行我素、各行其是，更加谈不上协同。

第四，能力互补。

能力互补有两个方面的含义，二者缺一不可。

一方面，能力与目标匹配。任何一个目标下都有相应的能力水平要求，每个目标系统一般都会排斥能力低于目标最低担当水平的个体。否则将导致"$1+1<2$"的现象。

另一方面，相互间的优势互补。在系统观、价值观和竞争观三观吻合的情况下，各自的能力优势不冲突，能够互相弥补各自的能力缺陷。通过相互间优势互补，实现整体大于个体相加的"$1+1>2$"的效果，如图3-13所示。

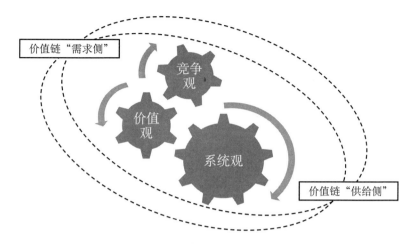

图 3 – 13 系统协同的"三观两侧"

在系统观、价值观和竞争观"三观吻合"的情况下实现"能力互补",才能实现系统内部之间或系统与外部之间的对立统一,才能实现系统内各分系统、子系统、微系统的竞争性协同效应,促使各类价值叠加与优势互补。

让大系统利益涵盖小系统利益,大系统原则涵盖小系统原则,长期目标涵盖短期目标。

让个体竞争与价值共赢之间实现统一,个体诉求与整体利益之间实现统一,个体活动民主与整体运行效率之间实现统一。

让系统的整体磁场与势能大于各局部磁场与势能的相加之和,链状的协同效应成倍大于链上各环节效应之和,系统的协同效应又成倍大于各组成链的协同效应之和。

三、竞争性协同

竞争性协同强调人与人之间、组织与组织之间或系统与系统之间,通过各自元构体核心价值链的互联互通与相互作用,实现整体产出价值和效益的最大化和相关方共赢。

系统内部的竞争性协同效应,是盈余结构与耗散结构刚柔并济的结果,可以大幅强化系统运动、系统磁场和系统势能的影响作用,促进系统价值链活动的能量摄入、转化和消耗。进而提升系统不断与外界进行物质、信息与能量交换活动的能力。

"三观吻合""能力互补"的两个或多个系统之间的竞争性协同效应,可以大幅强化整体性的系统运动、系统磁场和系统势能的影响作用,促进各个系统的价值链活动的能量摄入、转化和消耗。进而提升各个系统不断与外界进行物质、信息与能量交换活动的能力。

竞争性协同能力的水平，由浅到深分为执行层面的信息同频型与资源共享型协同，经营层面的决策统一型与组织一体型协同，以及理念层面的理念一致型协同五个层次，如图 3 – 14 所示。

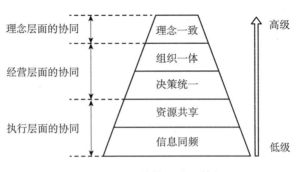

图 3 – 14　系统协同水平等级

系统间的信息同频型协同，只是基于最基本的互信要求上的协同。是各系统基本活动和支持活动的信息同频率地互联互通。信息同频率使系统实现互信，各系统的活动才能协同开展。但若只是活动信息的互联互通充其量只是有联系，称不上协同。

系统间的资源共享型协同，是各系统在信息互信的基础上整合各系统价值摄入链、供应链和配送链，实现各系统价值链活动资源的共享。

系统间的决策统一型协同，是各系统基于信息互信和资源共享的原则，整合各系统基本活动和支持活动的信息控制链，实现各系统决策过程的同源同频和实施步骤的同步统一。

系统间的组织一体型协同，是各系统基于信息互信、资源共享的原则，整合各系统的基组织与自组织，实现各系统盈散结构与价值链的统一。

系统间的理念一致型协同，是在系统观、价值观和竞争观统一的情况下，整合各系统的基组织与自组织，实现各系统能量场与价值链的统一。

第六节　系统生命周期

每一个人、企业、社团或国家都是一个不断与外界进行物质、信息与能量交换活动的盈散系统。

每一个事件、理论或运动也都可看作是一个具有一定时间、空间或功能状态的盈散系统。

每个系统都具有各自特性化的内存能量、主体价值和产出能力，都有各自潜伏、形成、发展、成熟、衰退、消亡或进化的历程。这种历程就是系统的生命周期①。

系统在生命周期的不同阶段，都有各自特性化的系统特征、系统优势、相变阈值和产出能力，过程中的各类影响因素众多、涉及面广，纷纭复杂，但也有规律可循。

系统生命周期的管理通常都需要综合考虑系统的周期时长、风险变量、价值高度和阶段特性方面的问题，并遵循以下三个原则：

一是稳定发展原则。维持系统盈散结构的竞争性协同能力，让系统盈余能力不下降，确保系统的生命周期长度和价值产出能力不被缩减。

二是预防突变原则。监控并引导系统转折点及各种变量，防止系统变量突破阈值临界点，破坏系统应有的相态。

三是进化升级原则。持续导入必要的抑制系统熵增的正能量，促使系统关键变量突破阈值临界点，创新重构出更具时间、空间或功能优势的盈散结构。

一、系统的生命长度

系统生命长度是指系统从形成到消亡的历程时间长度。系统生命长度的关键在于系统内存能量的大小。系统内存能量的大小受制于系统元构体的稳固程度。

系统元构体越稳固，价值链的竞争性协同能力就越强。进而让系统内存能量的持续聚集、磁场强度持续增加，系统盈余能力也就越强越持久。同时，系统主体价值与产出能力也随之增长，系统生命周期得以延续或进化。

系统元构体的稳固性越差，盈余能力就越弱，系统内部活动就越无序化，系统内存能量的消耗就越快，熵值急剧增大，导致系统主体价值迅速贬值。系统熵值一旦突破限制阈值，系统将迅速崩溃而结束生命。

所以系统生命周期的长短，一定程度上取决于系统元构体的稳固性与系统价值链的盈余能力的综合水平。系统元构体的三螺旋式升级发展越持久，系统的生命周期也就随之越长。

为便于系统生命周期内的价值管理与改善，通常将理想状态下的系统生命周期用"起点—上升期—顶峰期—下降期—终点"的五步曲线描绘出来，综合对比分析、评估，有针对性地提出系统性的管理方案和改善措施。

当然，在各种内外变量因素的影响与冲击下，系统生命周期曲线一般不会是平滑线，多为不断波动的折线，甚至可能会在过程中突然出现短暂的震动、停滞和消亡等现象。如图 3 - 15 所示。

① 伊查克·爱迪思. 企业生命周期［M］. 王玥译. 北京：中国人民大学出版社，2017.

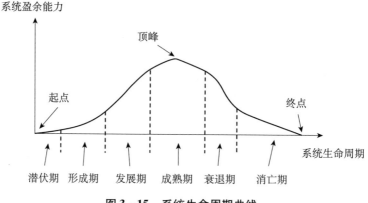

图 3-15 系统生命周期曲线

二、系统风险

系统在一定的生命周期内都存在各种可能会导致系统优势衰减、主体价值贬值、内存能量耗损以及产出能力下降的风险，甚至导致系统寿命的大幅缩短。

系统风险就是系统变量在特定刺激下，引发系统状态改变并造成系统损失的事故可能性。其中的风险变量、风险事故和风险损失构成系统风险的三要素，如图3-16所示。

图 3-16 风险三要素

系统风险一般分为外因风险和内因风险两大类。

外因风险是外部环境变量冲击带来的熵变风险。通常为多种外因相互交织，存在一定的周期性。外因风险的冲击一般都是不可分散的整体性风险，造成的影响一般都比较大。系统本身无法完全控制，弛豫时间短，只能通过增强自身的风险耐受能力来减弱风险影响。

内因风险是系统内部变量带来的熵变风险。通常以某种变量为主导，存在一定的规律性。内因风险的冲击一般都是可被分散的结构性风险，造成的影响一般不会像外因风险的冲击影响那么大。系统本身可以通过优化结构、预防管理等措施来规避风险事故的发生，也可以通过增强自身的风险耐受能力来减弱风险影响。

在系统生命周期曲线中的每个折线点都是"下降与上升"或"上升与下降"走向交替的临界点，蕴藏着机遇与危险。

如果这个临界点得到战胜并突破，系统就能继续沿着上升方向发展。此时，这个临界点就叫战略转折点。

如果这个临界点未能战胜，系统就能继续沿着下降方向衰退。此时，这个临界点就叫风险转折点。

当系统需要转型升级时，利用系统内可控变量的持续作用，直到系统生命周期的战略转折点被突破。一旦取得突破，系统价值链将升级为新的价值链，系统盈散结构将升级为新的盈散结构。于是，系统的三螺旋元构体重构为新的三螺旋元构体，系统也就进化为新的盈散系统。

系统的进化升级，相当于原系统的盈余能力获得提高、生命周期得以延长。新衍生的基组织与自组织将在新元构体的约束下，与外界进行更高要求的物质、信息和能量交换活动，而且很难因为外界条件的变化而消失，如图3-17所示。

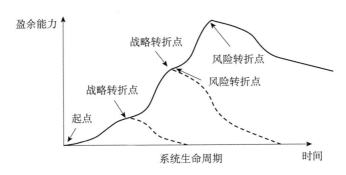

图3-17　系统的进化升级

三、系统生命高度

对人类、企业、社团和社会等人文化的系统而言，除了生命周期长度和风险预防之外，系统生命高度也是系统的现实追求。

系统生命高度是指系统对所属环境的价值影响程度，主要取决于系统主体价值高度的大小。系统主体价值高度的大小受制于系统能量场的势能大小，而系统势能的大小取决于系统价值链在各自活动中的价值盈余能力。

系统盈余能力越强，系统组织的内存能量持续聚集，系统磁场强度随之持续增加，各类基组织、自组织的活动范围就越来越大。在系统变量未突破临界阈值的情况下，系统势能就越大，系统价值随之累积并提升对外影响力，进而推动系统相对外界环境的价值高度的提升。反之，系统盈余能力越弱，系统相对外界环境的价值高度就越不明显。

系统存在的意义就是通过三螺旋元构体不断与外界环境进行物质、信息和能量的交换活动，实现内存能量、主体价值和产出能力的持续增长。延长系统生命周期，同时也提升主体价值高度，如图3-18所示。

四、系统的成长与自愈能力

系统生命周期内不断与外界进行物质、信息和能量交换的活动过程，也是不断应对内外风险冲击影响的过程。

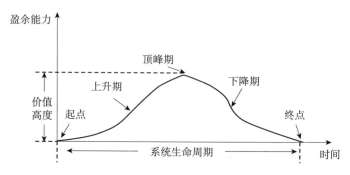

图 3-18　系统生命周期长度与价值高度的关系

一方面，系统所表现出的整体运行性能，都不会在一开始就达到最佳状态，都需要一个逐步建设完善、优化升级的成长过程。

另一方面，系统不断应对内外风险冲击影响而建立的耐受能力和自愈能力，必须能够最大限度地减少损害。

事实上，系统内部的成长系统和自愈系统一样重要，共同维持着系统相态的稳定。系统完善、发展和升级的成长过程，也就是系统内的自愈系统的成长过程。系统生命周期分为初创期、成长期、成熟期、老化期和进化期五个阶段，分别对应自愈系统的雏形阶段、完善阶段、成熟阶段、退化阶段、进化阶段。系统自愈能力的强弱会在很大程度上影响系统生命周期的长短，这些阶段一般都是渐进式发展的。

只有在特定情况下，初创期可以直接跨越式地向成熟期发展，成长期可以直接跨越式地向老化期发展，成熟期可以直接跨越式地向进化期蜕变，老化期可以直接跨越式地向进化期蜕变，进化期也可以直接跨越式地向成长期发展。

1. 初创期的盈散结构还不够健全但有活力

初创期，系统内各级基组织和自组织尚未成型，总体消耗量不高，盈余能力远远大于耗散能力。系统具有一定的成长能力和自愈能力。

这时管理重点是发挥"小而活"的优势，与外界环境进行物质、信息和能量交换的活动过程中获取自身成长所需，促使系统向成长期或成熟期发展。

2. 成长期的盈散结构相对健全而有活力

成长期，系统内各级基组织和自组织基本成型，总体消耗量较大。系统成长能力和自愈能力都较强。

当盈余能力大于耗散能力时，系统向成熟期发展。而当盈余能力小于耗散能力时，系统将向老化期发展。

这时的管理重点是发挥"快而活"的优势，快速在与外界环境进行物质、信息和能量交换的活动过程中大量获取自身成长所需，促使系统向成熟期发展。

3. 成熟期的盈散结构健全而稳定

成熟期，系统内各级基组织和自组织基本稳定，总体消耗量大。系统成长能力和自愈能力都维持一定水平。

当盈余能力大于耗散能力时，自组织活跃，一旦突破发展阈值，系统将向进化期发展。而盈余能力小于耗散能力时，系统将向老化期发展。

这时的管理重点是发挥"大而稳"的优势，在与外界环境进行物质、信息和能量交换的活动过程中转型升级、变革创新，促使系统向进化期蜕变。

4. 老化期的盈散结构陈旧老化

老化期，系统内各级基组织逐渐僵化，自组织逐渐失控，系统盈余能力退化，总体消耗量还很大。系统成长能力与自愈能力都在下降。

整体的盈余能力小于耗散能力时，一旦自组织完全失控，系统将解体崩溃。

这时的管理重点是"分而治"，将各分系统、子系统和微系统的组织重构，各自独立在与外界环境进行物质、信息和能量交换的活动过程中转型升级、变革创新，以点及面地促使系统向进化期蜕变或二次创业。

5. 进化期的盈散结构重组而不健全

进化期，系统内各级基组织与自组织重新组合，总体消耗量也很大。系统获得新兴的成长能力和自愈能力。

整体的盈余能力小于耗散能力时即停止进化，一旦自组织完全失控，系统将解体崩溃。

当整体的盈余能力大于耗散能力时，表示盈散结构下的各价值链重组完成。

这时的管理重点是"变而新"，在与外界环境进行物质、信息和能量交换的活动过程中积极变革创新，促使系统二次创业或恢复成长能力，如图 3－19 所示。

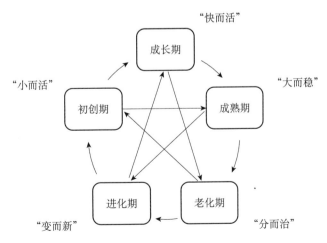

图 3－19　系统生命周期的发展阶段

第七节　系统性能指标

每个系统都是具有一定时间、空间和功能的稳定相态，都有各自特性化的内在能量、主体价值以及产出能力。在生命周期的每一个发展阶段，其整体性能指标要求及其水平都会变化不一。

系统性能指标包括用以衡量系统运行性能的节律周期、弛豫时间和协同能力三项基础性能指标，用以调控系统运行能力的系统成本、竞争节拍和产出效率三项管理性能指标，以及用以反映系统价值贡献能力的价值盈余、投入产出比和风险变量三项经营性能指标。

一、系统基础性能指标

系统基础性能指标包括节律周期、弛豫时间和协同能力三项，用以衡量系统的运行性能。

1. 节律周期

节律周期是指系统生命周期内单次完成周期性运动的时长。在某种意义上，所有节律周期时间的总和即为系统生命周期。

每个系统在被界定命名开始直至生命周期终结，全程充斥着各个系统节律周期的重复出现。没有节律就代表无序、代表不可控，谈不上协同，也就不称其为系统。

对涉及价值产出的系统而言，节律周期相当于价值产出周期，等于价值链中各环节活动时间（节拍）的总和。在系统协同能力一定的情况下，系统节律周期时长取决于价值链的流程长短。

某些系统运动的节律看似具有一定随意性，但在多个节律周期叠加后的规律性明显，适当控制好相关变量可以调整节律出现与消失的时间点，如图 3 - 20 所示。

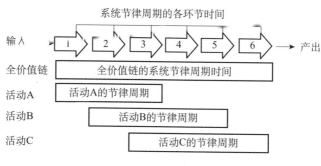

图 3 - 20　系统节律周期构成

2. 弛豫时间

弛豫时间是指系统在某种特定风险爆发的冲击影响下，从不稳定状态到趋于稳定状态所需要的时间。

在系统盈余结构的约束下，系统受到外界冲击造成的不稳定状态都不会永远存在，其在一定弛豫时间内都将趋于稳定状态。弛豫时间的长短由系统的风险耐受能力和协同能力共同决定。

弛豫时间长表示系统的盈散结构不够稳固、协同能力不够强、风险耐受能力差，系统风险影响很难消除。

弛豫时间短表示系统的盈散结构稳固、协同能力强、风险耐受能力强，系统风险影响很快就得以消除。

3. 协同能力

协同能力是指系统内部各组成要素之间，系统与系统之间，或者系统与外界环境之间的相互协调和相互合作的能力。

协同能力越强，表示系统的盈散结构越稳固、价值链盈余能力越强，系统的风险耐受能力越强。于是系统内各分系统、子系统、微系统一致协同，系统内存能量、主体价值和产出能力的提升速度就越来越快。

协同能力越弱，表示系统的盈散结构越不稳固、价值链盈余能力越差，系统的风险耐受能力越差。于是系统内各分系统、子系统、微系统不相互协同，系统内存能量、主体价值和产出能力的提升速度就越来越慢。

没有协同能力，表示系统的盈散结构崩溃、价值链盈余能力亏损，系统结构性风险大增。于是系统内各分系统、子系统、微系统自行其是、内耗竞争，系统内存能量和主体价值的损耗速度就越来越快。

二、系统管理性能指标

系统管理性能指标包括系统成本、竞争节拍和产出效率三项，用以调控系统的运行能力。

1. 系统成本

系统成本是指系统维持其一定时间、空间或功能状态所必要的成本投入。

系统成本相当于系统价值链各个环节的必要活动成本的总和。

当系统管理只涉及价值链某几个环节时，其所承担的系统成本等于所涉及环节的必要活动成本之和，如图 3－21 所示。

2. 竞争节拍

竞争节拍是指在系统生命周期内的价值链各组成环节的周期性活动时长。

节拍与节律周期不一样。节拍是人为调整或设定的，可以随人为需求数量或频次的变化而变化。当需求数量或频次减少，节拍就会变长；当需求数量或频次

增加，节拍就会变短。

在人为需求一定的情况下，价值链的所有环节中，节拍时间最长的环节称为瓶颈环节。瓶颈环节的节拍时间就是整个价值链的产出节拍。所有环节的节拍时间之和就是产出周期。

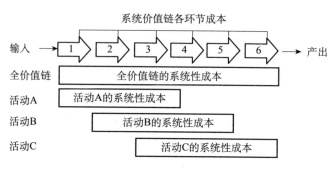

图 3－21　系统成本构成

3. 产出效率

价值链产出效率取决于瓶颈环节的产出节拍与产出周期之间的比值。

快速提升系统价值链产出效率的基本手段就是通过提高瓶颈环节的效率、解除瓶颈约束，来减少瓶颈环节的节拍时间。

做好系统瓶颈约束的管理，有益于快速提升整体产出效率。整个约束管理①的过程可分为五个具体实施步骤：

第一步：识别系统的瓶颈和约束。

第二步：确定如何提升系统瓶颈的约束。

第三步：决策其他次要瓶颈的约束。

第四步：改善并提高克服瓶颈约束的能力。

第五步：若瓶颈约束被破坏，返回第一步。

图 3－22 为系统瓶颈约束的识别。

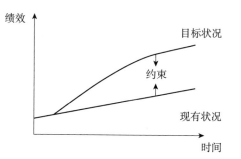

图 3－22　系统瓶颈约束的识别

三、系统经营性能指标

系统经营性能指标包括价值盈余、投入产出比和风险变量三项，用以反映系统价值的贡献能力。

---

①　中野明 . 图解高德拉特约束理论［M］. 吴麒译 . 北京：中国人民大学出版社，2008.

1. 价值盈余

价值盈余是指系统产出价值减去系统成本与投入成本之和后所得。

$$价值盈余 = 产出价值 - （系统成本 + 投入成本）$$

提高系统价值盈余的方法主要有三类：

一是改善系统协同能力，提升价值产出效率。

二是提高产出价值量，获取流量效益或规模效益。

三是消除系统性浪费，降低系统成本。

2. 投入产出比

投入产出比是指 1 个单位的投入成本能够带来多少单位的产出价值。常用"1：N"的形式表达，N 值越大，表示经济效益越好。通常所说的投入产出比很高，指的是"N"，而不是"1/N"。

为便于理解运用，笔者主张将产出做分子，投入做分母，更为直观合理。

（1）评估系统整体建设的意义和价值性时。投入产出比就是系统生命周期内的产出增加值总和与相关建设期投入成本与运行期维护成本之和的比值。

$$投入产出比 = \frac{产出增加值总和}{投入成本 + 维护成本}$$

（2）评估某次成本投入的意义和价值性时。投入产出比就是单次投入成本与其带来的系统产出增加值的比值。

$$投入产出比 = \frac{产出增加值}{投入成本量}$$

3. 风险变量

风险变量是指可能会造成系统在时间、空间或功能状态发生改变，进而导致系统收益、成本或代价的不确定的可变因素。

变量的风险性与风险的发生概率、影响程度和处理难度息息相关。不同的变量对系统的影响各不相同，同一种变量在系统生命周期的不同阶段对系统的影响也不尽相同。

风险变量分为快变量和慢变量两类。

快变量随时间变化快。当受到特定刺激的冲击时，快变量表现为阻碍大而使冲击效能衰减很快，系统重新达到稳定态的弛豫时间很短。

慢变量随时间变化慢。当受到特定刺激的冲击时，慢变量表现为阻碍小而使冲击效能衰减很慢，系统重新达到稳定态的弛豫时间很长。

第八节　系统耐受能力锻炼

在所属环境的各种变量影响和冲击下，任何系统都不会在一开始就达到性能最佳状态，也不可能一直保持性能最佳状态。

系统管理的基本性任务就是不论外界环境怎么变化，都要努力维持在一定时间、空间和功能上的"稳固"相态，以保系统内存能量、主体价值和产出能力的持续增长。

这种"稳固"，在系统生命周期的每个发展阶段，或者系统价值发现、设计、创造、增值和分配的各个环节，都会因所属环境变量的影响和冲击而存在不确定性。

在有计划地做好风险耐受能力评估、接受风险耐受能力锻炼的前提下，及时发现系统缺陷、不足和风险，建立应急机制和风控机制是不二法门。才能有针对性地组织系统性能的改善提升，提高系统的风险耐受能力。

一、风险耐受能力

风险耐受能力简称为耐受能力，是指系统对特定变量刺激的耐受反应能力或无应答状态的弛豫时间。

耐受能力水平因风险的性质、风险激发途径、风险激发量大小和风险激发密度大小而受影响，可以通过抗压强度、屈服强度、可变性和收缩率四个指标来综合评价。

抗压强度和屈服强度属于系统强度评价指标，体现的是系统的压力承受水平。

可变性和收缩率属于系统塑性评价指标，体现的是系统的可塑性水平。

系统一旦对某个特定变量的特异性刺激形成风险耐受的应急机制后，再次受到同一刺激时，抗压强度、屈服强度、可变性和收缩率都会重复以某种特定方式来应对，而不会产生常规情形的应急反应。

这种应急反应机制的有效程度称为风控耐受性，也就是通常所说的风控机制。

二、风险耐受能力锻炼

系统耐受能力表现通常是自身变量刺激的耐受能力和外因刺激的耐受能力两种情形。二者都可以由自身元构体的特性所决定，也可以由人工模拟诱导产生。

自身决定的称为天然性风控耐受性，人工诱导产生的称为获得性风控耐受性。

在系统的组建期、成长期和成熟期都可以人工模拟诱导的方式，让系统通过耐受能力锻炼，产生特定的风控耐受能力。

风险耐受能力锻炼通常要经历弹性阶段、屈服阶段、强化阶段和耐受阶段四个阶段的干预，促使内部组织的结构化改良与升级，才能最终形成一定的风控耐受性。

从锻炼时间上看，越早期干预或锻炼，风控耐受能力的诱导成功率越高。越是等到系统成熟期，其盈散结构的惯性越大，整体相态很难改变，诱导新的风险耐受能力产生的可能性就越低，如图 3 – 23 所示。

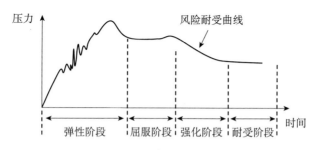

图 3 – 23　系统风险耐受曲线

三、风险压力测试

对系统耐受能力的评估和风控耐受能力诱导成功与否的判断，通常以风险压力测试的方式进行。

通过可控范围内的加压测试、恒压测试和降压测试三个阶段，来观察测试系统的性能瓶颈、质量可靠性、运行稳定性、产出负荷、变量风险和量变阈值等。

通过加压测试，可以暴露的系统性问题、障碍、瓶颈和风险的数量将随着压力的加大而增加。便于有效观察已暴露问题、障碍、瓶颈及风险的特征，分析相互间的线性关系、活动规律和主导核心，从中找到有利机会或改善对策。

随着压力的加大，各类自组织、基组织将会先后突破相关限制阈值而冲击系统相态的稳定，系统内熵值持续增加、和值迅速减小，直至系统崩溃。为避免系统崩溃，而加压到某种程度时进行恒压测试。

通过恒压测试，进一步观察已暴露的问题、障碍、瓶颈及风险的特征，分析相互间的线性关系、活动规律和主导核心，从中找到有利机会或改善对策。也可以通过维持一定数量的系统在短期内无法自我解决的问题，观察系统自身盈散结构在不断与外界环境进行物质、信息与能量交换活动中的自我修复、自我优化能力。然后综合加压测试和恒压测试的研究改善成果，观察系统风控耐受性能状况和系统活动主导核心的稳固水平。

而降压测试一般基于防止更多暴露而不可收拾，或者给予时机休整进化的两种目的，进行的测试。

一般在系统已有的风险耐受能力下，系统暴露的问题、障碍、瓶颈和风险数量将随着压力的下降而减少。比如近年来的中美贸易争端，美国的"极限施压"战略便是因循"加压测试"→"对方混乱"→"抢占制高点"→"谈判获利"的路线。若未达到预期目标，对"软柿子"便持续加压，抢占有利的谈判制高点，逼迫对方配合"谈判牺牲"。对"硬骨头"便恒压测试，继续寻找对方的软肋，逼迫对方"谈判让步"。而一旦发现实在无利可图，就必然通过降压测试，自找台阶，寻求和谈。

所以从规律上看，没有进入降压测试环节的任何谈判，都只是阶段性活动，直接"亮底牌"的行为都不可取，如图 3-24 所示。

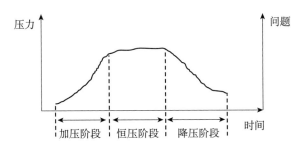

图 3-24 系统风险耐受能力测试

第九节 系统化管理

每一个人、企业、社团和国家都是个体特性化的盈散系统，通过自身三螺旋元构体在不断与外界环境进行物质、信息和能量交换活动的过程中发展进化。

人体是为满足生理、心理和精神功能需要，不断通过稳定有序的机体组织相态与外界进行物质、信息和能量交换的盈散系统。

企业是为不断创造市场需要的价值来实现企业价值盈余最大化的需要，持续通过稳定有序的运营组织相态与外界进行物质、信息和能量交换的盈散系统。

国家是为不断创造社会价值和财富来满足国民日益增长的需要，持续通过稳定有序的治理组织相态与外界进行物质、信息和能量交换的盈散系统。

系统化管理的定义就是通过引导系统盈散结构的磁场和势能作用，协同价值链上各类基本活动和支持活动的竞争导向，营造竞争性协同的氛围，持续提升系统内存能量、主体价值和产出性能的活动过程。

系统能量关乎系统生命周期的长短和能量场影响力的大小，主体价值关乎系统竞争性协同导向和价值链的性质，而产出性能关乎系统价值产出能力的水平。

系统管理的主要任务就是在系统特定的时间、空间和功能框架下，分别从需求和供给两个方面区分并把握系统的平衡偏差、相变阈值和变量因素，有序协调系统各组成要素之间、要素和整体之间以及系统与环境之间的关系，改善系统价值链的竞争性协同效应。最终确保系统在不断与外界进行物质、信息和能量交换的过程中，实现系统内存能量、主体价值和产出价值的最大化。

一、系统能量管理

众所周知，物质的最小单位是原子，表现物质特性的最小能量单元是量子。世界万物都是由原子、分子等粒子组成的一种相对稳定而有序的能量组构体。每一个系统都是基于自身特性化元构体为核心的能量体。

系统能量的量变或质变状态统称为系统能态。系统在一定能态下的能量大小都是由系统的内在能量和基础耗散量组成的动态变化值。

系统能量公式：

$$系统能量 = 内在能量 + 基础耗散量$$
$$E = E_i + E_d$$
$$基础耗散量 = 系统动能 + 系统势能$$
$$E_d = E_k + E_p$$

推导：

$$系统能量 = 内在能量 + 系统动能 + 系统势能$$
$$E = E_i + E_k + E_p \tag{3-1}$$

在式（3-1）中，E 为系统能量，E_i 为内在能量，E_d 为基础耗散量，E_k 为系统动能，E_p 为系统势能。

系统的内在能量相当于系统维持现有状态和状态变化过程中所做的功的总和，也相当于系统从零能量的空无状态转换为现有能态过程中所做的功的总和。内在能量蕴藏在系统元构体之中，并随着系统盈余能力的增强而增大。

基础耗散量是指系统在完全停止和外界环境交换活动的情况下，内部各类基组织与自组织围绕价值链活动所必需的物质、信息和能量的消耗量的总和。

系统在不断与外界环境进行物质、信息和能量交换过程中，提升系统和值、抑制系统熵增的输入性正能量，以及消耗系统和值、抑制系统熵减的输入性负能量，都会进入系统并促进系统能态的变化。

通常所说的社会正能量、负能量，都不是物理方向上的正负，而是其对目标效果的增强和消减，及其过程中的影响效果被社会群体所信任与否。

系统管理的意义就是在系统特定的时间、空间或功能框架下，疏通、引导和促进正能量，限制、约束和规避负能量，激发各类基组织与自组织的竞争性协同

地为本系统创造目标价值、蓄积内在能量。

在一定的客观条件下，系统能量的性质同系统本身的物质性能、组织相态、价值存量、价值盈余能力及风险状况等要素密切相关。系统能量大小等于系统影响能力、有效时长和作用密度的乘积。而系统影响能力等于系统功率、作用频率和影响速度的乘积。

系统能量公式：

$$系统能量 = 影响能力 \times 影响密度 \times 有效时长$$
$$影响能力 = 系统功率 \times 作用频率 \times 影响速度$$

推导：

$$系统能量 = 系统功率 \times 作用频率 \times 影响速度 \times 影响密度 \times 有效时长$$

$$E = W \times H_z \times V \times \rho \times T \qquad\qquad (3-2)$$

在式（3-2）中，E 为系统能量，W 为系统功率，H_z 为作用频率，V 为影响速度，ρ 为影响的区域密度，T 为影响的有效时长。

二、系统价值产出能力管理

为客观衡量系统的价值产出能力，通常在系统盈散结构的约束能力一定的情况下，将系统基组织的活动范围中心区域作为盈余中心，将自组织的活动范围中心区域作为耗散中心。通过观察系统耗散中心和盈余中心的偏离程度，来评判系统生命周期内的价值创造能力。

在系统盈余结构约束能力范围的上下限之内，耗散中心与盈余中心越接近，说明在盈散结构约束下的基组织的活动范围和耗散结构范围内的自组织的活动越集中。系统活动越可控，系统的竞争性协同能力越强，系统生命周期内的产出能力就越强。

在系统盈余结构约束能力范围的上下限之内，耗散中心与盈余中心越偏离，说明盈散结构约束下的基组织的活动范围与耗散结构范围内自组织的活动越分散。系统活动越不可控，系统的竞争性协同能力越弱，系统生命周期内的产出能力就越差。

如图 3-25 所示，耗散中心与盈余中心吻合且在约束限度之内时，系统的价值产出能力很强、完全可控。

如图 3-26 所示，耗散中心与盈余中心偏离但在约束限度之内时，系统的价值产出能力强、基本可控。

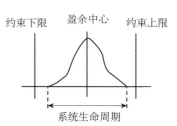

图 3-25 耗散中心与盈余中心吻合且在约束限度内的情况示意

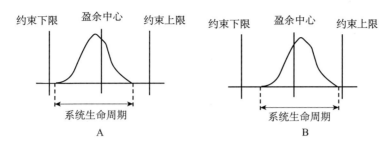

图 3 - 26　耗散中心与盈余中心偏离但在约束限度内情况示意

如图 3 - 27 所示，耗散中心与盈余中心吻合但超出约束限度时，系统的价值产出能力差、可控性较差。

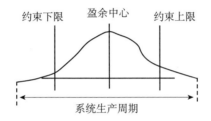

图 3 - 27　耗散中心与盈余中心吻合但超出约束限度情况示意

如图 3 - 28 所示，耗散中心与盈余中心偏离且单向超出约束限度时，系统的价值产出能力很差，基本不可控。

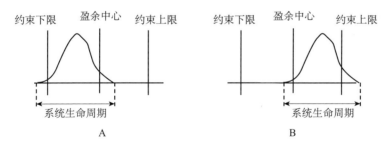

图 3 - 28　耗散中心与盈余中心偏离且单向超出约束限度情况示意

如图 3 - 29 所示，耗散中心与盈余中心偏离且双向都超出约束限度时，系统的价值产出能力非常差，完全不可控。

三、系统风险管理

系统风险管理的目标就是使系统风险爆发后的实际损失和潜在危害降到最低。

系统风险管理的过程一般包括风险识别、风险测量、风险分析、风险评估、选定对策、实施对策、监控状态等方面的活动。

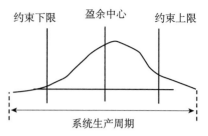

图 3 - 29　耗散中心与盈余中心
偏离且双向超出约束限度
情况示意

风险管理的定义就是系统性识别和测量风险变量，分析与评估风险事故的等级，选定与实施风险控制的方案，以及改善与监控变量风险的活动过程。

风险变量是指可能会造成系统在时间、空间或功能状态发生改变，进而导致系统收益、成本或代价不确定的可变因素。

变量风险是指系统变量因特定刺激而丧失耐受能力的情况下，可能造成系统不可逆转损害的威胁。

风险等级与变量的耐受能力、风险发生概率、危害大小、影响程度和处理难度相关。不同等级的风险对系统的影响各不相同，同一等级的风险在系统生命周期的不同阶段的影响也不相同。

在系统风险管理的过程中，应当同时注意以下三个方面的问题：

第一，必须重视严重危害或不可逆转损害的威胁。

提前做好主管责任制的干预措施，及时发现、及时整改。在条件允许的情况下，应适当开展系统风控能力测试，适当开展风险耐受能力锻炼，适当建立风险防范预警等级及其相关应急预案。

第二，必须认识到所有的预防措施都会引发相应的成本。

"零风险"不能作为通常情况下的风险预防目标。对某个特定风险预防的过多投入，势必削弱系统在有限资源下应对更多风险的预防能力。

第三，还须重视预防人为舞弊带来的危害。

"千里之堤溃于蚁穴"，人为舞弊带来的危害不言而喻，但其产生也具有一定的规律性和可预防性。

人为舞弊的产生是由压力、机会和借口三要素[①]在一定的环境下相互影响相互作用后的行为现象。三者构成了"舞弊三角"。

压力是导致目标结果或支持资源产生急切需求的原因，机会是松懈的控制或信息的不对称导致动机产生的可能性，借口则是为舞弊行为预期后果与团体目标之间的偏差寻找的自我安慰理由。缺少其中任何一项要素都不可能产生舞弊行为，如图 3 - 30 所示。

---

① 胡明霞. 上市公司舞弊案例分析：基于舞弊三角理论的视角［M］. 成都：西南财经大学出版社，2015.

四、系统管理八大原则

系统在不断与外界环境进行物质、信息和能量交换的活动过程中，不可避免地会经常受到外界因素和内部变量的影响冲击。

系统的建设和管理都应当尊重普遍性原则、目的性原则、价值性原则、组织性原则、层级性原则、开放性原则、周期性原则和整体性原则。才能在系统受到风险冲击时，准确把握系统的盈散结构、活动规律和耐受结果的变化。才能处理好人性需要、内部组织与外界环境之间相互关系，及时调整各类基组织、自组织的竞争导向与协同规律，确保系统内存能量、主体价值和价值产出的最大化，如图 3－31 所示。

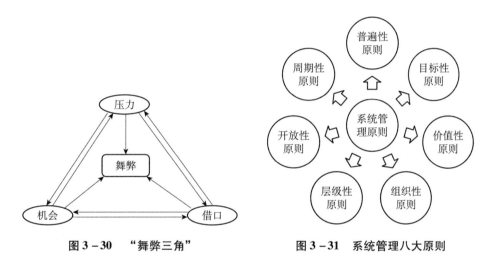

图 3－30　"舞弊三角"　　　　图 3－31　系统管理八大原则

1. 普遍性原则

系统涵盖的不论是自然属性、社会属性和精神属性，都可以是有形的人体、企业、社团、国家，也可以是无形的商业模式、管理方式、专案项目、经济现象；可以是有形的物质粒子、生态环境、宇宙星系，也可以是人类思维、学术理论、宗教思想等。每个系统都有各自特性化的盈散结构，有着各自清楚的相态、相位与相界面，有着各自不同的目的性、组织性、价值性和周期性要求。

2. 目标性原则

所有的系统，无论是自然、社会还是精神属性，都是基于一定的人性需要、内部组织与外界环境之间相互关系而划分定义的有机整体。在进行系统管理或分析时，应当从系统性目标的导向下发现系统的活动规律和发展趋势。

3. 价值性原则

人类设定系统、改造世界的本意就是创造能够满足人类意动感觉、情感体验

或精神升华需要的价值。每个系统都有各自特性化的价值观，才能在不断与外界进行物质、信息与能量交换活动过程中，吸引并整合内外有效资源协同参与价值链上的各环节活动，让系统"活得好""活得久""产出大"。

"活得好"是指系统相态稳定。主要是能够持续在与外界进行物质、信息和能量交换过程中获取必要价值。

"活得久"是指系统生命周期持久。主要是保证或延长系统应有的生命周期。

"产出大"是指系统价值盈余能力强。可以是获得更高的价值产出能力，也可以获得更强的对外影响能力。

"活得好"和"活得久"是"产出大"的基本前提。系统不稳定、"活得不好"，盈余能力就不高，价值产出能力就差。系统混乱无序、"活得很差"，盈余能力就小于耗散能力，价值产出就为负数，消耗系统自身的价值。

"产出大"是"活得好"和"活得久"的主要目标。系统价值产出越大，价值盈余分配越多，竞争性协同效应就越强，越能促进系统内存能量和主体价值的发展进化。系统价值产出越低，价值盈余分配越少，竞争性协同效应就越差，越会阻碍系统内存能量和主体价值的发展进化。

4. 组织性原则

每个系统都有各自赖以存在和运行的特性化盈散结构，约束和引导各类组成要素随着系统价值链的基本活动或支持活动而形成基组织。

未受约束的部分，在系统磁场和势能的作用下，自动自发地形成各类自组织。

系统管理的核心就是强化基组织和自组织之间的竞争性协同效应，杜绝负能量组织的形成和发展。

5. 层级性原则

每个系统既是其所从属的更大系统的组成部分，又包括内部不同层级的分系统、子系统和微系统。相互之间不论层级高低、主次大小，都有各自特性化的盈散结构，有着清楚的相态、相位和相界面。

系统管理必须准确把握系统整体与各层级之间、层级与层级之间的磁场与势能作用规律，协同内部各类基组织和自组织的竞争导向与活动规律，才能促进系统与外界环境不断进行物质、信息和能量的交换活动，实现本系统的目的性、组织性、价值性和周期性要求。

6. 开放性原则

系统内部各要素之间、系统与要素之间、系统与系统之间、系统与环境之间，都是相互联系、相互作用的开放性关系。

必须通过不断与外界环境进行物质、信息与能量的交换活动，才能使相互间的磁场和势能维持一定的平衡落差。

7. 周期性原则

任何系统在一定时间、空间或功能状态上，都有其发生、发展、进化、衰退和消亡的生命周期。系统价值链上各个环节的活动，也都有其竞争节拍。

系统管理必须充分考虑到系统在生命周期内不同阶段的活动特征和差异化诉求。

8. 整体性原则

每个独立的系统都是一个有机整体。基于各自特性化的盈散结构，有着不同的相态和相位，有着不同的运动规律、产出价值、应变能力和生命周期。系统之间也有着清楚的相界面。

在系统管理过程中，只有以整体效益为目标导向，把握各组成要素之间、要素与整体之间以及系统与环境之间的竞争导向和活动规律，才能充分发挥个体竞争积极性和整体协同效率，才能在保证整体利益最大化的情况下实现相关方共赢。

五、系统管理的秘诀

系统管理成功的核心在于如何在特定目标要求下，快速形成竞争性协同效应，全线协同、群策群力，才能持续促进系统内存能量、主体价值和价值产出的最大化。

秘诀之一是简化问题。

利用系统盈散结构将零散的知识、经验、信息、数据归集起来，从系统价值链的角度透彻观察、全面思考、分门别类、量化分析，有效简化并系统解决问题。

秘诀之二是整体优先。

在系统内盈散结构的约束和价值链的协同下，实现个体竞争和价值共赢之间的统一，个体活动民主与整体运行效率之间的统一，以及个体诉求与整体利益之间的统一。

让大系统利益涵盖小系统利益、大系统原则涵盖小系统原则、长期目标涵盖短期目标。让局部利益服从整体利益，个体利益服从集体利益。

秘诀之三是"六步法"。

第一步：识别系统优势，促进物质、信息与能量交换。

第二步：优化盈散结构，整合系统价值链资源。

第三步：把握平衡落差，建立价值分配规则。

第四步：竞争性协同，提升系统价值产出能力。

第五步：监导系统变量，建立风控机制与应急预案。

第六步：测定相变阈值，设立系统转型升级路径。

图 3 – 32 为系统管理六步法。

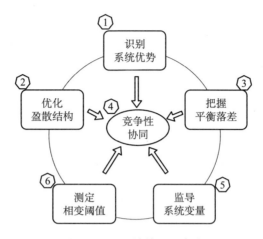

图 3 – 32 系统管理六步法

第四章　人性与人性化管理

人性是人类在一定的客观系统环境下，由于大脑活动或外因刺激作用而激发的自然属性、社会属性和精神属性需要的行为表现。

人性的需要①是基于人类生理、心理和精神活动方面的复合诉求。从属性角度上分为自然属性需要、社会属性需要和精神属性需要三大类，从动机角度分为本我需要、自我需要和超我需要三大类②。两种分类方式互为呼应、相辅相成，并聚焦于体验角度的意动需要、认知需要和审美需要。

人体本身就是个基于一定的人性需要、内部组织，不断与外界环境进行物质、信息与能量交换活动的盈散系统。在一定时间、空间与功能相态上，每个人有各自孕育、出生、成长、进化、衰老与死亡的生命周期。不断在一定的目的性、价值性、组织性和周期性下，有机协同人性需要、内部组织与外界环境之间的关系，寻求自我价值的最大化。

每个人既是其所从属家庭、组织、团队、企业、民族或国家等更大系统的组成部分。又是由内部运动系统、呼吸系统、循环系统、消化系统、泌尿系统与生殖系统共同组成，并在神经系统与内分泌系统的调节下的有机融合体。

以人为中心的各类系统，不论层级高低、主次大小，都有各自特性化的元构体及其价值链，有清楚的相态、相位与相界面。只有通过各种价值链活动来协同各类基组织与自组织的竞争导向与活动规律，促进本系统与外界环境不断进行物质、信息与能量的交换活动，才能实现个人、家庭、组织、团队、企业、民族或国家在各自生命周期活动中的人性需要。

可以说，世间一切管理活动的最终目的都是人性需要的满足。

先进管理必须充分理解并面对人性问题，实现"人—事—机—物—料"之间的价值化协同。才能在产品的价值发现、价值设计、价值创造和价值分配等活动过程中，更好地兼顾并利用各相关方的价值诉求，确保价值链整体产出价值的最大化。

在同一个生存环境、时代特征和社会生活条件下，价值观取向大体一致，人性需要的诉求层级相对集中。人性需要的聚焦引发对目标价值在本我

---

① 马斯洛. 马斯洛人本哲学 [M]. 唐译译. 长春：吉林出版集团有限责任公司，2013.
② 台启权，陶金花. 大学生心理健康教程 [M]. 南京：南京大学出版社，2012.

满足、自我调节与超我实现方面的效能中获得欲望。获得欲望进一步激发设计、创造、交换与消费活动过程中对目标价值的争夺、交换与分享的行为动机①。这就是家族管理、企业管理甚至国家治理中重视文化价值观的理论依据所在。

当然，由于个人的体质强弱、经验技能水平以及对外影响能力的不同，被激发的相关行为表现也各形各异。这也是人性的共通性与差异性兼存的根源，是人性具有一定规律性和可控性的依据。

第一节　人性的需要

从体验方式的角度上看，人性的需要分为意动需要、认知需要和审美需要。

从社会交往的角度上看，人性的需要分为本我需要、自我需要和超我需要。

从存在形式的角度上看，人性的需要分为自然属性需要、社会属性需要和精神属性需要。

从满足程度的角度上看，人性的需要分为匮乏性需要、成长性需要和超越性需要。之上三种分类下的每一项人性需要都存在匮乏性需要、成长性需要和超越性需要的属性可能。

匮乏性需要是生理、安全、情感与尊重方面需要匮乏时产生的获得性诉求。成长性需要是弥补匮乏性需要之外的盈余控制性诉求。超越性需要是指弥补匮乏性需要和成长性需要之外的自我实现性诉求。

一、人性需要的本义

饮食、睡眠、活动、温暖、性爱、健康等生理需要和安全需要都出于本我需求，是保证生存的低级的自然属性需要，属于本我需要。

本我需要注重意动感觉效能，是直接利用外部条件就能获得满足的自然属性需要的欲望表现。充其量只是驱动机体组织松弛的作用，无法产生幸福感、成就感，也很难激发积极向上的热情。

情感需要和尊重需要是通过社会交往互动过程中产生情感体验的自我需求，是高级的社会属性需要，属于自我需要。

自我需要注重情感体验效能，是在意识的存在和觉醒下协调本我与超我冲

① 林崇德，杨治良，黄希庭．心理学大辞典［M］．上海：上海教育出版社，2003.

突，最终以现实合理的方式来满足社会属性需要的欲望表现。一方面调节本我的情感抒发，另一方面又受制于超我的抽象约束。

控制需要和超越需要是对自然属性和社会属性需要满足情况的认知后，在审美驱动下的超我需求，是崇高的精神属性需要，属于超我需要。

超我需要注重精神升华效能，是通过获取控制效能或超越效能来满足精神属性需要的欲望表现。如图 4 - 1 所示。

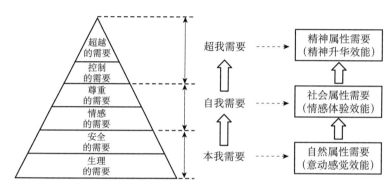

图 4 - 1　人性需要的分类

二、人性需要的层级关系

生理需要、安全需要、情感需要、尊重需要、控制需要和超越需要，从低级到高级，按优势强弱或迫切程度排列成一种相对的层级系统，归结于意动需要。

意动需要的六个层次像阶梯一样，在逐渐满足时会促进逐级递升，这也就是所谓的欲望膨胀。

而且越低层级的需要出现越高频，个体索求欲望越强，被阻碍时的反应越强烈。其单次满足效能的持续性越短。

越高级的需要越复杂，出现频率越低，越依赖更多更好的外部条件，社会公德意义越强，被阻碍时的反应越平淡，且单次满足效能的持续性越长。

无论哪个层次的意动需要，在诉求、获取及满足的过程中都会触发机体的认知需要和审美需要。而且认知需要和审美需要的满足程度反过来会指导意动需要的进一步动机。如图 4 - 2 所示。

通常所说的产品价值，就是指能够满足人类意动、认知和审美需要的某种效能，由意动价值、认知价值和审美价值共同组成。其中，意动价值由产品的物质性能及结构本体承载，用以满足人们意动使用的需要。认知价值由产品的物质性能及结构信息承载，用以满足人们认知的需要。审美价值由产品的物质性能和图彩包装承载，用以满足人们审美的需要。

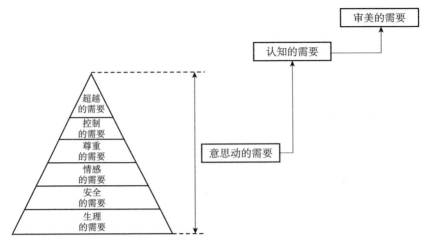

图 4 – 2　人性需要的层级系统

第二节　自然属性需要

自然属性需要一般都是沿着世界生物谱系进化方向的本能冲动的本我需要，是在潜意识下维持生存的原始欲望。一般仅限于机体匮乏性需要的满足，属于低级的需要。主要表现为三个层面的诉求：

第一，食、性、衣、行、住、医、知等生理满足方面的需求；

第二，喜、怒、忧、思、悲、恐、惊等情绪表达方面的需求；

第三，正当防卫、免受约束、远离侵害、意外防护、过失保险、操作安全、养老保障等安全保障方面的需求。

通常而言，自然属性的本我需要比较注重意动感觉效能，由产品的生理效能和安全效能来满足。这也是产品意动感觉价值的消费来源，一般直接利用外部条件就可以实现。

自然属性需要比较遵循本我享乐、避免痛苦的原则，对机体组织的自主反应具有强支配性。一旦被剥夺，将激发整个个体盈散系统的能态升级活动，引发强烈的抵抗动机。

第三节　社会属性需要

人的社会属性需要主要表现为渴望被配偶、亲友、家庭、团体、社会等的认可、接受与尊重的需要。

比如对朋友、亲人、妻子、儿女的情感体验的需要，获取群体职位、完成工作任务的需要，被社会认可与尊重的需要，希望与利益相关方建立良好关系的需要等。

社会属性需要超出机体代谢需要满足的范畴。多为基于追求认可、尊重与接受自我需要出发，在社会交往选择上具有明显的趋同性、求易性与从优性特征①，属于高级的需要。

社会属性的自我需要比较注重情感体验效能，一般由产品的情感效能和尊重效能来满足，也是产品情感体验价值的消费来源。

社会的信任与交易、规范与文明、创造与繁荣都是源于人类情感体验价值的丰富。这就是人类创造历史的说法依据所在。

社会属性需要一旦被剥夺，引发的系统能态升级活动一般不会像剥夺低级需要那样强烈，通常导致抑郁、自卑、虚弱和无助感。

第四节　精神属性需要

人的精神属性需要主要表现为执着信念、追求真理、宗教信仰、哲学思考及意识形态等方面的需要。

精神属性需要更多体现的是理性认证与思考，侧重自我或本我的诉求道德化。比如抑制本我冲动、掌控自我情感的需要，取得名誉、声望和权威的需要，获取超常信誉的需要，追求完美、追求卓越的需要，以及创新发明、改变现实的需要等。

精神属性需要是人类长期思索自身自然属性需要和社会属性需要，在不断缺乏、满足与升级的活动过程中形成的超脱于现实的超我需要，属于超级的需要。

精神属性需要是在遵德明道的原则下，通过抑制本我冲动、掌控自我情感来追求完善境界的超我欲望。源于社会现实又超出社会现实，并且又经常回归到自然属性需要和社会属性需要之中。

精神属性需要注重精神升华效能，一般由产品的控制效能和超越效能来满足，也是产品精神升华价值的消费来源。

精神属性需要一般都不会很迫切。但一旦被剥夺，所引发的抵抗动机的强烈程度将因聚焦的人性需要的层级而异。

若诉求聚焦在自然属性需要满足上，被剥夺的精神属性需要会让人感觉到生

存权受到威胁，所引发的能态升级活动将像剥夺低级需要那样强烈。

若诉求聚焦在社会属性需要上，被剥夺的精神属性需要引发的能态升级活动将像剥夺高级需要那样温和。

假如群体性的精神属性需要未被系统性规范与引导，信仰缺失、拜金主义、盲目崇拜、道德沦丧、邪教盛行等现象将此起彼伏。

第五节　欲望与动机

欲望是在一定意识下获得或提升某种需要满足程度的主观诉求。

欲望是动物共有的原始本能，源于对机体需要满足的渴望，侧重需要的满足程度。是对自我的存在与能力的肯定，也是人们参与社会竞争的动力。

动机是在某种需要满足欲望下锁定对象并择机行动的心理倾向。

动机源于对自身经验认知的能力，侧重需要的行为结果。是一种对自我能力的肯定，也是人们改变环境、改造社会的动力。

有需要并不一定会产生欲望。只有意识到需要匮乏并受到外界诱因刺激时，才会产生欲望。而且匮乏程度越大，刺激强度越强，产生的欲望就越强烈，激发的动机也越强烈。

在不同的诱因影响下，同一个欲望可能会激发多种不同的动机。但匮乏性需要激发匮乏性动机，成长性需要激发成长性动机，超越性需要激发超越性动机。人性欲望与动机之间的促进关系，实际上支撑着人体系统不断与外界环境进行的物质、信息和能量交换活动。

"欲望—动机"的关系逻辑是，基于既有的印象、知识、经验和方法对欲望满足能力做出意知性判断，调控欲望的大小与激烈程度的同时锁定对象、形成动机。进而产生行动意志并树立预期目标、采取行为动作，直到预期目标达成、需要获得满足。而目标一旦达成，需要得到满足的同时也将进一步强化动机，导致欲望膨胀，触发新的需要。如图4－3所示。

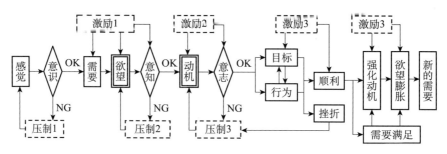

图4－3　"欲望—动机"关系逻辑

人类的各种意动需要、认知需要和审美需要都有各自相应的"需要—欲望—动机—目标—行为—满足"链。各个环节相互依赖、相互叠加，却有条不紊。过程中若受到诱因激励，进程便会加快、加剧。过程中若受到诱因压制，进程便会阻滞、退缩。

从人性的"欲望—动机"关系逻辑上看，任何行为结果都能追根溯源其相关环节的因果关系。而且可以明确以下两个论断：

第一，欲望无善恶之分。

源于生理和安全方面的自然属性需要的欲望，通常仅希望自身临时的满足。当被加入情感和尊重方面的社会属性需要时，欲望将夸大膨胀，既希望自身临时满足，又希望获取留存、交易方面的满足。而当再被进一步加入掌控和超越方面的精神属性需要时，欲望将急剧膨胀，既希望多多益善，又希望随心掌控。

可见，欲望会夸大需要的程度和烈度，但本身并无善恶之分。

第二，动机有善恶之分。

倾向于抑制所在系统的内部矛盾和混乱程度而输入正能量的动机，便是善的动机。

倾向于促进所在系统的内部矛盾和混乱程度而输入负能量的动机，便是恶的动机。

第六节 动机与动机强度

人性动机的形成源于某种需要匮乏意识下的满足欲望和外界诱因的共同作用。

动机强度的大小既受制于自身需要的性质和匮乏程度，也受制于外界诱因的性质和大小，更受到预期目标与现实之间差距的影响。

比如穿衣戴帽的动机，可能是受机体寒冷导致的生理需要所激发，这属于匮乏性动机。可能是受周围穿衣戴帽时尚的氛围所激发，这属于成长性动机。也可能是在某种外因刺激下为表现个人优越感而激发，这属于超越性动机。

匮乏性动机、成长性动机和超越性动机的动机强度各不相同。在一定环境下，动机强度等于需要程度与诱因强度的乘积同预期目标距离的比值。

动机强度公式：

$$动机强度 = \frac{需要程度 \times 诱因强度}{目标距离}$$

$$M_s = \frac{N_d \times C_s}{L} \qquad (4-1)$$

在式（4-1）中，M_s 为动机强度，N_d 为需要程度，C_s 为诱因强度，L 为目标

距离。

一、动机产生的内因

人性需要在一定程度上的满足欲望是驱动人性动机的内在要素。生理需要和安全需要方面的满足欲望将激发机体本能性的动机。情感需要和尊重需要方面的满足欲望将激发人们认知性的动机。控制需要和超越需要方面的满足欲望将激发人们审美性的动机。

需要越匮乏，获得欲望越强烈，动机就越强烈。

二、动机产生的外因

外界诱因是某种能够唤醒人性需要满足欲望的信息，是激发人性动机的外在要素。

外界诱因在唤醒某种人性需要的前提下，才能够激起人性的动机。比如身体的感触、眼看的颜色、耳听的声音、鼻闻的香臭、舌尝的味道、情感的体验以及意想的信念等各方面的信息，都必须能够唤醒相关意动、认知或审美需要的获得欲望，才能进而激发相应的动机。

若所激发的动机倾向于驱动正能量性质的行为，这种诱因称为正诱因。

若所激发的动机倾向于驱动负能量性质的行为，这种诱因称为负诱因。

三、目标距离的影响

预期目标与现实之间的距离是人性动机强度的核心变量。

预期目标与现实之间的差距不仅仅是数量上的距离，更多的是目标实现过程中可预见的障碍、困难和风险。

在人性需要一定的情况下，当预期目标与现实差距太大时，内在获得欲望不会太强烈，外界诱因对动机的激发作用就很小很弱。

在人性需要一定的情况下，当预期目标与现实差距很小时，内在获得欲望就会比较强烈，外界诱因对动机的激发作用就很大很强。

第七节 人的主动性

人的执行力是个体为满足完成某种特定目标要求的欲望，而自主调节自身动机强度与动作行为的综合表现。执行力体现的是基于公平性认知情况下的沟通效果。

人的主动性是个体为满足自身某种匮乏需要的欲望，而自主调节自身动机强度与动作行为的综合表现。主动性体现的是基于公平性认知情况下的积极性。

职场工作上的主动性是在一定公平性认知的情况下，个体围绕目标达成预期而表现出来的积极性、沟通能力和执行力的综合水平。

一、公平性

公平性就是人们在自我体验社会化对比结果后的主观判断。

人们在团体工作和生活之中的公平感，主要受制于满足感、认同感、期望值和均衡性四个要素的影响。

1. 公平感受制于满足感

人们所得到报酬能够满足一定的需要，就会感到公平，能够起到一定的激励作用。如果人们所得到报酬不能满足基本的需要，哪怕所得报酬相对最高也会感到不公平，很难起到激励作用。

2. 公平感受制于认同感

当与所在系统的价值观匹配，认同价值分配规则时，即便在报酬所得较低的情况下多投入付出一些也不会感到不公平。

当与所在系统的价值观不匹配，不认同价值分配规则时，即便在投入付出较低的情况下获得较多的报酬所得，也会感到不公平。

3. 公平感受制于期望值

产出回报的预期值，在做投入付出决定时便已形成。

当实际得到的报酬等于预期报酬时，就会感到公平，能够起到一定的激励作用。

当实际得到的报酬与预期报酬有差距时，哪怕所得报酬相对最高也会感到不公平，很难起到激励作用。

4. 公平感受制于均衡性

每个人都会把自己所得的报酬水平与付出程度的比值同他人所得的报酬水平与付出程度的比值进行比较。比值相近则感觉公平、心情舒畅、积极性提升。比值差距较大则感觉不公平、心情郁闷、积极性降低。

同样，每个人还会把自己现在所得的报酬水平与付出程度的比值同过去所得的报酬水平与付出程度的比值进行比较[①]。

公平理论公式：

$$OP : IP = OA : IA$$
$$OP : IP = OH : IH$$

其中，

OP：对自己报酬的感觉。

---

① 何盛明. 财经大辞典 ［M］. 北京：中国财政经济出版社，1990.

IP：对自己投入的感觉。

OA：对别人报酬的感觉。

IA：对别人投入的感觉。

OH：对自己过去报酬的感觉。

IH：对自己过去投入的感觉。

二、积极性

积极性就是个体的努力意愿和团体的目标预期相统一的动机表现强度。

积极性水平取决于个体感觉团体目标达成预期与自身努力意愿之间的差距大小，而个体的努力意愿又与自我预计实现目标后的获得收益的公平性感觉息息相关。

积极性源于欲望满足与动机表达的意知性判断，公平性源于系统价值盈余分配合理性的意知性判断。感觉不公平，就不可能有积极性。没有积极性，再公平也无济于事。积极性与公平性相辅相成，缺一不可。

人性需要的满足程度影响欲望诉求与动机表现，进而影响行为积极性。积极性大小等于目标期望值与预计效价的乘积。

积极性公式：

$$积极性 = 期望值 \times 预计效价$$
$$E_n = E_v \times E_t \qquad\qquad (4-2)$$

在式（4-2）中，E_n 为积极性，E_v 为期望值，E_t 为预计效价。

其中，

（1）期望值是人们基于既有印象、知识和经验，意知性判断有可能实现的需要满足程度或目标完成水平。

若现实成果等于期望值，便是所谓的"预料之中"，会带来一定的成就感，有助于提高积极性。

若现实成果大于期望值，便是所谓的"超出预期"，将起到很强的激励作用，大幅提高积极性。

若现实成果小于期望值，便是所谓的"低于预期"，将让人感到失望，打击积极性[①]。

（2）效价是预计实现目标后的行为效果的评价值。

若预计行为评价值符合自身的欲望诉求，则为正效价，有助于提高积极性。

若预计行为评价值不符合自身的欲望诉求，则为零效价，无助于提高积极性。

若预计行为评价值阻碍自身的欲望诉求，则为负效价，将打击积极性。

---

① 马仁杰，王荣科，左雪梅. 管理学原理［M］. 北京：人民邮电出版社，2013.

三、有效沟通

沟通就是通过一定渠道把有效的目标信息精准传递给对方，并在思想统一、对策共识与情感畅通的情况下，激发相关方自主调节本身行为动机的互动过程。

有效沟通的核心逻辑在于"沟通准备→互动交流→意见反馈"三个环节，过程中的沟通渠道、精准信息、反馈互动和共识对策四个要素缺一不可。

在"沟通准备"环节中，传递者必须明确沟通的目标预期、厘清达成欲望并转化为沟通行为的动机。然后有针对性地将所要传递的信息编码为便于认知的结构化信息，通过特定渠道媒介传达给相关接收者。

在"互动交流"环节中，关键有以下三点：一是沟通的立场必须公平公正，允许反馈意见。二是沟通渠道或媒介必须畅通，最好是面对面交流。三是沟通信息及其解码必须精准，以便接收方能够理解接受。

在"意见反馈"环节中，接收者应当准确接收沟通信息，并译码为自己所能认知的结构化信息，若无法理解或接受则及时反馈意见。一旦建立对策共识，便将激发目标预期的达成欲望，转化为实施行为的动机，并针对行为动机反馈明确性的意见。如图 4 - 4 所示。

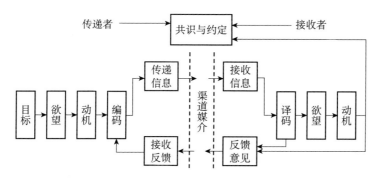

图 4 - 4　沟通逻辑

1. 沟通形式的分类

从沟通渠道上看，沟通分为正式沟通和非正式沟通两类，并按信息流向分为上行性沟通、平行性沟通和下行性沟通三种。

正式沟通是指通过组织系统内的官方渠道和原则进行的信息传递和交流。比如制度、流程、表单、邮件、公函、会议、培训、报告等。

非正式沟通是指通过非官方渠道和原则进行的信息传递和交流。比如茶谈、电话、邮件、微信、私下交流、朋友聚会等。

从沟通形式上看，沟通分为语言沟通和非语言沟通两类。而语言沟通又分为口头语言沟通和书面语言沟通两种形式，非语言沟通分为身体语言、物体操控和副语言三种形式。其中：

口头语言沟通主要有面谈、电话、会议等形式。

书面语言沟通主要有文件、邮件、微信等形式。

身体语言主要通过肢体语言、服饰、形态和空间距离的形式表现出来。

物体操控主要通过物体拿放、操作与控制的轻重、速度与态度表现出来。

副语音是伴随着有声语言出现的表意性语音符号。如语调、重音、语速、音色、音量，还有叹息、气息、呻吟、笑、哭等，如图4-5所示。

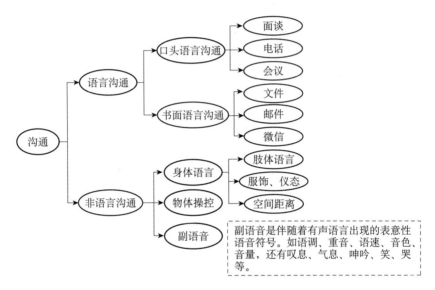

图4-5 沟通形式

2. 沟通常见的"九障碍"

（1）利益冲突，立场对立导致无法沟通。

（2）语言的障碍，听不懂对方表达。

（3）文化差异，理解不一样。

（4）说服力不够，无法吸引对方兴趣。

（5）表达不清，主次不明、信息含糊或信息过量，对方理解不透。

（6）不善聆听，对方没有机会充分发表意见看法而不舒服。

（7）急于求成，影响沟通双方情绪。

（8）渠道不当，让对方感觉不对格调。

（9）形象不好，让对方感觉不舒服。

3. 高效沟通的"七对策"

（1）充分准备。观点价值化、信息结构化、佐证数据化、语言专业化。

（2）让对方说"是"。并适时征询意见、互动反馈。

（3）倾听对方表达。拉近距离，让对方感觉与其利益诉求不矛盾。

（4）外表得体、形象专业。适当把握沟通的空间和距离。

（5）讲不好就微笑。赢得亲近、听对方表达，适度反馈、择机切入。

（6）以子之矛攻子之盾。顺着其思路、驳其观点，达到自己的目的。

（7）漫天要价、就地打折。迎合对方"占便宜"的心理。

第八节　行为与行为效率

一、行为的分类

需要产生欲望，欲望激发动机，动机驱动行为。

行为是具有一定目标和自主性的程序化动作举止的整体表现。主要分为潜意识行为、休闲放松行为和目标导向行为三类。

潜意识行为是动物本能的应急行为。在没有意识的情况下直接产生行为动作，随外因刺激而变，没有具体目标，与需要、欲望、动机都没有必然联系。只有行为发生后，机体意识到，才能激发维持的欲望和保护的动机，进而驱动保护行为。情绪表现多为简单直接的惊恐、兴奋或愤怒等。这就是宗教洗脑、愚民教育的理论根基所在。

休闲放松行为是在一定需要意识下的放松行为。一般没有明确的具体目标，容易受外界环境氛围的引导而变化。多是在自然属性需要获得满足后，出于情感体验或精神升华效能的向往欲望，激发的维持、积存或分享动机，驱动相应的保护、交易或舍弃行为。情绪表现一般是短暂的喜悦、幸福、自豪、慵懒、低迷等。

目标导向行为是在一定预期的目标导向下的意志行为。不容易受外界因素的影响而变化。经过意知性权衡和判断，利用预期目标将欲望、动机、行为统一起来，凝成坚定的意志。在明确的自然属性需要、社会属性需要和精神属性需要的积存、占有欲望下，很容易激发出占有、保护、接近、舍弃、交易、索取、争夺等动机，驱动占有、保护、接近、舍弃、交易、索取、争夺等行为。情绪表现一般比较复杂，延续时间较长，涵盖喜悦、愤怒、忧思、惊恐、疑忌、幸福、自豪、慵懒、低迷等。这就是鼓励树立远大理想、锻炼坚定意志的贵族教育的理论根基所在。

一般而言，潜意识行为和休闲放松行为往往会压制人们朝着长远目标努力的积极性动机。只有目标导向行为，才能让人们意志坚定地朝着长远目标而努力。而不论哪一类行为动作，都涉及行为效率的问题。

二、行为效率

行为效率是在动机驱动下努力达成预期目标的时效性评价指标。行为效率的高低与动机强度、情绪水平、积极性大小都息息相关。

有强烈的行为动机，还要有正常的情绪水平和一定的积极性，才会带来一定的行为效率，获得目标状态的行为结果。

当行为结果有利时，积极性得到加强，该行为动机就会重复出现，行为效率就会提升。当行为结果不利时，积极性会被减弱，该行为动机就会减弱或消失，行为效率就大幅下降。这就是通常所说的"强化理论"① 的精髓。

于是，动机强度、情绪水平和积极性大小三者共同组成行为效率的"行为三角"，相互联系相互作用。要提升行为效率水平，必须综合考虑动机、情绪和积极性的问题，缺一不可，如图4－6所示。

三、动机强度与行为效率的关系

动机强度是意愿问题，行为效率是能力问题。

行为效率水平的发挥由动机强度驱动，进而影响工作绩效水平。当能力强有意愿时，工作绩效一般都非常高。当能力不强但有意愿时，工作绩效通常也会较高。当能力强但没有意愿时，工作绩效通常都会不高。当能力不强且没有意愿时，工作绩效将会非常低下，如图4－7所示。

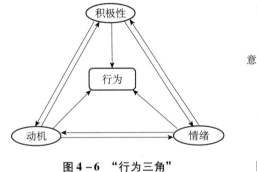

图4－6 "行为三角"

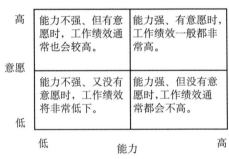

图4－7 能力与意愿关系对绩效的影响

四、情绪水平与行为效率的关系

情绪是反映欲望诉求、外因刺激、目标预期及行为动机与内在需要之间关系的态度体验。情绪水平的高低也极大影响行为效率的发挥。情绪低落，则工作行为速度缓慢，将导致整体效率低下。情绪过度激昂，则工作行为容易出错，将导致整体效率不高。只有目标导向下的正常情绪水平，才能确保整体效率最佳。如图4－8所示。

---

① 陆雄文. 管理学大辞典 ［M］. 上海辞书出版社，2013.

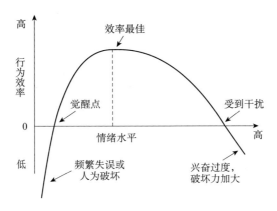

图 4 - 8　情绪与效率的关系

五、积极性与行为效率的关系

个体积极性的调动过程是通过个体自发地通过调整目标预期、调节欲望所求来促使动机改变，进而导致行为与行为效率改变的过程。目标预期是个体根据自身能力水平状况来对团体目标进行可行性预期的动机表现，也是个体自发地将个人目标与团体目标相统一的动机表现。若个体预期自身能力与团体目标相匹配，则个体需要升级，导致积极性增强、行为效率提高。若个体预期自身能力与团体目标不相匹配，则个体欲望压缩，导致积极性下降、行为效率降低。这也是团体目标管理必须遵循 SMART 原则的依据所在[①]，如图 4 - 9 所示。

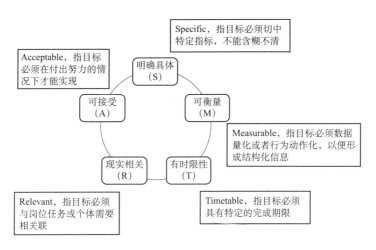

图 4 - 9　目标管理的 SMART 原则

---

①　彼得·德鲁克. 管理的实践［M］. 齐若兰译. 北京：机械工业出版社，2009.

若个体预期团体目标与利益符合自身某种需要的满足期望，则团体目标将对个体行为起到激励作用，将增强个体积极性、提高个体行为效率。如所谓的"抗兵相加哀者胜"[①] 现象。其关键在于能否成功利用有益于团体目标达成的"欲望—动机—行为"链，协助各个体将自身爆发的情感进行疏解，促进个体需要升级，增强积极性、提高行为效率，并以此反过来促进团体行为效率的大幅提升。

总之，积极性与行为效率之间的关系，实质上是个体的努力意愿与团体的目标预期相统一的动机表现。在"需要—欲望—动机—目标—行为—满足"链的活动过程中，若受到诱因激励，积极性就会增强、行为效率就会提高；若受到诱因压制，积极性就会减弱、行为效率就会降低。如图 4–10 所示。

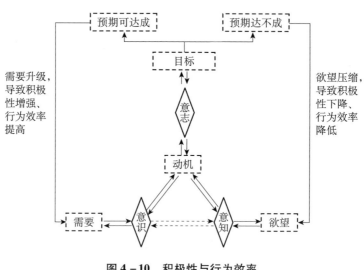

图 4–10　积极性与行为效率

第九节　人性化管理

人是具有一定目的性、价值性、组织性和周期性的盈散系统，在与外界环境进行物质、信息和能量的交换活动中，满足自身人性需要的同时创造社会价值。

一个家庭、组织、企业或国家都是由人组成的团体。团体的定义是指一群目标相似、价值观相同、角色分工明确的人，在同一个盈散结构框架约束下形成的竞争性协同体。每个团体既是其所从属的更大系统的组成部分，又包括内部不同层级的分系统、子系统和微系统。

---

① 出自老子《道德经》第六十九章。

人性化管理的定义就是在个人诉求、团体价值与社会环境的协调发展活动中，尊重人的自然、社会和精神属性需要，让管理的目标、理念、工具、手段都兼顾人性的共通性和差异性，进而实现意动价值、认知价值和审美价值最大化的活动过程，如图4－11所示。

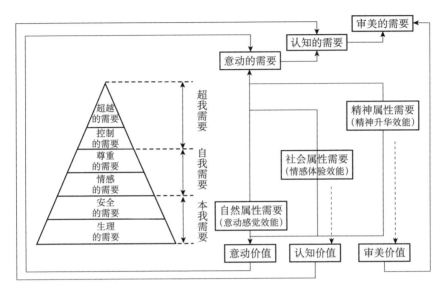

图4－11 人性化管理的价值逻辑

一、人性化管理的任务

人性化管理的任务是在团体管理的过程中尊重人的自然、社会和精神属性的需要，让管理的目标、理念、工具和过程手段都兼顾人性的共通性和差异性，实现个人诉求、团体价值和社会环境的协调发展。

第一，经济水平不高、文化程度较低以及科技认知缺乏的人，一般是生理和安全方面的自然需要更迫切。

此类群体大多缺乏职业成长意识，比较注重日工资收入。比较适合规程简单、技术不高、规律性较强、无需自主判断的工作。以此类群体为人力资源的企业，比较适合采用流水线生产、精益管理、定额计件、KPI考核。以此类群体为消费目标定位的产品，应当注重功能实用、物美价廉。产品使用价值上的价值盈余加成不宜超过市场的合理溢价水平。

第二，经济水平较高、文化程度较高以及科技认知较强的人，一般是社会属性需要和精神属性需要占主导地位。

此类群体大多有自己的职业规划，比较注重年度总收入。比较适合技术较高、规律性不强、有一定挑战性的工作。以此类群体为人力资源的企业，比较适合采用先进制造技术、先进管理、强职高薪、价值考核的措施。以此类群体为消费目标定位的产品，应当注重功能体验、优质优品，可以根据产品认知价值和审美价值的定位，适当提高产品附加值和溢价水平。

二、人性化管理的三级水平

人性化管理的本质就是利用群体信仰驱动自律行为，杜绝个人迷信和偶像崇拜，激发群体性的积极向上热情。而无论是信仰驱动、还是迷信驱动，群体性的自律行为管理，通常分为低、中、高三个层级。

1. 低级的人性管理是意动管理

意动管理是指利用信息协调和资源分配方面的意动性权力，单边限制个体欲望的满足，摧毁个体意志、压制个体行为，进而扼杀个体目标诉求。

综合运用信息协调和资源分配方面的意动性权力，实现"信息同频""资源共享"，将个体目标诉求往团体目标引导，让整个团体的系统稳固性和创造力都能够得到一定程度的发挥。一个团体若做不到"信息同频""资源共享"，其结果通常导致整个团体的系统稳固性不强，系统创造力也无法得到有效的发挥。比如法家的法制主义，崇尚严刑峻法、尚功利、用强力的治理方式。这种纯粹以"堵"的方式压制个体行为，往往导致怨声载道，很容易激发反抗动机和抗争意志。

2. 中级的人性管理是认知管理

认知管理是指利用决策控制和组织整合方面的认知性权力，引导个体的认知判断，调节其平常被压抑或尚未觉察到的欲望，教育个体意知、约束个体动机，实现"决策统一""组织一体"。

综合运用决策控制和组织整合方面的认知性权力，实现"决策统一""组织一体"，将个体目标诉求整合到团体目标之中，让整个团体的系统稳固性和创造力都能够得到有效的发挥。如科学实证主义，崇尚社会法治和契约精神的规范约束。这种尊重个体意知判断、给予选择自由，却又以法治规则和契约精神来约束个体行为动机，属于"疏""堵"结合的方式。其缺点是容易受舆论影响，导致自由散漫。

3. 高明的人性管理是审美管理

审美管理是指利用领导示范方面的审美性权力，引导个体的审美价值取向，影响个体意识、控制个体欲望和动机，实现个体与团体的"观念一致"。

综合运用信息协调和资源分配方面的意动性权力和决策控制与组织整合方面的认知性权力，将个体目标诉求统一到团体目标之内，让整个团体的系统稳固性和创造力得到充分发挥。如儒家的人文主义，崇尚仁信观念、礼义规范，明法笃行、驭势优术。从意识培养的源头开始影响人性需要诉求及其欲望表达，让个体目标诉求趋向团体目标，让个体利益服从于团体利益。其缺点是容易导致教条主义和愚民教育。如图 4 - 12 所示。

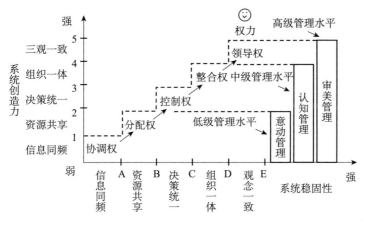

图 4 - 12　人性化管理的境界

三、人性化管理的六项法则

在实际的家庭、组织、企业或国家等团体管理的过程中，要提高工作积极性，就必须兼顾人性需要，激励行为动机。要提高行为效率，就必须改良方法或借助工具。这就需要审时度势，充分理解并运用以下六项法则，因地因人而制宜：

1. 尊重信仰、杜绝迷信

真正的人性化管理，必须尊重信仰、杜绝迷信。

在人性管理过程中，涉及宗教与科学之间关系认知的问题是不可避免的，必然涉及自律、信仰、崇拜、迷信之间活动处理的问题。如何在尊重信仰、杜绝迷信的前提下，实现群体性的自律行为，是世间所有管理方式方法的共同追求。因为在信仰驱动下的行为自律，追求克己奉公、无私忘我，是崇高的道德行为。而迷信驱动下的行为自律，追求不劳而获、迷惘忘我，是低俗的无知行为。

自律是基于自我需要对外在目标预期的向往，而下意识约束并协调本我与超我冲突的行为表现。自律者一般都目标明确、淡定从容、毅力坚强，积极向上、幸福快乐。

崇拜是基于外在目标预期的敬仰，而对某个特定事物高度认同与尊敬的自律性行为。系统观、价值观和竞争观的"三观吻合"情况下产生的崇拜向往，是清楚认知后的理性思考，趋于信仰。在系统观、价值观和竞争观中，某一观不合或者三观都不合的情况下产生的崇拜向往，都是认知不清的感性仰慕，必将陷于迷信。

信仰是基于对外在目标预期的敬仰，而将某个特定事物当作行为准则或信奉榜样的理性崇拜行为。信，信念；仰，忘我。信仰者通常都是豁达贤明、克己奉公、无私忘我，追求超我实现，很难因为身外之物所动。

迷信是基于自我目标预期的迷惘，而信奉某个特定事物的非理性崇拜行为。迷，迷失。迷信者通常都是无助无措、唯唯诺诺，追求本我满足，很容易被假借指示所蒙骗，甚至被骗入枉顾天道、悖理忘义之途。

宗教是基于自我目标预期的迷惘，而对某种人格化的超自然力量的非理性崇拜行为。宗教的本质是一种精神寄托和道德约束的综合性意识形态。若宗教崇拜的对象是教义内含哲学元理的行为，便是信仰。若宗教崇拜的对象是教义的解读者、执法者或其他任何形式的假借体，便是迷信。

科学是在系统性测量、分析、定义、建模的基础上，进行严谨的逻辑推理、模拟实验、误差分析以及验证总结，以求去伪存真、客观认知的行为。科学的本质是一种客观认知和冲破约束的综合性意识形态。如图 4－13 所示。

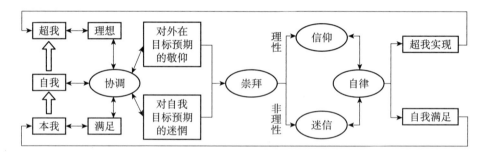

图 4－13　人性化管理的形态

2. 系统化考量人性问题

真正的人性化管理，应当全局统筹、系统管理。

每一个人、每一个团体都是一个具有一定时间、空间和功能相态的盈散系统，有各自特异性的发生、发展、进化、衰退和消亡的生命周期。都需要统筹人性需要、内部组织和外界环境三者之间的关系，才能确保在不断与外界环境进行物质、信息和能量交换的活动中实现相关人性诉求。

人性化管理，应当从盈散系统的角度把握目标团体内人与人之间、人与物之间、物与物之间、人与系统之间、物与系统之间和系统与外界之间的相互依赖、相互作用关系，发现团体性的活动特征、竞争导向和协同规律。在实现团体生命周期内产出价值和效益最大化的同时，公平公正地满足个体的人性化诉求。

具体到岗位从业人员的管理，就应当明辨每个岗位在团体价值链中的位置和优势，通过建立"岗位人性化管理体系"来营造全系统的竞争性协同效应。

（1）建立《岗位 KPI 绩效指标》体系，明确每个岗位在价值链中的协作关系和价值贡献要求，让岗位从业人员清楚岗位工作目标、职能要求和工作水平。

（2）建立日常必须开展的《岗位固定工作事项清单》标准，用于指导岗位从业人员按时间顺序和轻重缓急程度排序，有条不紊地处理完成，避免丢三落四、忙于救火。

（3）建立为做好各项固定工作事项必须掌握的《岗位应知应会》标准，让岗位从业人员能够具备基本的岗位胜任能力。

（4）依据各项《岗位应知应会》标准要求，建立相应的培训方式、教材、师资、工具、案例等《岗位培训体系》，让岗位从业人员能够快速掌握岗位应知应会技能。

（5）建立各项固定工作事项的明确执行规范的《岗位作业标准指导书 SOP》，让岗位从业人员能够自我对照、自我检验、自主管理。

（6）对应《岗位应知应会》标准要求，建立《岗位胜任能力评价》体系，让岗位从业人员的岗位素质可衡量、可比较，明确技能不足、便于有针对性地培训教导。

图 4 - 14 为岗位人性化管理体系。

3. 正视人性需要与基本人权

真正的人性化管理，必须正视人性需要，保障并利用员工的基本人权。

在企业经营中，管理成功的关键在于引导每个员工主动将个人目标统一到企业目标之中，自动自发地调整日常工作过程中的动机、情绪和积极性，提升自己的行为效率，促进企业经营绩效。

保障每一个人的生存权。满足每一个人的食、性、衣、住、行及安全等基本的自然属性需要，不再把人当工具。让每一个人都能在企业内部环境中获得本我需要

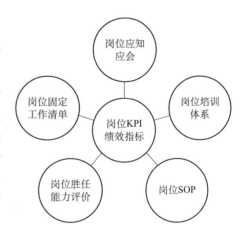

图 4 - 14　岗位人性化管理体系

的各种意动感觉效能的满足感，不必为个人生存担忧，能够情绪放松、心情舒畅地投入到工作之中。

认可每一个人的表达权。满足其言论、参与、交往和学习等基本的社会属性需要，让每一个人都能在社会交往互动过程中实现自我的情感和尊重体验，产生企业大家庭的存在感和幸福感，激发员工工作热情。

尊重每一个人的创造权。满足其知情、体验、猎奇、改变、追求和奉献等基本的精神属性需要，不再把人当愚民。让每一个人都有机会通过职位晋升获得控制性成就感，都可以通过参与持续改善活动获得超越性成就感，激发员工改善创新的热情，如图4-15所示。

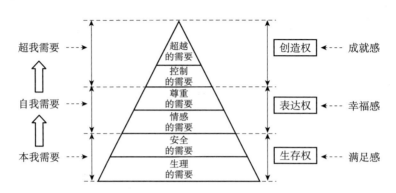

图4-15 人性需要与基本人权

4. 把握人性动机、权变制衡

真正的人性化管理，应当善于把握人性动机、权变制衡。

在制定政策、制度和流程等各项规则时，充分考量群体性动机的激励和引导，谋划好相应的"需要—欲望—动机—目标—行为—满足"链，让人人都能在为企业经营发展做出贡献的过程中获得自身需要的满足。

一是驱动功能。在特定外界诱因下，不同的动机驱动不同的行为。

二是调节功能。在需要一定的情况下，动机变化可以调节欲望的强烈度和行为动作的强度与方向。

三是导向功能。一个动机锁定对象后激发的行为将持续指向一定目标。

四是维持功能。在一定的动机强度下，所激发的行为动作在一定时间内的强度和方向不变。

图4-16为人性动机的四大功能。

5. 讲究合理用人、权责相当

真正的人性化管理，应当因岗用人、权责相当。每个岗位的职能权限不同，相应的任职资格要求、风险防控要求以及权限赋予范围也各不相同。而在同一岗位的从业人员之中，不同文化程度、经济水平和科技认知的人，人性需要和劳动诉求不一样，把握并利用人性动机的能力不一样，理解政策、制度和流程规则的能力不一样，知识技能的学习和接收能力也不一样。导致每个人的岗位胜任能力水平不尽相同，每个人的经营盈利能力更是差异悬殊。企业管理过程中应当讲究因岗用人、权责匹配。让盈利能力强的人担当领导岗位。管理层级越高，赋予的盈利责任也越大。如图4-17所示。

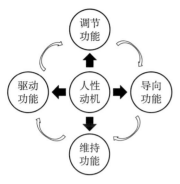

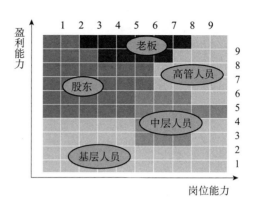

图4-16　人性动机的四大功能　　　　**图4-17　岗位权责匹配要求**

6. 做好能岗匹配、因材施教

真正的人性化管理，应当能岗匹配、因材施教。

每个岗位的胜任素质之中都会有管理、技术和沟通三项能力要求，只是侧重程度大小不同而已。在一个团体管理上，做好能岗匹配、因材施教是至关重要的环节。

一般来说岗位越高层，沟通协调能力要求越强，经营管理能力要求越高，而对技术能力的要求相对越小。岗位越低层，技术能力要求越高，作业管理能力要求越高，而对沟通协调能力的要求相对越小，见表4-1。

表4-1　　　　　　　　　　　岗位的胜任能力要求

领导能力	技术能力（%）	管理能力（%）	沟通能力（%）
高层	20	35	45
中层	30	45	25
基层	75	15	10

其中，

（1）管理能力=管理理论+管理工具+管理经验

（2）技术能力=工程数据分析能力+解决方案提拟能力+改善效果验证能力

（3）沟通能力=系统价值+专业功底+同理心

一般来说，管理能力、技术能力和沟通能力都有各自特性化的理论认知、经验阅历和操作技能要求，不同文化程度、工作阅历、技能水平和心理诉求的人掌握程度是不一样的。团体性的管理必须根据每个人工作能力、工作意愿，按"能力—意愿"象限将人群归类，因人而异、因材施教，一旦有机会便择优录用。

有能力又有意愿的人在工作中都创造价值，是促进价值增值的"人财"。应当适当授权其代理部分工作，安排其轮岗历练，鼓励其多参与专案项目，多组织创新性提案改善项目。一旦有晋升机会，优先给予提报考虑。

有能力但没有意愿的人，通常都带着负面情绪在工作，不是在创造价值，属于有潜能但未对价值增值做出贡献。应当适当了解其工作情绪不佳的原因，激励其参与团队竞争的动机，指派其负责岗位工作相关提案改善项目任务。

没有能力但有意愿的人，通常是新入职岗位或能力成长较慢的人，是有待雕琢的"人材"。应当通过"入模子"式的岗位应知应会技能的教练式培训，鼓励其适当参与岗位工作相关提案改善，帮助其由"人材"向"人财"转变。

没有能力又没有意愿的人，通常是团队负能量的主要来源，既不能带来增值，又影响团队工作情绪，相当于是团队累赘的"人债"。应当识别出来重点关注其工作表现，明确命令其可为与不可为事项。屡教不改而无法向"人材"或"人财"转变的人，利用岗位 KPI 绩效考核排名，末位淘汰的机制将其清理出局，如图 4 – 18 所示。

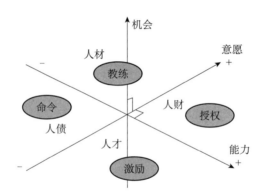

图 4 – 18　岗位"能力—意愿"象限

第五章　价值与价值化管理

价值所有、价值创造、价值交易和价值分配是经济活动的四大支柱。价值所有是价值创造和价值交易的动力，也是价值分配的前提。

价值关系决定价值分配关系，价值所有决定价值分配方式，系统主导者决定价值分配比例。

在物物交换的时代，商品是交换价值的载体，双方交易的基础仅仅是为了获得对方产品的使用功能。没有价值外收益加成的主观意愿，也没有中间环节介入价值分配，双方交易的度量就是产品本身的使用价值量，双方互认价值等量便完成交易。

随着一般等价物及货币的出现，中间环节参与价值分配，不劳而获的想法开始滋生，"价格"应势而出。价值成为价格的核心，价格成为价值的常见表现形式。

在一般的市场经济中，价格是单位商品量可交换货币量的衡量。价格表现商品交换价值的同时，各相关方参与价值分配的诉求一起被纳入商品价值的盈余收益之中。于是，价格变成交易活动中价值所有者与社会需求方之间议价的平衡点，哪方占主导优势就倾向于哪方的利益诉求，导致商品价格通常都超出于商品价值。

事实上，价值的意义在于能够满足人类生理、心理和精神属性的消费需要。价值管理的前提应当明了价值的定义和组成，产品与商品的价值关联，价值与价格之间的关系，价值管理的逻辑图，价值创造的模型，价值管理的模式框架，以及价值管理能力的评价指标。

第一节　价值的定义

人类为更好地发现、认知并利用价值在社会、政治、经济和自然科学中的作用，一直都存在不同的研究论断。也一直众说纷纭，没有一个能够同时经得起普遍性、长效性检验的定义。

在传统的社会哲学上，价值是指伦理道德范畴下的真善美。

在亚当·斯密的市场经济学中，价值是劳动、土地与资本共同决定的生产费用①。在大卫·李嘉图的古典经济学中，价值是社会必要劳动量的耗费②。在马克思主义的政治经济学上，价值是社会必要劳动时间③。在马歇尔的《经济学原理》中，价值就是需求和供给相互作用而形成的均衡价格④。在麦尔斯的价值工程学中，价值所表示的是功能与成本的比值。

还有不少经济学家直接把价格等同于价值。除了哲学定义之外，其他各种定义的共同点都是只关注外植性因素，而忽略价值载体本身物质属性的因素和价值消费者接受度的影响。比如，清新空气没有凝结人类劳动和生产费用，却价值很高。过期食品凝结大量人类劳动和生产费用，却没有价值。三年的种植人参比三年野生人参耗费的人类劳动和资本多，却并不具备更高价值等。诸如此类无法用传统价值论解释清楚的现象不胜枚举。

事实上，价值是相对人类的功能需要而言的效能。价值的本质是能够满足人类意动感觉、情感体验或精神升华需要的效能。价值的定义是指物质性能中凝结的可用以满足人类意动、认知或审美需要的效能。该效能主要是有助于意动感觉、情感体验或精神升华方面的物质、信息或能量的量。人类为满足自身意动、认知或审美的需要⑤，必须不断通过价值交易取得并消费商品的价值，获取机体所需的物质、信息或能量。并把价值分为使用价值和交换价值两类。

使用价值由产品承载，交换价值由商品承载。通常所说的产品价值是指产品的使用价值，而通常所说的商品价值是指商品的交换价值。产品和商品是特定事物内含价值在不同情况下的两种表现形式。

第二节　价值的组成

价值的意义体现在人性需要的价值发现、设计创造相关效能的使用价值，并通过价值交换活动后的价值消费体验来满足人类意动感觉、情感体验及精神升华方面的效能需要。满足人类意动感觉需要的效能为意动价值。满足人类情感体验需要的效能为认知价值。满足人类精神升华需要的效能为审美价值。意动价值、认知价值与审美价值区分了价值的三个种类⑥。如图 5-1 所示。

① 亚当·斯密. 国民财富的性质和原因的研究（上卷）[M]. 郭大力，王亚南译. 北京：商务印书馆，1972.

② 大卫·李嘉图. 政治经济学及赋税原理 [M]. 丰俊功译. 北京：光明日报出版社，2009.

③ 马克思，恩格斯. 马克思恩格斯选集（第二卷上）[M]. 北京：人民出版社，1972.

④ 马歇尔. 经济学原理 [M]. 陈良译. 北京：商务印书馆，1965.

⑤⑥ 马斯洛. 马斯洛人本哲学 [M]. 唐译编译. 长春：吉林出版集团有限责任公司，2013.

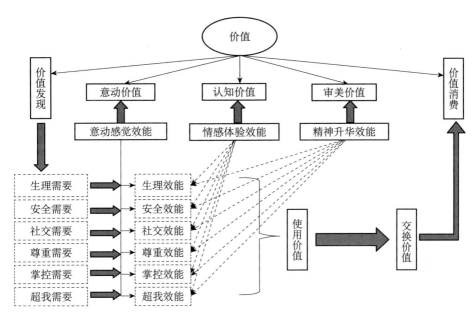

图 5-1　价值的分类

一、意动价值

意动价值主要指能够为用户提供生理效能、安全效能、社交效能、尊重效能和超我效能的可体验量。

意动价值强调的是使用价值的功效大小，相当于使用功能的可体验量。有形产品提供有形的功能价值，如生理效能类产品、安全效能类产品、社交效能类产品等。无形产品提供无形的服务价值，如社交效能类服务、尊重效能类服务和超我效能类服务等。

意动价值随着价值本体物质材料和能量信息消耗而导致系统体验功能的消减而消减，也随人类使用功能需求的提升而消减，但在使用寿命周期之内的价值一般是恒定的。这就是为何一般的产品都有一定的有效期，超过有效期就失去原有使用价值、甚至造成危害的原因。

二、认知价值

认知价值主要是指有助于提高消费者认知、理解与感受产品使用功能与价值承载能力的效能。

认知价值强调的是对使用价值的认知、理解和感受，是对产品使用功能的体验情况的感受量。

在产品意动感觉方面的认知价值一般有相对明确的界限，而情感体验和精神

升华方面的认知价值会随着目标故事信息的积累和消费情感意愿的增加而增值。

很多成功产品都在价值设计阶段就植入用户参与叙事的功能，让每个用户在使用产品价值的同时变成功能传播者。其目的都是为了提升产品的认知价值。

不少优秀企业基于用户对产品性能、质量、包装、服务和品牌等本身要素价值的认知、理解与感受而制定产品销售价格，就是所谓的认知价值定价法。

三、审美价值

审美价值主要是指有助于用户满足审美需要、激发审美动机、调动审美情绪和松弛审美感受的效能。

审美价值强调的是使用价值在认知、体验、感受方面的合理性和完美程度，是基于产品使用功能体验与感受上的精神升华量。它包括产品本身属性的美及其技能价值引发的精神升华的量。

在产品的意动价值和认知价值上追加审美价值，可以让用户在认知、体验与感受产品功能时放大或升华精神享受，其目的也是进一步提升产品的认知价值。

这就是为何人类乐于在产品价值设计阶段就植入艺术享受功能的原因。这也是一件并不稀缺的优秀艺术作品可能随时间的推移越来越有价值的原因。

第三节 产 品 价 值

产品价值是在产品物质性能中凝结的用以满足用户意动、认知或审美需要的效能。该效能主要是有助于提供意动感觉、情感体验或精神升华方面的物质、信息或能量的量。

产品价值的意义在于提供人类所需的物质、信息和能量。产品的物质性能决定价值的内在特性，人类技能性投入改造产品价值的物质构型和信息承载。也就是说，产品的属性效能决定产品本体价值的属性，产品凝结的人类技能投入量决定产品使用价值的形成。

在产品价值创造过程中，相关生产要素的投入通常分为三个部分，最终连同生产要素所有者的供应利润一起通过产品的市场交易价格表现出来。

一是作为产品使用价值承载基础的产品本体直接材料价值的量，称为本体价值。

二是推动产品本体价值凝结人类技术效能而促进使用价值增值的必要性投入的量，称为技能价值或必投价值。

三是对产品使用价值的整体性认知效能和审美效能起到促进作用的附加性投入的量，称为附加价值。

四是对产品使用价值形成相关的直接材料、必要技能和附加性投入的所有者的供应利润。

其中，本体价值、技能价值和附加价值共同构成产品价值"三要素"。本体价值和技能价值构成产品的使用价值，使用价值和附加价值组成产品价值。产品使用价值的量称为使用价值量（V_0），产品价值的量称为产品价值量（V_p）。

产品价值公式：

$$产品价值 = 使用价值 + 附加价值$$
$$使用价值 = 本体价值 + 技能价值$$

推导：

$$产品价值 = 本体价值 + 技能价值 + 附加价值$$

在产品本体价值、技能价值和附加价值之外的一切投入，不论劳动、土地、知识、技术、管理还是资金等要素的消耗，都是属于浪费性的投入，都可以随着人类科技的进步而消减。也正因为人类改造活动投入的纷繁复杂，才导致社会物质产品的千姿百态和产品功能五花八门。如图 5-2 所示。

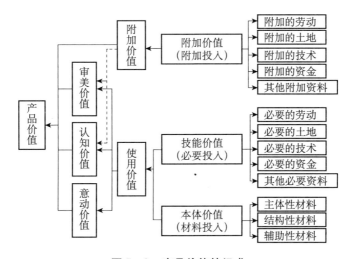

图 5-2 产品价值的组成

一、产品的本体价值

本体价值是指产品组成材料的物质性能本身所具备的能够满足人类需要的效能。本体价值是产品组成材料价值投入转化而来的新生价值，不包括各类投入材料所有者的供应利润。本体价值的形成过程属于各组成材料价值的代际传承，承载着产品各组成材料的基本属性效能，本身并不带来增值。

本体价值的量称为本体价值量（E），相当于产品组成的主体材料、辅助材料及结构性材料的价值的量的总和。产品本体材料的物质属性本身就具有的可满

足人类意动、认知或审美需要的能量信息，不论是否有人类劳动投入或者其他投入，基本的使用价值就在那里。比如新鲜空气、清洁水源、山珍野味、海中鱼虾等。

各类本体材料投入的目的在于构成产品特性化的本体价值，用以承载产品的使用价值。所以一般都是最基础的成本性投入。比如主要材料投入、辅助材料投入、结构性材料投入等所有非包装性直接材料的投入。如图5-3所示。

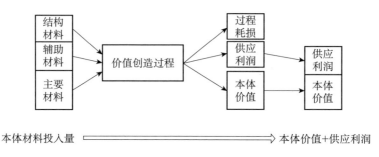

图5-3　产品本体价值的形成

本体价值公式：

$$本体价值 = 属性价值 = 本体材料投入存量价值$$

导入：

$$本体材料投入存量 = 本体材料投入量 - 过程耗损量$$

本体材料投入存量价值 =（本体材料投入量 - 过程耗损量）×供应价 - 供应利润

推导：

$$本体价值 =（本体材料投入量 - 过程耗损量）×供应价 - 供应利润$$

二、产品的技能价值

技能价值是指人类为获取最终使用价值所做的必要性投入而凝结的技术经验的效能。也称为必投价值，不包括各类必要性投入资料所有者的供应利润。

技能价值是在产品本体价值向使用价值进化的过程中，为凝结人类技术效能而进行一切间接性和支持性的必要性投入带来的增加价值。

技能价值的形成过程就是本体价值向使用价值的增值过程，是产品价值链活动最关键的环节，而且这个增值是客观、明确、具体的，很容易被相关方量化计算出来。

技能价值是促成产品使用价值的最终要素。技能价值的量称为技能价值量（C），相当于必要性投入量。

各类必要性投入的目的是在产品本体的构成材料上凝结技能经验，推动产品使用价值的创造和完善，并赋予产品一定的价值盈余能力。

必要性投入包括必要的劳动性投入、必要的设施性投入、必要的工具性投入和必要的消耗性投入。其中，必要的劳动性投入属于直接的技能性投入，必要的设施性投入和必要的工具性投入属于间接的技能性投入，而必要的消耗性投入属于辅助性技能投入。比如产品研发费用、专利购买费用、员工劳动工资以及服务商技术支持费用等，就属于必要的劳动性投入；厂房、仓库、宿舍、食堂及辅助设施等，就属于必要的设施性投入；设备、模具、夹具、检具及辅助工器具等，就属于必要的工具性投入；水、电、蒸汽、动力机油、加工润滑油及反应催化剂等，就属于必要的消耗性投入。如图 5 - 4 所示。

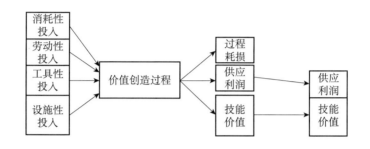

图 5 - 4 产品技能价值的形成

技能价值公式：

$$技能价值 = 必投价值 = 必要投入存量价值$$

导入：

$$必要投入存量 = 必要投入量 - 过程耗损量$$

$$必要投入存量价值 = （必要投入量 - 过程耗损量）×供应价 - 供应利润$$

推导：

$$技能价值 = （必要投入量 - 过程耗损量）×供应价 - 供应利润$$

三、产品的附加价值

附加价值是指人类在既有使用价值基础上所做的附加性投入而新增或放大的效能。

附加价值不包括各类附加投入要素所有者的供应利润，附加价值的量称为附加价值量（F）。附加价值的形成过程是新增或放大性的增值活动过程。附加性投入不增加产品意动、认知和审美方面的使用价值，但可以透过产品使用价值的情感体验效能和精神升华效能的提升，放大产品的认知价值和审美价值，大幅增强产品的价值盈余能力。这也导致附加价值很难被客观衡量，只能通过市场议价的交易平衡来体现。

附加性投入的目的就是为了增加附加价值,大幅提升产品的价值盈余能力。包括产品的外观设计、外观包装等外观认知性投入,产品的功能介绍、广告营销等情感认知性投入,以及产品的名人代言、故事背景等精神升华性投入,如图5-5所示。

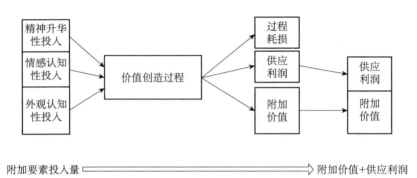

图5-5　产品附加价值的形成

附加价值公式:

$$附加价值 = 附加投入存量价值$$

导入:

$$附加投入存量 = 附加投入量 - 过程耗损量$$

$$附加投入存量价值 = (附加投入量 - 过程耗损量)×供应价 - 供应利润$$

推导:

$$附加价值 = (附加投入量 - 过程耗损量)×供应价 - 供应利润$$

四、产品的核心价值

核心价值是产品中用以满足用户意动、认知或审美需要的核心效能。

核心效能可以是经技能改造后的本身属性效能,可以是依附在属性效能上的技能效能,可以是产品在情感体验和精神升华方面上的附加效能,也可以是三者之间的综合效能。比如瓶装矿泉水的核心价值在于可口解渴,便是属性效能。汽车的核心价值在于愉快出行,便是技能效能。保暖内衣的核心价值在于舒适保暖,便是布料属性和人工技艺的综合效能。

无法被认知其核心效能的产品,通常不会被人们用以满足自己的意动需要,相当于无价值的产品。无法满足审美需要的产品,通常会影响人们通过体验其核心效能来满足意动需要的动机。

产品核心价值（V_c）是产品有别于其他品牌和品类的、不可替代的、贯穿全生命周期的基本特质。产品核心价值是产品核心竞争力的来源,也是产品价值盈余能力和溢价能力的根基所在。

对某类实力产品，按其核心价值的差异分为高、中、低档，分类满足市场消费欲望发展的策略是具有一定道理的。

产品价值公式：

$$产品价值 = 本体价值 + 技能价值 + 附加价值$$
$$使用价值 = 本体价值 + 技能价值$$

其中：

$$技能价值 = 必投价值$$

推导：

$$产品价值 = 使用价值 + 附加价值$$
$$V_p = V_0 + F$$
$$产品价值 = 本体价值 + 技能价值 + 附加价值$$
$$V_p = E + C + F$$

其中，V_p 为产品价值量，V_0 为使用价值量，E 为本体价值量，C 为技能价值量或必投价值量，F 为附加价值量。

第四节　商 品 价 值

商品是为了满足市场需求而生产的具有一定使用价值和交换价值的已标价产品。

产品在价值成型之后向商品转型的过程中，必然要结合未来在市场交易、交付和售后服务方面的价值量及其溢价能力大小的预测而定价。

产品的定价一旦完成，产品的角色就升级为商品。产品价值就在使用价值和附加价值的基础上，被追加服务价值并合理溢价而升级为商品价值。

商品价值通常都是指可用于市场交易的商品交换价值。商品价值的量称为商品价值量，用 V_g 表示。服务价值的量称为服务价值量，用 S 表示。

商品交换价值包括产品价值，产品价值是交换价值的存在基础。产品价值强调的是商品用于消费者体验时的效用力，而交换价值强调的是产品价值和服务价值用于市场交易时的换购力。换购力和效用力之间的差距，便是商品的价值盈余能力，也称溢价能力。

价值的盈余增量称为盈余价值，盈余价值的量称为盈余价值量，用 G 表示。溢价能力越强，意味着所有者获得的盈余价值越多，而交易者的付出价值也越多。合理溢价就是合理把握市场对商品价值的议价平衡点。

在合理溢价的情况下，商品价值就是商品使用价值、附加价值和服务价值的综合效能。使用价值和附加价值是服务价值的存在基础，服务价值的实际体验反

过来又影响或促进使用价值与附加价值的认知效能和审美效能的发挥。而溢价等同于使用价值、附加价值和服务价值的盈余收益。

一、服务价值

服务价值是在商品既有使用价值和附加价值的基础上所追加的服务性投入而产生的体验效能。

服务价值不包括各类服务投入要素所有者的供应利润。服务价值的量称为服务价值量（S）。服务价值是指伴随商品的销售、交易、交付和售后活动，商品所有者向消费者提供的各种必要的配套性服务资源投入所产生的价值，包括销售服务投入、交易服务投入、交付服务投入和售后服务投入四个方面所带来的消费体验效能。这些也很难被客观衡量，只能通过市场议价的交易平衡来体现。

服务价值的形成过程是产品在价值成型之后向商品、消费品逐步转型过程中必须的增值性活动过程。而且越复杂、越稀奇、技术含量越高的产品，服务价值的增值空间越大。虽然不能增加商品在意动、认知和审美方面的使用价值，但可以进一步增强使用价值消费过程的情感体验效能和精神升华效能，从而也进一步提升商品的价值盈余能力。比如理念说明、功能介绍、交易体验、送货、安装、调试、维修、技术培训、客诉处理等都具有一定的服务价值[①]，都具有一定价值的盈余能力。如图5-6所示。

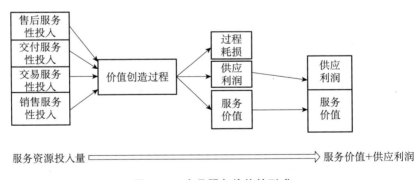

图5-6　商品服务价值的形成

服务价值公式：

$$服务价值 = 服务投入存量价值$$

导入：

$$服务投入存量 = 服务投入量 - 过程耗损量$$

$$服务投入存量价值 = （服务投入量 - 过程耗损量） \times 供应价 - 供应利润$$

---

①　冯俊华. 企业管理概论［M］. 北京：化学工业出版社，2006.

推导：

服务价值 ＝（服务投入量 － 过程耗损量）×供应价 － 供应利润

二、盈余价值

盈余价值是指特定商品在商业经济活动中获得的超出自身价值水平的回报价值。

若以货币形式的价格来衡量，则称为利润或溢价收益。盈余价值的量，称为盈余价值量，用 G 来表示。商品的本体价值、技能价值、附加价值和服务价值的创造过程中，各相关要素所有者的利润诉求都统一于商品盈余价值的总量之内，按各自在商品价值创造和增值过程中的贡献的时间先后和比例大小来分配。

商品价值盈余能力是特定的商品价值在交换活动中能够带来超出自身水平的价值回报量的最大能力。这个能力是产品创新水平、市场稀缺程度、品牌可信度以及市场消费能力多方面因素决定下，通过合理溢价（G）实现的。

因此，商品价值在确定销售价格过程的溢价，只是预计盈余价值量或预计溢价（G_0），并不一定等于实际交换价值。因为这涉及一定的社会信任度问题。

商品在交换活动中承载的社会信用度，称为社会信值。商品价值的社会信值称为价值信值（T_u），相当于市场认可的交换价值量（V_u）与商品价值量（V_g）之间的比值。

价值信值公式：

价值信值 ＝ 交换价值量 ÷ 商品价值量

$$T_u = \frac{V_u}{V_g}$$

其中，T_u 为价值信值，V_u 为交换价值量，V_g 为商品价值量。

商品价值并非单方面标榜多少就多少，销售价格并非单方面标价多少就多少，商品溢价也并非多方面设想多少就多少。

商品盈余价值量的实际总量大小，最终取决于商品的市场议价能力。这种能力一般来源于两个方面：一是源于商品自身特性化的价值盈余能力。二是源于商品所有者的市场地位。

在商品所有者的市场地位一定的情况下，若要做好商品价值的合理溢价、取得最大盈余价值，关键在于正视社会信值并准确把握交易议价平衡点。商品价值的自我溢价过高或过低都会损害商品交换价值的最终货币表现，进而影响商品价值的盈余能力。

只有被价值信值修正过的交换价值（V_s）所获得的价值盈余才是最终实际的盈余价值。只有基于交换价值而溢价并制定出销售价格（P_0）的方式才是能够与最终销售价格吻合的合理定价，这时的价值溢价才是能够为市场所接受的合理溢价。

商品价值盈余公式：

$$预计盈余价值量 = 预计溢价$$
$$= 销售价格 - 商品价值量$$
$$G_0 = P_0 - V_g$$
$$盈余价值量 = 合理溢价$$
$$= 交易价格 - 商品价值量$$
$$G = P - V_g$$

导入：

$$合理溢价 = 预计溢价 \times 价值信值$$
$$G = G_0 \times T_u$$

推导：

$$销售价格 - 预计溢价 = 交易价格 - 合理溢价$$
$$P_0 - G_0 = P - G$$
$$盈余价值量 = （销售价格 - 商品价值量）\times 价值信值$$
$$G = （P_0 - V_g）\times T_u$$

其中，G 为盈余价值量或合理溢价，G_0 为预计盈余价值量或预计溢价，P 为交易价格，P_0 为销售价格，V_g 为商品价值量，T_u 为价值信值。

三、商品价值的定义与公式

商品是具有一定社会信值的使用价值、附加价值、服务价值和盈余价值的综合性载体。商品价值表现在商品使用时的效能力和在商品交换时的换购力。换购力与效能力之间的差距就是商品的价值盈余能力，也称溢价能力。

商品价值的定义就是商品内含使用价值、附加价值和服务价值在合理溢价后所具备的市场交换能力。商品价值，相当于商品交换价值。商品价值的量，就是商品价值量。一种商品与另一种商品的对等交换活动的本质，就是在社会信值互认基础上进行的商品价值的交换过程。也是各自本体价值、技能价值、附加价值、服务价值和盈余价值的实现过程。如图 5 - 7 所示。

商品价值公式：

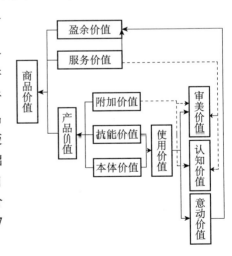

图 5 - 7　商品价值的组成

商品价值量 = 交换价值量

$$= 产品价值量 + 服务价值量 + 盈余价值量$$

$$V_g = V_p + S + G$$

导入：

$$产品价值量 = 使用价值量 + 附加价值量$$

$$V_p = V_0 + F$$

$$使用价值量 = 本体价值量 + 技能价值量$$

$$V_0 = E + C$$

推导：

商品价值量 = 本体价值量 + 技能价值量 + 附加价值量 + 服务价值量 + 盈余价值量

$$V_g = E + C + F + S + G$$

其中，V_g 为商品价值量，V_p 为产品价值量，V_u 为交换价值量，E 为本体价值量，C 为技能价值量，F 为附加价值量，S 为服务价值量，G 为盈余价值量。

第五节 商品定价

马克思主义为代表的劳动价值论者认为价格是商品内在价值的外在体现，商品价格取决于生产商品的社会必要劳动。马歇尔为代表的供求均衡论者认为价格是由商品的供给和需求双方的议价均衡点决定的。杰文斯、门格尔和瓦尔拉斯为代表的边际效用论者认为商品价格取决于商品的边际效用。但在实际的市场经济活动中，价格既受商品本身价值的牵制，也受商品所有者的市场地位影响，也受商品生命周期内价值增减趋势变化的影响，更受主导货币价值的变化而影响。多因素重合，错综复杂。导致商品价格不断围绕商品价值上下波动。这种波动不是杂乱无章，而是有规律可循的。通常不会超出以下三种情况：

第一，随商品市场议价能力的变化，价格围绕价值上下波动。

第二，因商品生命周期内使用价值的变化，价格随价值的变化趋势而变化。

第三，随非市场因素对商品价格干预程度的变化，价格围绕价值上下波动。

所以在先进管理方式下，价格的定义是商品所有者对该商品价值在交易活动中的议价能力的货币表现。以此综合考量价值盈余能力、所有者的市场地位、供需平衡点和货币能力等方面的影响。

销售价格是商品价值盈余能力的预估货币表现，交易价格是供给与需求双方互相影响的议价平衡点。销售价格不一定就是交易价格，商品定价是个科学的系统性工程。

在通常情况下，是商品的价值盈余能力和所有者的市场地位共同决定商品的市场议价能力，进而决定商品销售价格与实际交易价格的落差大小。

第一，商品价值决定商品价格是显而易见的。商品价值越高，市场交易价格也越高。销售价格被定价虚高的商品，在实际交易活动中的结果必然是降价、打折或加赠品。即便是按实际价值合理定价的商品，也会随着商品使用寿命期间的价值变化，而导致市场交易价格的波动。

第二，商品所有者的市场地位对商品价值的市场议价能力的影响也不容忽视。同样的商品在不同供求关系的市场中，所有者的市场话语权是不相同的，所获得的市场交易价格会大有差异。而同样的商品在不同市场地位者的手中，即便用于同样供求关系的市场交易，所能获得的市场交易价格可能也会差异悬殊。

商品所有者的市场议价能力不论从商品的价值盈余能力塑造的角度，还是从市场竞争的优势地位的角度，根源上都取决于其在产业链中的话语权。这种话语权的形成都是产品价值链相关方的竞争性协同作用的结果。

从常理来说，商品定价时必须将对商品的市场议价能力有促进作用的经销商、员工、供应商、股东和社会等价值相关方的利益诉求统一到预计价值盈余目标之内，然后才在充分结合市场消费水平的基础上设定销售价格（P_0）。

传统的经验管理、科学管理和精益管理都是利益导向，以自我利润最大化为中心。商品定价通常是在既定目标利润率的基础上参考竞品的市场表现而确定销售价格。商品所有者的主要精力通常不在于研究如何协同促进商品的市场议价能力，而是在于产品价值链内部各级供应商、经销商、代理商和批发商之间的利润分配的计较与博弈。

先进管理是价值导向，以相关方共赢为中心。在产品价值链设计阶段就尽可能减少各级经销商、代理商和批发商的参与，产品价值链活动过程按价值贡献分配，确保相关生产要素所有者的价值盈余最大化。这样才能让产品价值链相关方积极参与产品性价比的打造，竞争性协同构建产品的市场竞争力。

事实上，商品定价是在商品价值盈余最大化和相关方共赢的原则下，参考市场消费水平及竞品价格水平，用货币标记商品价值溢价后的市场议价能力的活动过程。

商品定价不可避免地涉及市场交易双方的社会信任度问题。这种信用度称为价格信值（T_p），相当于是商品交易价格（P）与销售价格（P_0）之间的比值。

商品销售价格与市场实际成交价格相等时，商品的价格信值通常与价值信值相等。价格信值一般在商品销售价格脱离市场预期成交价格时才会被激发，让买方对商品价值的真实性产生怀疑。

在商品交易活动中，交易双方议价的本质是对商品销售价格的社会信任度的共识过程。

价格信值公式：

$$价格信值 = \frac{商品交易价格}{销售价格}$$

$$T_p = \frac{P}{P_0}$$

$$价格信值 = 价值信值$$

$$T_p = T_u$$

导入：

$$价值信值 = \frac{交换价值量}{商品价值量}$$

$$T_u = \frac{V_u}{V_g}$$

推导：

$$\frac{交换价值量}{商品价值量} = \frac{商品交易价格}{销售价格}$$

$$\frac{V_u}{V_g} = \frac{P}{P_0}$$

事实上，商品的销售价格是商品价值量与预计溢价之和。商品的预计溢价就是商品的预计利润或预计盈余价值量。商品的交易价格是销售价格与价格信值的乘积，也是交易价值量与合理溢价之和。商品的合理溢价就是商品的最终利润或盈余价值量。

商品价格公式：

$$销售价格 = 商品价值量 + 预计溢价$$

$$P_0 = V_g + G_0$$

$$交易价格 = （商品价值量 + 预计溢价）× 价格信值$$

$$P = （V_g + G_0）× T_p$$

$$交易价格 = 交易价值量 + 合理溢价$$

$$P = V_s + G$$

导入：

$$商品价值量 = 本体价值量 + 技能价值量 + 附加价值量 + 服务价值量$$

$$V_g = E + C + F + S$$

$$合理溢价 = 盈余价值量$$

推导：

$$销售价格 = 本体价值量 + 技能价值量 + 附加价值量 + 服务价值量 + 预计溢价$$

$$P_0 = E + C + F + S + G_0$$

交易价格 = (本体价值量 + 技能价值量 + 附加价值量 + 服务价值量 +
预计溢价) × 价格信值

$$P = (E + C + F + S + G_0) \times T_p$$

其中，P_0 为销售价格，P 为交易价格，V_g 为商品价值量，V_s 为交易价值量，T_p 为价格信值，G_0 为预计溢价或预计盈余价值量，G 为合理溢价或盈余价值量，E 为本体价值量，C 为技能价值量，F 为附加价值量，S 为服务价值量。如图 5-8 所示。

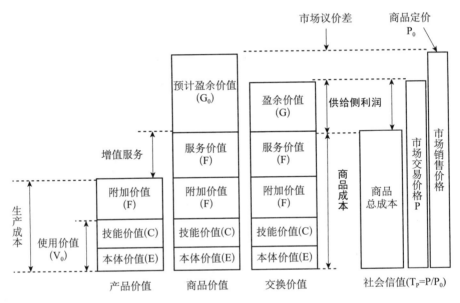

图 5-8　商品定价模型

第六节　价值化管理

人、企业、社团乃至国家都是一个价值化的盈散系统。

人体是个为满足生理、心理和精神功能需要，不断通过稳定有序的机体组织与外界环境进行物质、信息和能量交换的盈散系统。

企业便是个为不断创造市场需要的价值的盈余最大化的需要，持续通过稳定有序的运营组织与外界环境进行物质、信息和能量交换的盈散系统。

国家是个为不断创造社会价值与财富来满足国民日益增长的需要，持续通过稳定有序的治理组织与外界环境进行物质、信息和能量交换的盈散系统。

系统管理的节律周期、弛豫时间和协同能力三项基础性能指标，系统成本、竞争节拍和产出效率三项管理性能指标，以及价值盈余、投入产出比和风险变量三项经营性能指标也都可灵活运用于个人、企业、社团乃至国家的价值化管理之中。

价值化管理的任务在于持续提供有助于维持社会繁荣和促进经济发展的效能。这些效能不论以产品的形式还是以服务的形式表现，都必须能够顺应人类盈散系统的运行规律，满足人类生理、心理和精神方面的意动需要、认知需要或审美需要。

只有能够满足人类功能需要的产品才具有使用价值，才是合格的产品。只有能够被社会群体信任的产品才具有交换价值，才能成为商品。

在社会经济活动过程中，企业的经营目标通常是利用必要投入来创造更多的客户认可的商品价值，赚取更多的合理收益回报。但由于产品价值的所有、分配和导向方面的原因，产品价值创造过程与价值交易活动都会受到各种因素的影响。经常导致企业的产品价值收益低于预期，甚至低于社会市场平均水平。一般在经验管理、科学管理或精益管理方式下，无法提供一个系统性、长效性的解决方案，结果都是"按下葫芦浮起瓢"。

在先进管理方式下，讲究通过全面价值化管理。系统性评估企业价值链上各项基本活动与支持活动的价值比、价值率和增值率，系统性消除价值创造过程中的各种浪费，系统性控制非增值活动的投入，系统性压缩供应商的非合理性价值盈余，系统性优化商品价值分配结构规则，才能进一步激发产品价值创造过程中必要知识、劳动、技术、管理和资金的活力，最终实现企业生命周期内的价值盈余最大化和相关方的协同共赢。

一、价值化管理的逻辑图

价值化管理的定义就是在特定价值的发现、设计、创造和增值的活动中，竞争性协同内部各基组织与自组织的价值导向、整合价值链相关方的优势资源，实现最小成本投入换取最大价值回报的活动过程。

价值化管理包括价值发现管理、价值设计管理、价值创造管理、价值增值管理、价值交易管理和价值分配管理六大模块。

作为经济活动四大支柱的价值所有、价值创造、价值交易和价值分配活动，是价值管理的关键核心。

价值所有是价值创造和价值交易的动力，也是价值分配的前提。价值关系决定价值分配关系，价值所有决定价值分配方式，系统主导者决定价值分配比例。

企业的价值应当在于不断创造有助于促进社会繁荣和经济发展的效能，这些效能通过产品或商品的形式来承载。

传统上把企业的价值定位为不断创造的利润，实现股东利润最大化。这已经导致大量的企业乐衷于通过低价竞争抢市场份额的方式来获取规模性利润，不愿做产品价值的研发、技术的投入和管理的深耕。急功近利、饮鸩止渴，终将落后于时代发展的步伐。

而价值化管理的本质逻辑就是持续依据目标用户的价值消费水平和价值消费需求，不断组织系统价值链相关方资源协同发现、设计、创造和交易产品价值，为市场提供意动感觉效能、情感体验效能和精神升华效能的同时，实现企业生命周期内的价值盈余最大化和相关方共赢，如图 5 - 9 所示。

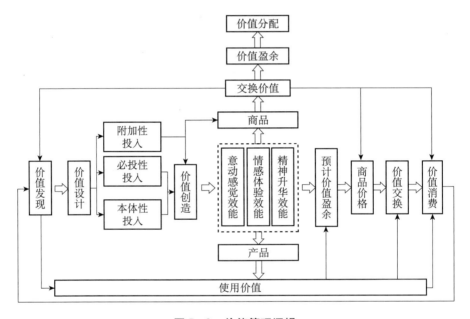

图 5 - 9　价值管理逻辑

二、价值创造模型

满足人类需求是价值创造的目标，社会认可是价值创造的动机，必要盈余是价值创造的前提，相关方协同是价值创造的条件。

价值创造的定义是在既定的价值设计导向下，通过组织相关方资源投入到产品价值创造过程中，凝结成产品物质性能和技术效能，并通过市场交换实现系统性价值盈余的活动过程。

价值创造能力是从产品的价值设计、价值创造到价值交易实现价值盈余的系列性活动能力的综合能力。最终通过商品可供消费的"效能力"或可供交换的"换购力"来衡量。

价值创造是系统性工程，过程中的每个环节相互依赖、相互影响。只有其中真正给商品带来增值的活动才是消费者真正愿意买单的，不增值的活动一般不会给企业带来收益。

要想持续有效地通过商品交换得到更多经济效益，就必须建立一个稳定的价值创造模型来快速组织协调各种必要的生产要素，创造出更多的价值去丰富社会生活，才能换取更多的价值盈余收益，如图 5－10 所示。

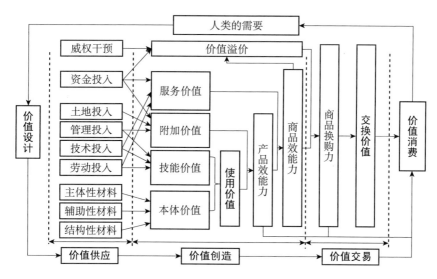

图 5－10　价值创造模型

三、价值化管理的模式框架

价值化管理的核心任务是把握系统价值链的平衡偏差、相变阈值和变量因素，不断协同发现、设计、创造和交易产品价值，实现系统生命周期内价值与效益最大化和相关方共赢。

在先进的管理方式下，无论国家治理、企业经营和个人发展，都有必要根据自身的价值诉求，形成一套系统性的价值化管理的模式。才能有效应对环境发展的规律、市场竞争的走向、价值创新的趋势和利益相关方的诉求。

价值化管理的模式源于市场价值需求的发现，止于消费者在价值消费体验中的满意程度。过程中的价值设计、价值创造和价值交易活动，都涉及相关方资源的整合与投入，涉及价值载体的生产、营销与交易等全价值链的经营管理。

价值链的过程管理分为价值需求管理、增值管理、产品生命周期管理和消费体验管理。辅以测量分析管理和持续改善活动，并做好价值盈余管理和价值分配管理，才能实现系统价值盈余最大化和相关方共赢，如图 5－11 所示。

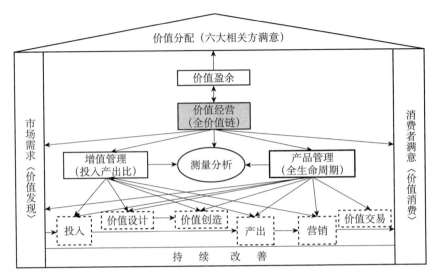

图 5 - 11　价值化管理的模式框架

四、价值管理能力的评价指标

为客观衡量企业的价值创造能力的大小、价值创造效率的高低和对社会增加值的贡献，必须导入价值比、价值率和增值率的概念。价值比、价值率和增值率三者相互关联、相互影响、缺一不可，共同构成"价值管理能力三角"，如图 5 - 12 所示。

图 5 - 12　价值管理
能力三角

客观评估价值比、价值率和增值率，有助于在企业价值链各环节之间相互依赖、相互影响的动态中，找准系统性解决方案的切入点。也有助于对各个产品做客观的价值工程分析、投入产出分析、盈亏平衡分析和投资效益分析。

1. 价值比

价值比俗称生产力，是指产出价值量与投入成本之间的比值。

生产力是衡量生产技能水平的核心指标，是社会分工的决定因素。

同样一种产品在不同企业生产，产品构成物质的本体价值量基本相同，能够衡量企业创造价值能力的指标只有投入成本与最终产出价值量之间的关系。价值比越高，说明生产能力越强，单位生产成本投入所创造的经济效益越高。

在保证产品使用功能一定的情况下，适当降低投入成本，也有助于提升企业效益。

价值比公式：

$$价值比 = \frac{产出价值量}{投入成本}$$

2. 价值率

价值率俗称为生产率，是指在一定时间内价值的实际产出量与标准产出能力之间的比值。

生产率是衡量企业运营管理水平的核心指标。

价值的标准产出能力即为通常所说的标准产能。标准产能是在一定阶段相对恒定的数值，只有价值率越高，才能说明价值产出速度越快、管理的效率越高。

价值率公式：

$$价值率 = \frac{产出价值量}{标准产能 \times 时间}$$

3. 增值率

增值率俗称贡献率，是指单位时间内价值增量与投入成本之间的比值。

贡献率是衡量企业经营发展能力的核心指标。

增值率是社会价值资源流向的驱动力。增值率大于社会平均增值率的企业具有不断吸引社会价值资源的能力。增值率小于社会平均增值率的企业将不断排斥社会价值资源。增值率越高，说明单位投入成本带来的价值增加速度越快，管理的效益越大。

增值率公式：

$$增值率 = \frac{价值增量}{投入成本 \times 时间}$$

第六章　先进生产

传统经验管理下的生产方式以发挥个人经验为中心。科学管理下的生产方式以提高单位劳动生产率为中心。精益管理下的生产方式以提高产品价值链效率为中心。三者都是利益导向。强调从局限性角度看问题，追求自我利益最大化，重视木桶"短板"效应。一般把系统整体分割成各个简单部分进行分别研究，然后根据简单累加而得出结论并实施管理和改善。其本质在于通过各个局部效率的提升来驱动整体效率的提升。但在通常情况下，木桶本身容量设计就不够大、最长的木板都不够长的话，个别"短板"再怎么提升也无法改变设计容量的限制。很容易导致管理策略上的以偏概全、顾此失彼的现象。

先进管理下的先进生产方式是价值导向。强调在"合理致知、竞协发展"的理念下，以提高系统效率为中心。促进木桶本身发展壮大的同时，通过木桶间的互联互通和容量共享，实现更大系统的相关方共赢。全过程讲究统筹兼顾人性需要诉求、组织相态发展和环境特性变化，重视并引导"人—事—机—物—料"之间的竞争导向和协同规律。

因此，先进管理下的先进生产方式不仅限于产品生产制造过程，而是产品价值链相关系统的竞争性协同。其本质是在遵循整体目标、人性协同、组织伦理、权责统一、风险预防和持续改善六大原则的基础上，不断改善提升整体效率来带动局部效率的提升。

先进生产方式要求企业的眼界必须从传统以生产系统内部计划和控制为重点的狭义生产管理，转向涵盖模式定位、战略规划、价值链设计、生产布局、产品开发、生产制造、产品定价以及售后维保等系统性活动过程的整个供给侧管理。

而且，由于企业本身就是一个盈散系统，从属于更大的行业系统、产业系统，内部又包括各类业务系统。先进生产方式讲究通过三类协同、三个强调，来贯彻四化要求和四个评价，最终实现六方满意。

1. "三类协同"

三类协同分为组织设计与业绩目标协同，过程管理与结果运用协同和企业发展与员工成长协同。

2. "三个强调"

三个强调分为强调从侧重结果控制转为注重过程管理；强调从被动接收问题转为主动发现问题；强调从个人改善攻关转为团队协同作战。

3. "四化要求"

四化要求分为绩效目标市场化，过程管理模式化，资源配置增值化和岗位薪酬考核化。

4. "四个评价"

四个评价分为客户体验评价，自我成长评价，标杆对比评价和竞争对手评价。

5. "六方满意"

六方满意分为顾客、股东、员工、供应商、经销商和社会的共享共赢。

在先进生产过程中，系统管理的节律周期、弛豫时间和协同能力三项基础性能指标，系统成本、竞争节拍和产出效率三项管理性能指标，以及价值盈余、投入产出比和风险变量三项经营性能指标都可以灵活运用在各个方面。

先进生产方式的定义就是在特定的人性诉求环境下，以相关方价值共赢的系统优势整合产品价值链活动必备的生产资料，同审时度势的生产关系和与时俱进的生产力实现竞争性协同效应的生产组织方式。如图6-1所示。

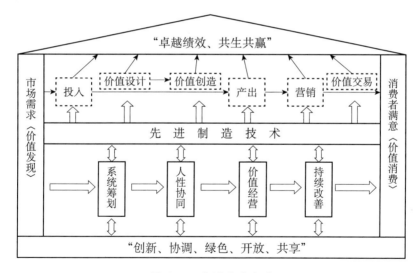

图6-1 先进生产方式

于是，先进生产方式的核心任务就是基于企业价值链各环节的相互依赖、相互影响作用，以"七个零"的管理目标来驱动产品价值的发现、设计、创造、增值和交易等过程活动的竞争性协同效应，促进各个产品在生命周期内的价值产出最大化。

第一，在追求投资"零失误"的目标下，建立产业链分析、战略规划、项目管理和投资回报率考核的配套性管控体系，进行投资预测、设施建设，以及生产自动化、设备物联网、管理信息化等。

第二，在追求产能"零浪费"的目标下，建立年度经营计划、经营预算、专案管理和项目价值率考核的系统化管理体系，进行销售预测、订单处理，均衡淡旺季。

第三，在追求生产"零库存"的目标下，依据行业市场价值需求，建立订单处理、生产计划和绩效考核的协同化管控体系，按需采购、及时生产、准时交货。

第四，在追求效率"零损失"的目标下，按生产计划及时生产，尽量减少换线换模，无缝交接班，确保开机率。

第五，在追求设备"零故障"的目标下，推行设备 TPM 活动，快速维修、快速换型。

第六，在追求产品"零不良"的目标下，建立生产工艺管理和 TQC 体系，标准化作业，稳定设备性能，培养多能工。

第七，在追求经营"零事故"的目标下，建立风险预防、应急预案和危机公关的管理体系，确保生产安全、质量安全、环境安全和资金安全。如图 6－2 所示。

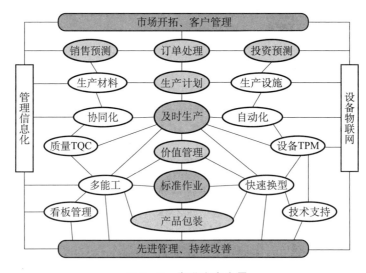

图 6－2　先进生产全景

第一节　产业链分析

在经济全球化、知识化和信息化迅猛发展的背景下，企业间的竞争不再局限于产品的竞争、品牌的竞争或销售渠道的竞争，现代社会的市场竞争已经发展成为企业整体系统的竞争。

企业对开发设计、生产制造、配送与分销、销售与服务等价值创造环节的系统集成能力越强，企业在产业链中的市场竞争优势就越大。

产业链是在一定的产业"成本—收益"布局政策的指引下，具有一定技术经济关联性的上下游企业以社会化分工协作为基础，而形成特定时空布局关系的链状集群。

产业链的本质都是系统主导者话事。在产品设计、订单处理、原料采购、生产制造、技术支持、仓储物流、销售服务和资金周转八大环节的成本结构和收益分配规则，在产业链规划设计阶段就已经决定了七八成。并且通过产业链中各企业间价值交换、产品服务和信息传递等活动而表现出来的供给与需求关系、成本与收益关系的变化，还会不断侵蚀企业的成本投入和经营收益。仅仅依靠廉价劳动力盈利的企业所能获得的利润收益占比太少。

由此可见，独自开创一个产业是上策，参与创造一个产业是中策，选择进入一个产业是下策。当然，不是每一个企业都能拥有产业规则的话语权。对大多数企业而言，产业进入的选择正确，已经是决定企业成长可能和发展潜力的根本。

一、产业进入选择

产业的竞争氛围制约着企业的管理水平，产业的创新能力制约着企业的技术水平，产业的用工环境制约着企业的人才素质，产业的溢价能力制约着企业的盈利能力。

企业进入某一个产业之前应当经过产业生命周期评估、产业成熟度评估、产业运行效率评估和产业盈利能力评估四个层面的审慎考察、评估和选择。

第一是评估产业生命周期。根据产业生命周期的长短确定投资回报周期和回报率。

第二是评估产业成熟度。通过某一个或几个行业典型产品，分析该产业整体性的节律周期、弛豫时间和协同能力三项基础性能指标，综合判断该产业的整体成熟度。

第三是评估产业运行效率。通过某一个或几个行业典型产品，分析该产业整体性的系统成本、竞争节拍和产出效率三项管理性能指标，综合判断该产业的整体运行效率。

第四是评估产业盈利能力。通过某一个或几个行业典型产品，分析该产业整体性的价值盈余、投入产出比和风险变量三项经营性能指标，综合判断该产业的整体盈利能力。

二、产业链分析

企业应当客观评估自己的战略环节、价值核心、系统成本和盈利能力，找出企业的市场生存能力和持续发展空间，以便针对性制定切合企业发展实际要求的先进管理方法。

每年定期分析整个产业价值链的结构形态是很有必要的，要理清本企业价值链在产业链中的价值贡献、创新水平、成本优势以及市场地位。这里着重推荐SCP分析模型，分析过程中可以根据需要套入波特五力分析、SWOT分析、微笑曲线分析等工具。

SCP分析是产业经济学中经典的产业组织分析方法。SCP分析对企业研究产业内部的市场结构、主体市场行为和整个产业的市场绩效，具有很强的现实指导意义。默认外部宏观环境变化必然会引起产业市场结构变化，一旦产业市场结构发生变化，企业市场行为对策就得跟着调整，才能持续获得良好的经营业绩。因此把企业改善市场绩效的关键着重放在企业行为上面。

SCP分析模型的基本逻辑是通过行业结构（Structure）、企业行为（Conduct）和经营结果（Performance）来分析外部冲击给企业带来的影响。过程中，结合PEST分析模型、波特五力分析、SWOT分析等各类工具的运用找出竞争优劣势，制定针对性的有效措施。

1. 外部冲击

外部冲击指企业外部宏观环境的变化对企业经营带来的风险影响，比如政治环境、经济政策、社会文化、技术革新、法律法规、环保安全因素的变化。

2. 行业结构

行业结构指企业所处产业环境的变化对企业经营的影响，比如营销渠道、时尚新品、消费习惯、产品需求、竞争格局、细分市场以及行业壁垒等方面的变化。

3. 企业行为

企业行为指企业为应对外部冲击和行业结构的变化，可能需要采取的措施行为，比如产品创新、渠道拓展、业务调整、产能扩张、技术改造、资源整合、管理变革、供应链转型、营运方式升级以及商业模式创新等。

4. 经营结果

经营结果指企业在外部环境变化影响和自身应对行为推动下，企业在销售增长、市场表现、经营利润和现金流等方面的变化趋势。

二、同行竞业分析

竞业分析主要通过对本行业市场政策、消费行为、竞争格局、销售渠道、产品生产、技术革新及售后服务等行业竞争要素进行深入的经济学分析，发现行业运行的内在经济规律，预测未来行业发展的趋势，剖析竞争企业的战略优势。从而清楚本企业在行业竞争中的位置，指导企业的经营活动安排和产品生命周期规划。

优秀企业应该每月进行一次竞业分析。从市场结构角度着手分析，识别行业各细分市场的竞争变化情况，找出变化中蕴含的机会和威胁，指导本企业产品生命周期规划、资源的合理配置和下月重点工作计划安排。

每年组织一次年度竞业分析。判断该行业的未来成长性是否具有投资价值，行业内的标杆企业主要在哪些方面取得优势，行业内的竞争企业的关键竞争因素是哪些，行业内的企业是否能够有走向资本市场或存在并购的机会等。

年度竞业分析报告主要包括行业概述、行业发展情况、行业市场容量、行业竞争格局、行业发展趋势、行业销售增长率、行业毛利率、净资产收益率及发展趋势预测等。

年度竞业分析的活动过程，通常包括以下八个方面：

1. 产品表现

产品表现主要分析竞争企业的产品市场地位、产品系列宽度、产品差异化深度和产品适销性等。

2. 销售渠道

销售渠道主要分析竞争企业销售渠道的广度和深度、销售渠道的铺货效率、销售渠道的资金实力，以及销售队伍服务能力等。

3. 市场营销

市场营销主要分析竞争企业市场营销组合能力、新产品开发能力、市场调研能力、销售团队培训能力，以及大型促销活动状况等。

4. 生产运营

生产运营主要分析竞争企业的生产规模、生产成本水平、质量控制水平、设施与设备的技术程度、专利与专有技术、区域供货优势，以及产业链纵向整合程度等。

5. 研发能力

研发能力主要分析竞争企业在产品升级换代、产品工艺设计、基础材料研究、产品仿制，以及研究团队人员素质等。

6. 资金实力

资金实力主要分析竞争企业的资金结构、财务比率、现金流量、信用程度、财务管理能力，以及筹资能力等。

7. 组织构架

组织构架主要分析竞争企业组织结构与企业策略的一致性、组织成员价值观的一致性、组织结构与信息传递的有效性、组织对环境因素变化的适应性，以及组织成员的整体素质水平等。

8. 管理能力

管理能力主要分析竞争企业领导者的素质水平、组织激励能力、组织协调能力、管理者的专业水平，以及管理决策的灵活性、适应性、前瞻性等。

第二节 商业模式设计

企业是一个典型的盈散系统。既外属于社会经济大系统，又内含各类分系统、子系统与微系统。通过稳定元构体及其价值链的竞争性协同效应，建立特性化的商业模式，在不断与外界经济环境进行物质、信息与能量交换的活动中，实现自身内存能量、主体价值与产出能力的最大化，才能确保企业利益相关方的协同共赢。

优秀的企业一般在商业模式设计阶段就将基础设施投资、产品创新研发、营销渠道拓展、价值创造过程、人力资源规划和日常运营管理等活动综合考虑、评估与论证。力求以强悍的商业模式来支撑强劲的品牌声誉、强悍的创新能力、高质量的产品、低成本的运营和优质的服务。

企业商业模式的定义指企业在特定系统观、价值观和竞争观的导向下，通过整合利用利益相关方优势资源，建立具有产业链竞争优势的特性化价值链体系，实现企业价值盈余最大化的经营活动规则。

企业商业模式的本质就是以企业价值链为核心的各类经营活动的组合体。通常包括经营模式、融资模式、创新模式、生产模式、营销模式、管理模式、盈利模式和发展模式八大模块，如图 6-3 所示。

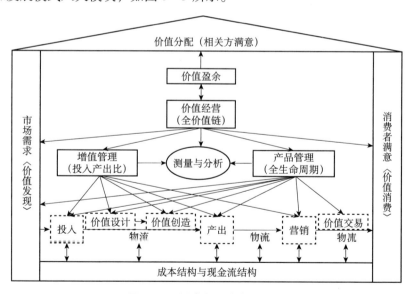

图 6-3 制造企业的商业模式

制造企业的商业模式不论是基于产业链的哪个环节为核心打造的竞争优势，其成功的关键都在于企业在产业链中的地位能否有力控制或影响产业链发展，或者能否有助于提升自有产品在市场竞争中的议价权。

这需要企业综合考量产业的相关政策、市场的价值需求、企业的业务形态、技术的配套支持和相关方的利益诉求，形成企业特性化的商业逻辑。然后通过特性化的商业逻辑来确定客户需求、产品价值、合作伙伴、营销渠道和核心竞争力，约定企业的治理结构、成本结构、现金流结构和资本关系，才能持续实现企业经营价值盈余的最大化。

　　案例：美国苹果公司的商业模式解构。

　　美国苹果公司的最大成功在于开创一个行业标杆典范性商业模式，并由此完整构建以一个自家产品价值链为核心的全球性产业链体系。

　　苹果公司主要通过以下六项措施构建协同价值链，整合全球优质合作商。将自家产品价值创造相关的研发管理、采购管理、生产管理、库存管理、营销管理和供应链管理等，全部与各自协力厂商资源捆绑、协同共赢。在集体狂欢的氛围下，苹果公司独得产业利润的一半以上。

　　第一，确保洞察人性的务实创新，引领消费潮流。

　　苹果公司对于每一个新的产品设计理念，都要求提供市场开发文件、工程设计文件和用户体验文件。三个文件被专门的评审组织认可通过，就能得到一笔预算用于设计开支。然后在各类务实的创意设计成果之中优中选优，确保每一个被选中主推的创新方案在产品开发上市后都能引领消费潮流，促进公司的销售。

　　第二，价值链前端实行"总部设计、授权开发，全球采购、集中组装"的策略。

　　苹果公司自己负责创意和设计并投资生产线建设，换取全系列的独家采购权和保密协议。然后授权富士康等供应商协同产品开发并提供产品制造，再集中由富士康负责主要组装成机，最后由指定物流商承接物流配送全球。

　　全过程尽可能减少沟通成本、提高反应时效的同时，全面压缩供应链的系统性成本。

　　第三，价值链后端采用"直营推广＋渠道代理"的模式。

　　苹果公司在一线城市的知名商圈开设直营店，推动市场营销和销售体验。

　　针对不同的产品类型，采用差异化的模式授权经销商拓展销售渠道网络。并实行定期汇报、频繁检查的制度严格管控零售终端，确保销售终端的可控性，尽可能降低系统性的营销成本。

　　第四，以庞大的单品采购量控制议价权。

　　通过给予单品的庞大采购量和持续合作预期，苹果公司得以实现手机零部件采购成本、机构件加工成本、物流费用以及劳工费用等单位成本的最低。

　　第五，减少零部件产品种类降低仓储物流成本。

　　通过减少零部件产品种类，并尽可能标准化，减少产品零部件的备存数量以及半成品数量，大幅降低仓储管理和物流搬运的成本。

第六，通过精简供应商管理降低企业存货成本。

通过精简供应商数量，培养核心供应商，分享销售预测、共享库存信息、及时联动反应，提高供应链的敏捷性，进而大幅提高年库存周转次数，协同应对各种库存剧增风险，降低整个供应链的库存成本。

第三节　价值导向定位

企业经营价值导向就是在企业商业模式框架下，通过某种约定规则指引各项价值链活动的竞争性协同效应，实现企业利益最大化的活动过程。

企业经营价值导向通常有"锁定利润型"的导向模式、"薄利多销型"的导向模式和"成本内控型"的导向模式三种。具体选择必须是根据企业自己特性化的商业模式、创新能力以及实际发展水平而确定。

1. "锁定利润型"的导向模式

"锁定利润型"的导向模式通常侧重追求单位产品的高利润。

企业一般基于内部运营能力的实际成本控制水平，直接加上预期利润而定价。比如某产品的单位成本 100 元，预期利润 20 元，就定价 120 元，而且价格一般恒定不变。给予顾客的感受通常是"付出 120 元不值""价不符实"。这种经营价值导向比较适用于垄断性竞争的企业，从各个角度上看都是不可持续的。

2. "薄利多销型"的导向模式

"薄利多销型"的导向模式通常侧重追求产品的规模销量收益。

企业一般基于行业平均价格水平的压力，一方面开始注重内部运营成本控制能力的提升，另一方面也愿意牺牲部分利润用于促销，换取更大规模的销售量。比如某产品的行业平均售价 120 元，平均单位成本 100 元。某企业通过优化成本内控体系，将单位成本控制在 90 元，拿出 10 元用于促销、10 元回馈消费者，利润存留 10 元，于是就定价 110 元。

这给予顾客的感受通常是"便宜 10 元""便宜实用"。这种经营价值导向比较适用于进行价格竞争而注重短期效益的企业。

3. "成本内控型"的导向模式

"成本内控型"的导向模式通常侧重追求产品的性价比收益。

企业一般基于行业研发创新水平发展和跨界技术冲击影响的压力，通过强化内部运营能力的持续改善，不断完善企业成本内控能力，降低单位产品成本。在保证一定促销费、不损害产品性价比的情况下，以企业与消费者共赢的原则而定价，换取品牌美誉度和更大规模的销售量。比如某产品的行业平均售价 120 元，平均单位成本 100 元。某企业通过提升内部运营的先进管理水平，不断完善企业成本内控能力，将单位成本降低到80元。拿出5元用于促销、20元回馈消费者，利润存留15元，于是就定价100元。这给予顾客的感受通常是"便宜20元""物美价廉"。这种经营价值导向比较适用于性价比竞争而注重可持续发展的企业。如图6-4所示。

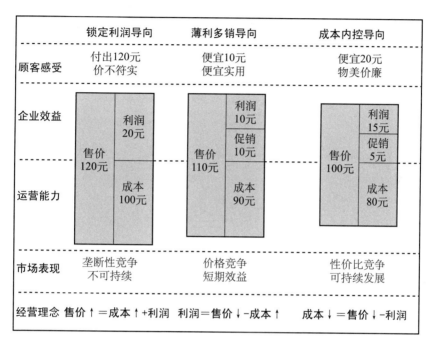

图6-4　三种经营价值导向对比

第四节　经营模式选择

　　企业经营模式选择就是在企业商业模式框架下，围绕企业价值链的竞争优势而对企业运作系统进行战略性定位，并选择特定的组织形式和运行机制的活动过程。

　　企业经营模式一般分为"以销定产"的消费者导向模式、"以产定销"的生产者主导模式和"产销互动"的产销一体化模式三类。具体选择必须务实地根据企业商业模式、创新能力、设备性能、技术水平、人才素质等方面实际发展水平而确定。

一、生产者导向模式

　　"以产定销"的生产者导向模式是物资紧缺年代的产物。在这种模式下，通常都是只关注大量生产，不担心销售，也无暇顾及企业运营管理水平的改善提升问题。

生产者导向模式比较适用于竞争焦点落在产品获得性体验的垄断性行业，及其垄断性企业。这种模式容易导致简单粗暴的经营理念，单位商品的供给成本高。企业直接加上目标利润定价，也能销售出去。企业利润是得到了保障，但给消费者造成了价格太贵、价不符实的感受。一旦受到同行业物美价廉产品的冲击，基于这种商业模式的企业必然表现得脆弱不堪、不可持续。

二、产销一体化模式

"产销互动"的产销一体化模式是市场经济成长期的产物。

市场产品丰富、竞争激烈，消费潮流不断变化。企业也发展到一定规模，有自己的工厂、研发以及销售渠道。

为响应市场的行情波动和淡旺季变化，企业通常是采取高库存支撑运营的策略。内部运营管理水平也基本沿用经验式管理，一手抓质量、一手抓产能。这就必然导致单位商品的供给成本被整体性推高，销售价格被市场行情制约，而不得不通过降价、打折或赠送方式进行促销。让消费者感受价格实惠、便宜实用，却侵蚀了企业利润。

产销一体化模式比较适用于竞争焦点落在产品性价比体验的行业。一般会导致行业薄利多销，恶性竞争。基于这种商业模式的企业必然陷于追求短期效益、价格竞争。

三、消费者导向模式

而今已步入市场经济成熟期，市场产能过剩、产品供过于求，大部分行业都已进入消费者导向的市场。竞争焦点已经转向创新、情怀和性价比的综合体验。

"以销定产"的消费者导向模式，以先进管理的理念定义、设计并执行产品价值链活动，个性化定制、全生命周期管理，系统性降低单位产品的供给成本。如此才能快速响应市场需求，在保证企业利润的同时让利予消费者，并给消费者一个全新的消费体验。也只有基于这种商业模式的企业才能提供个性化的消费体验，带来相关方的协同共赢、持续发展。见表6-1。

表6-1 三种经营模式对比

指标 \ 类型	生产者导向型企业		产销一体型企业		消费者导向型企业	
	特征	运营表现	特征	运营表现	特征	运营表现
理念（L）	产品第一	订单驱动，标准产品。密集劳动力，大规模生产	渠道为王	产量驱动，标准产品。深耕销售渠道，大量推出翻新品	质量第一	市场驱动，标准与非标产品。注重质量与创新，个性化定制

类型\指标	生产者导向型企业		产销一体型企业		消费者导向型企业	
	特征	运营表现	特征	运营表现	特征	运营表现
体验（E）	远离消费者	客诉是主要互动方式	走近消费者	注重广告营销，注重消费者满意度调查	雇用消费者	注重消费者的参与情绪，注重产品的情感体验
柔性（F）	以产定销	外接订单，产能限制，人海战支持运营	产销互动	自产自销，市场限制，高库存支撑运营	以销定产	产销协同，创新限制，协同平台支撑运营
效率（P）	少品种大量产	常用通用设备，流水线生产	多品种少切换	常用专用设备，换线能力差	多品种快切换	常用多功能高效设备，换线能力强
质量（Q）	依赖抽检	层层抽检，无法避免不良与客诉	注重工艺管控	加严检验，工艺稽查，市场口碑调查	注重工艺设计	工艺设计审查，制程能力验证，免检认证
成本（C）	单位成本高昂	处于产业链低端，不得不承受高投入、高库存、低产出的高运营成本	单位成本较高	产销不平衡，库存压力大，整体性推高运营成本	单位成本较低	协同产销、快速反应，系统库存小，整体性降低运营成本
交期（D）	到期发货	外部订单，交期很重要，到期必须发货，响应速度慢	月度塞货	销售预测订单，交期不是非常重要，每月集中向经销商塞货	快速交货	消费者订单，第三方物流，准时生产，及时交货
安全（S）	生产优先，安全培训	先保证出货，安全以培训为主	生产优先，安全检查	保证不断货，安全以检查为主	安全第一，以预防为主	安全整改，操作防呆，杜绝安全隐患
士气（M）	基于生理需要满足的表达	强调个人技能，以完成岗位工作任务为目标	基于尊重需要满足的表达	强调团队协作，以提升团队KPI绩效为目标	基于超越需要满足的表达	强调客户满意，以满足客户需求为目标

第五节 生产方式选择

　　生产方式选择是根据企业商业模式特性和发展战略要求，进行生产运作方式的系统性设计和投资建设的活动过程。

　　通常的生产方式有传统经验管理下的"作坊生产"、科学管理下的"批量生产"和精益管理下的"精益生产"三类。三者都是利益导向，追求"零和博弈"思想。寄望于通过局部效率的提升来推动整体效率的提升。

而先进管理下的"先进生产"是价值导向，追求"协同共赢"思想。寄望于通过整体效率的提升来带动局部效率的提升。见表6-2。

表6-2　　　　　　　　　　三种不同生产方式的对比

对比项目	作坊生产方式	批量生产方式	精益生产方式	先进生产方式
关键词	利益导向，单体订单、作坊式生产，单件制造	利益导向，批量订单、流水线生产，批量制造	利益导向，多样化订单、单元化生产，柔性制造	价值导向，个性化订单、协同生产，两化融合，敏捷制造
适用市场	需求量低、小众市场，竞争力以产品体验为中心的市场	卖方市场、供不应求市场，竞争力以产品价格为中心的市场	买方市场、品牌效应市场，竞争力以产品质量为中心的市场	高品位、个性化市场，竞争力以性价比体验为中心的市场
产品特点	顾客特定要求，零件专用，交货周期很长	产品标准化，零件通用化，品种较单一，交货周期较长	品种标准化、多样化、系列化，交货周期较短	无须设定品种，顾客参与设计，交货周期很短
适用企业	经验管理下的消费者导向型企业	科学管理下的生产者导向型企业	精益管理下的产销一体型企业	先进管理下的消费者导向型企业
管理特征	经验管理。以个人能力经验为中心，员工以放羊式管理为主	科学管理。以提高劳动生产率为中心，员工以上下层级管理为主	精益管理。以提高价值链效率为中心，员工以前后工序相互监督为主	先进管理。以提高系统效率为中心，员工以自主管理为主
生产特征	手工化，个人化制作。工艺粗略、标准不清	标准化，推式生产。批量式流水线生产，集中仓储物流	自动化，拉式生产。单件流式的单元化群组生产，大规模定制	信息化，协同生产。平台化协同生产，顾客参与体验，个性化定制
产品质量	质量不稳定，一致性差，因生产者个人技能经验和情绪而异	质量较好，一致性较强，但易出现批量性不良	质量好而稳定，一致性较强，不良机率较低	质量好而非常稳定，不良机率非常低
设备工装	通用化。简单、便宜、柔性大，只需故障维修	模具化。专用、高效、昂贵，注重"三级保养"	模组化。柔性大、效率高，注重设备TPM活动	协同化。两化融合，协同生产，注重智能检测、快速维修
库存水平	交货期长导致库存较高	产销不平衡导致库存很高	准时生产导致库存较低	价值链协同导致库存几乎没有
用工要求	必须同时懂设计、懂制造，有较高操作技能	无须专业要求，简单操作培训就可上岗	必须掌握多项技能，能够同时操作多道工序	必须掌握某种专业技能，能够协同工作

第六节 企业价值链管理

企业价值是通过不断创造有助于促进社会繁荣和经济发展的效能，帮助企业利益相关方获得相应收益回报的货币表现。

企业价值链是从价值需求发现、价值设计，到投入、生产、配送、销售，再到价值盈余分配等各类活动的流程链。

企业价值链管理的主要任务是以某项关键工艺或技术为核心，构建从价值设计、价值创造、价值交易到价值分配的"成本—收益"双螺旋增值链，并以此打造或维持企业的市场竞争优势。

基于企业产品更新换代的频繁性，企业价值链的分链相对其他类型系统的价值链多一个研发—设计链。研发—设计链与摄入—供应链、转化—生产链、释放—配送链和盈余—分配链共同组成企业价值链。

其中，研发—设计链、摄入—供应链和转化—生产链构成企业的盈余结构，负责价值的创造和增值。释放—配送链和盈余—分配链构成企业的耗散结构，负责价值的消散和衰减，二者有机融合成企业完整的盈散结构。

企业内各类基组织、自组织在盈余结构框架下的竞争性协同活动，通常都是价值创造和增值性的活动，称为基本活动。企业内各类基组织、自组织在耗散结构框架下的无序化竞争活动，通常都是支持价值创造和增值的必要性辅助活动，称为支持活动。

在企业各种界限分明的经营活动中，并非每个活动环节都创造价值。只有涉及企业研发、采购、生产、销售、物流及售后服务等基本活动才是真正创造价值，有序地推动价值的创造和增值。这些参与价值创造和增值的基本活动构成企业价值链的主动脉。

而如人事、财务、审计、计划、品管、维修及行政后勤等支持性活动并不直接创造价值，要不断应对并处理各类增值活动中随机发生的有关异常。在某种程度上看，支持活动都属于无序化活动，都是支持各类基本活动创造和增加价值的必要性辅助活动。如图6-5所示。

一、价值链管理的定义

企业价值链上同一个环节的基本活动和支持活动之间相互依赖、相互影响。

价值链上任何一个活动环节都有其相关职能要求、盈亏平衡点和绩效目标，都存在影响成本优势和增值能力的问题障碍。相互间的协作水平也都会影响到下一个环节的时效、质量、成本和效益。

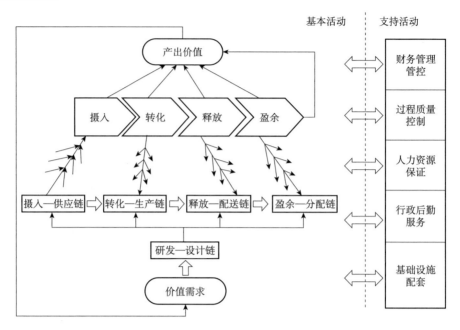

图 6-5 企业价值链

企业价值链管理的定义就是在企业战略目标的指引下，以满足市场价值需求为导向，通过持续改善物料流、信息流、业务流和资金流的顺畅性，提升价值链各环节协同活动的成本优势和增值能力，实现企业整体利益最大化的活动过程。

企业通过有效的价值链管理，有助于引导企业利益相关方密切关注组织资源的合理利用，找出影响整体业绩的瓶颈问题，有针对性地改善提升。从而，增强企业核心竞争力，提升企业市场竞争优势。

也可以在进一步提高产品竞争力、市场占有率、顾客满意度和整体获利能力的目标下，透过各个产品生命周期内的物料流、信息流、业务流和资金流的有序开展与管控，将企业内部价值链与客户、供应商、经销商、服务商等相关方的价值链组构成一个更大的价值链。实现"1+1>2"的整体效应和相关方共赢。

如果企业价值链的核心环节也恰好是整个产业链发展的核心环节，那么企业的盈散结构就是该产业盈散结构的中枢组成部分，将帮助企业获得市场垄断性竞争优势。这个核心环节可以是创意设计、产品开发、工艺技术、组织治理、成本控制、供应链管理以及营销渠道等。

二、价值链的产出能力

前文已述，新工业时代的市场竞争，已经由产品之间的竞争升级为价值链竞争。只有由强悍价值链产出能力支撑的高性价比产品，才可能稳固占据市场的主导地位。

为客观评价企业价值链的整体产出能力水平，通常以"价值比"来衡量企业价值链的价值创造能力，以"价值率"来衡量企业价值链的价值创造效率，以"增值率"来衡量企业价值链的产品增值能力。这也有助力于企业对产品进行价值工程分析、投入产出分析、盈亏平衡分析和投资效益分析。

价值比越高，说明企业价值链的价值创造能力越强，创造的经济效益越高。

$$价值比 = \frac{产出价值量}{投入成本}$$

价值率越高，说明企业价值链的价值产出速度越快，管理的效率越高。

$$价值率 = \frac{产出价值量}{标准产能 \times 时间}$$

增值率越高，说明在企业价值链中的单位投入成本带来的价值增加速度越快，管理的效益越大。

$$增值率 = \frac{价值增量}{投入成本 \times 时间}$$

三、价值链的性能指标

对于企业价值链的性能状况，通常从成熟度、运行效率和盈利能力三个层面，做审慎的考察、评估和选择。

第一，价值链成熟度评估。

通过某一个或几个典型产品的价值链反应能力的观察、检测，分析其整体性的节律周期、弛豫时间和协同能力三项基础性能指标，综合判断企业价值链的整体成熟度。

第二，价值链运行效率评估。

通过对某一个或几个典型产品的价值链运行情况的观察、检测，分析其整体性的系统成本、竞争节拍和产出效率三项管理性能指标，综合判断企业价值链的整体运行效率。

第三，价值链盈利能力评估。

通过对某一个或几个典型产品的价值链各环节"成本—收益"情况的观察、检测，分析其整体性的价值盈余、投入产出比和风险变量三项经营性能指标，综合判断该企业价值链的整体盈利能力。

第七节　企业内控体系构建

企业价值链在产业价值链中占据的价值高度、技术核心度、政策关注度以及资源获取便捷度，决定了企业生命周期内的价值产出能力和持续发展潜力。"高、大、全"并不代表强竞争力。

为确保企业价值链效能的充分发挥，必须量身构建一套稳健的内部控制体系与之匹配。确保企业各类经营活动的业务效率性、投资效益性、信息可靠性、财会准确性和资产安全性。

必须强调的是，企业内控不仅仅是财务内控，还有组织管控、流程管理和绩效考核等模块。

企业内控体系必须能够有力保障企业经营合法性、市场竞争力、价值创造能力、现金流合理性和资产保值增值，能够促进各项业务活动相互联系、相互促进和互相制约。

正如中国证监会等在 2008 年 7 月 10 日关于印发《企业内部控制基本规范》的通知中所示：健全的企业内控体系有助于加强和规范企业内部控制能力，提高企业的经营管理水平和风险防范能力，促进企业的可持续发展，维护社会市场经济秩序和社会公众利益。

一、企业内控原则

企业内控体系的建立与实施，应当遵循全面性、重要性、制衡性、适应性和效益性共存的"五性"原则，如图 6 – 6 所示。

1. 全面性原则

内部控制应当贯穿决策、执行、监督与考核的全过程，覆盖企业及其所属单位的各种业务事项。

2. 重要性原则

内部控制应当在全面控制的基础上，着重关注重要业务事项和高风险领域。

3. 制衡性原则

内部控制应当在治理结构、机构设置及权责分配、业务流程等方面形成相互制约、相互监督。

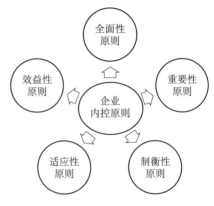

图 6 – 6　企业内控原则

4. 适应性原则

内部控制应当与企业经营规模、业务范围、竞争状况和风险水平等相适应，并随着情况的变化及时加以调整。

5. 效益性原则

内部控制应当权衡实施成本与预期效益之间的关系，以适当的成本实现有效控制。

二、企业内控体系

企业内控体系就是在价值工程分析和绩效考核系统的支持下，通过组织控制系统和目标管理系统双向驱动九大管控系统的高效运营，并利用成本节约分析系统和管理效益核算系统促进企业现金流控制的先进管理方法。

九大管控系统是指计划控制（PC）、物料控制（MC）、质量控制（QC）和成本控制（CC）四个系统，供应商管理（SM）、销售渠道管理（CM）和交易价格管理（PM）三个体系，以及银行存款控制系统和投资活动控制系统组成的"4C3M2控"系统。

企业内控活动必须以价值工程为导向，以工业工程为基础，以组织调控和信息沟通为抓手，辅以风险评估和贡献评价手段，每个步骤相互联系、相互促进。如图6-7所示。

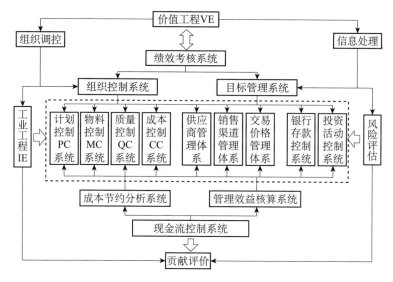

图6-7　企业内控体系

三、部门价值化管理

企业内控体系落地的关键在于各个部门管理的有序性、协同性和价值性。

部门价值化管理就是以部门日常管理工作为对象，通过计划、组织、协调、指挥、控制和创新的系列性手段，持续改善各项作业流程、提高工作效率，实现部门价值贡献最大化的先进管理方法。

部门价值化管理的核心是"两法三制度"相互促进、相辅相成。主要包括"一单三表一会"的事务管理办法，"一书两表"的岗位用人办法，以及绩效考核制度、部门效益核算制度和经营效益分享制度的"三制度"。

部门管理价值化实现部门工作的全员性协同。每个人清楚每天的工作就必须当日完成，不能拖到明天影响下一环节的工作。尤其是紧急的、重要的工作，即

便加班也须完成。

每天下班前，至少用 5～10 分钟总结回顾一下当日的工作完成状况、遇到的问题处理状况及心得，以及第二日主要工作安排等。

每周末至少用 30～60 分钟总结回顾一周来的工作状况、新增问题、异常处理及学习心得，并筹划下周重点工作安排等。

每月底至少用 1～2 小时总结回顾一个月来的工作状况、新增问题、异常处理及学习心得，并编制下个月工作的 AIP。

1. 部门事务管理办法

事务管理办法是通过"一单三表一会"工具实现各项管理工作的标准化、流程化的先进管理方法。让员工时刻清楚岗位权责，看到自己的优势、不足和潜力，并在岗位工作目标的指引下，自我管理、"日清日结"，实现岗位工作价值的最大化。

"一单"是指岗位工作标准化清单。旨在让每个人都清楚公司对自己岗位的工作事项要求。

"三表"是指岗位工作流程表、工作饱和度分析表和 AIP 时间管理表。旨在让每个人都能实现自我工作管理、"日清日结"。

"一会"是指管理协调会。侧重跟踪进度、暴露问题、协调资源，用最短的时间解决工作障碍，达成团队工作目标。

（1）岗位工作标准化清单。岗位工作标准化清单是把日常主要的固定工作事项按轻重缓急顺序排列出来，找出其规律、固化其相关作业要求，提高岗位工作效率和交接效率。见表 6－3。

表 6－3　　　　　　　　××公司岗位工作标准化清单

姓名：　　　　　　　岗位：　　　　　　　部门：　　　　　　　编制日期：

序号	工作类别	工作内容	工作临时代理人		信息输入			成果输出			服务对象	资料存档地址	相关流程		相关表单		岗位应知应会要求
			第一代理人	第二代理人	输入来源	输入日期	输入结果	输出结果	频次	输出日期			名称	链接	名称	链接	
1																	
2																	

核准：　　　　　　　　　审核：　　　　　　　　　承办：

（2）岗位工作流程表。岗位工作流程表一般多用于三四级流程的标准化描述。把每项事务工作的起始环节、结束环节及各个中间环节用流程图形式展现，并将每个环节的责任人、工作职责内容及其涉及的相关表单明确清楚。这就极大方便了各岗位作业人员快速进入工作状态，防呆防错、自我跟进，促进了跨部门沟通交流，大幅提升了跨部门协作效率。见表6-4。

表6-4　　　　　　　　　　　××公司××工作流程表

××公司××部门			文件编号：
主题：××作业流程			共　页，第　页
核准	审核	编制	版本
流程	责任人	工作职责	使用表单
开始 →□→◇→▱→结束			

（3）岗位工作饱和度分析表。岗位工作饱和度分析表是以各级岗位人员在正常的操作条件下，以标准的作业方法、合理的劳动强度和适当的工作速度完成符合质量要求的工作所需的作业时间，与每日应有的出勤时间的占比状况作为对象研究。以此找出实际存在的管理浪费现象，并通过工作量调整、方式方法教导和监督考核等手段来提升工作积极性、提高工作效率，见表6-5。

对从事同一岗位同样工作内容的不同从业者来说，工作饱和度越高，反映出工作效率也越高。按岗位所属职业工种或管理层级的不同，工作饱和度的要求应当依据实际差异设置，赋予足够的思考、总结、沟通、协调以及教导下属的时间。见表6-6。

（4）AIP时间管理表。AIP是进程中行动（Action in Process）的英文缩写。要求每一位管理人员都应自动自发做好工作时间管理，掌握岗位应知应会、担当岗位责任、实现自主管理。

通过AIP时间管理将岗位日常工作的行动和公司战略要求挂钩，随时对照思考每一项工作行动是否具有价值，能否直接或间接促进公司的绩效提高。从而自动自发地改进工作流程，实现在最少资源投入的情况下提高岗位工作效率。

表6-5

××公司岗位工作饱和度分析表

部门：　　直接上级：

岗位名称：

姓名：

项目类别	主要固定工作事项	权重（%）	约当每天工作时间（小时）每天工作饱和度	约当每周工作时间（小时）每周工作饱和度					每次所需时间（小时）	约当每月工作时间（小时）每月工作饱和度					上级确认用时（小时）	约当每季工作时间（小时）每季工作饱和度					约当每周工时（小时）	约当每月工时（小时）	约当每季工时（小时）	约当每年工时（小时）	约当每年工作时间（小时）每年工作饱和度	备注
	工作内容			工作周期及次数						累计所需时间						约当每日工时（小时）										
	三责人			日	月	季	年	度		日	周	月	季	度	年											

本人签字：　　审核：　　审批：

— 134 —

表 6 - 6　　　　　　　　××公司岗位工作饱和度要求

岗位名称	固定工作时间饱和度要求	备注
现场作业人员	90% 以上	一是固定工作时间已包含各种宽放时间。 二是其余时间按职业工种或管理层级对思考、总结、沟通、协调，以及教导下属等工作时间的要求不同而异
生产班（组）长	80% ~ 90%	
办公服务人员	80% ~ 90%	
部门经理	70% ~ 80%	
研发创意人员	60% ~ 70%	
公司总经理	50% ~ 60%	

在筛选 AIP 工作事项时应该按"8020 原则"区分轻重缓急，做好优先次序和资源投入的侧重安排。不必追求 100% 的完美，过程允许 15% ~ 25% 的事项可以重新调整。具体而言着重注意以下八个方面：

第一，依据"筛选标准"和"载入规则"记录所有的 AIP 事项，并明确各项工作的轻重缓急及其最终成效。

第二，明确完成工作的所需时间，做好起始时间和完成时间安排。

第三，找出重复性的 AIP 事项（如会议）。

第四，找出哪些 AIP 事项必须现在处理（现行），哪些可以延后（待办）。

第五，了解哪些 AIP 事项可以分派给他人去做，并明确责任人及其资源需求。

第六，明确工作量的分配，做好待办事项、现行事项和交办事项的安排。

第七，实施行动计划，清除障碍，完成个人既定的 AIP 工作任务。

第八，归类整理已完成事务，以备日后检讨追溯。

表 6 - 7 为××月工作 AIP 管理表。

（5）管理协调会。会议的重要性不言而喻，尤其是过程管理协调会。企业在价值创造过程中都会遇到各种各样的管理不力问题、规划不周问题、设计缺陷问题、工艺稳定问题、质量异常问题、设备故障问题、资源分配问题以及技术支持问题等，往往都需要及时沟通、协调和处理。最好、最快的方式往往是立即召集现场协调会或跨部门协调会，快速分析问题、查找原因、讨论对策并及时解决。

灵活运用过程的管理协调会，可以得到很多意想不到的效果：

第一，快速分解团队工作目标、分摊工作职责任务。

第二，快速讨论出解决方案，用最短的时间解决障碍，达成团队工作目标。

第三，暴露出平时隐藏不说的问题，提前做好解决安排。

第四，打破部门"小山头主义"，整合调配有限的资源，实现整体利益最大化。

第五，控制整体工作进度，锻炼和提升自我的业务处理能力和项目管理能力。

表 6－7

部门：＿＿＿＿＿

姓名：＿＿＿＿＿

××月工作 AIP 管理表

年　　月

填表时间＿＿＿＿

序号	待办事项	责任人	时间周期
1			
2			
3			
4			

序号	现行事项	责任人	开始时间	完成时间
1				
2				
3				
4				

序号	最近完成的事项	完成时间
1		
2		
3		
4		

序号	每月重复性事项	责任人	时间周期
1			
2			
3			
4			

序号	分配给他人的事项	责任人	开始时间	完成时间
1				
2				
3				
4				

第六，从时间和成本的角度给顽固不配合、故意拖沓不执行的部门或人员施压。

第七，利用会议决议的改善专案项目锻炼培养有潜力的新人。

第八，利用会议平台让难以处理的"棘手"事件或人物曝光，顺势处理了结。

第九，利用会议讨论机制取得团队大部分人的共识，推动受到阻碍的工作顺利开展等。

表6-8为××集团会议记录表。

表6-8　　　　　　　　　　　××项目会议记录

主　题				时　间	
主持人		地　点			
核　准		审　核		记　录	

参会人员：

会议议程：

序号	决 议 事 项	主责人	起始日期	完成日期	.3W 落实状况跟踪

2. 岗位用人管理办法

部门管理的关键在于各个岗位用人的管理。岗位用人管理办法主要通过"一书两表"和"三制度"的融合运用，来实现"人尽其责""物尽其用""事尽其效"的先进管理方法。

"一书两表"是指岗位应知应会对照表、岗位胜任能力评估表和岗位作业标准指导书。

"三制度"是指绩效考核制度、部门效益核算制度和经营效益分享制度。

"一书两表"与"三制度"相互促进、相辅相成。"一书两表"是旨在让各级岗位在职人员快速熟悉并掌握必备的常识和技能的先进管理方法。而绩效考核制度和部门效益核算制度旨在及时明确目标达成状况和价值贡献大小。经营效益分享制度侧重"按贡献分配奖励"的原则，奖优警劣、精准激励，如图6-8所示。

图6-8　　××集团的岗位用人体系

第八节 生产流程管理

生产流程管理一般利用流程程序分析和线路图分析的方法，系统性分析整个生产流程下的周期时间、系统成本和质量水平三要素，不断检讨改善各道加工工序的设计安排，提升整体运行效率、稳定产品质量、消除成本浪费。

整个流程环节越简捷，业务、物料、信息和资金的传递速度越快，整体周期时间就越短，促使整个流程的价值产出能力也越大。

在整体产出能力一定的情况下，整个流程的系统成本等于各个流程环节的成本之和，整个流程的质量水平等于每个环节的质量水平的乘积，如图 6-9 所示。

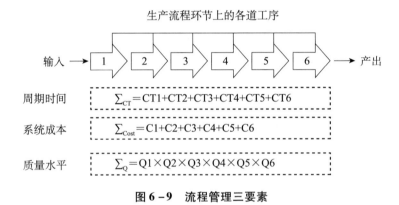

图 6-9 流程管理三要素

一、流程程序分析

流程程序分析是以产品或零件的制造全过程为研究对象，通过以加工、检查、搬运、等待和储存五项编制流程程序分析表，直观表述产品制造流程程序状况，从中发现问题、调整设施布置、优化工序流转程序的先进管理方法。

在流程程序分析表的编制过程中，尽量将各工艺程序说明按顺序纵向排列，将加工、检查、搬运、等待和储存横列，并用取消、合并、重排、简化的原则分析改善可行性。

表头统计项注明改善前后移动距离变化和所需时间变化。各工艺后的说明后应当注明移动距离、花费时间及人力安排状况，也可以将改善前后的流程结合在同一表中对比效果。

利用流程程序分析方法，不断检讨各道加工工序的设计原理、设备配置和作业标准指导书（SOP），有助于发现是否可以省略某些操作、可否减轻负荷、可否合并组合作业，是否可以避免不必要的检查、重复性检查，是否可以通过替代作业达到同样效果，是否可以通过调整作业顺序删除不必要作业，是否可以进行变更设计、更换设备、改变配置或更新 SOP 等。

具体步骤如下：

第一，调查现况。

调查了解产品的生产工艺流程、产品的 BOM 表、产品功能特性及其品质要求、生产设备配备及其布置、物料及产品的临时放置以及各工序的检查动作等。

第二，编制流程程序分析表。

按调查结果将产品生产流程说明自上而下垂直排列，勾选注明各工序对应的改善要点和作业性质，或者用点线连接的方式在对应符号栏标示出来。

第三，测量记录。

测定并记录各工序的移动距离、所需时间以及人力安排，注明到工艺流程表中。

第四，整理分析结果。

详细分析加工、检查、搬运、等待和储存程序次数、移动距离和所需时间等情况，发现其中影响效率的原因。

第五，制定改善方案并组织实施。

第六，改善效果验证评价。

第七，改善经验固化，及其标准化输出。

表 6－9 为××公司 A 产品装箱流程程序分析表。

表 6－9　　　　　　××公司 A 产品装箱流程程序分析表

流程程序分析表		对比项目	改善前	改善后	节约
流程名称：××公司 A 产品装箱流程		周期时间（秒）	167.16	115.96	51.2
		移动距离（米）	15.6	5.6	10

序号	程序说明	改善前 距离（米）	时间（秒）	取消	合并	重排	简化	加工	检查	搬运	等待	储存	加工	检查	搬运	等待	储存	距离（米）	时间（秒）	备注说明
1	从纸箱架拿一个纸箱	6.4	2				√			√					√			1.5	1	拿取距离太远，重新布局
2	折纸箱		2.5				√	√					√						2.5	
3	封胶带（纸箱底面）		2.2	√				√												导入自动封箱机
4	翻转纸箱		1	√				√												自动封箱则无需反转
5	放正在作业台面		1.5	√				√					√						1.5	
6	取内膜袋一个	1.2	1.5							√					√			1.2	1.5	

序号	程序说明	改善前 距离(米)	改善前 时间(秒)	取消	合并	重排	简化	加工	检查	搬运	等待	储存	加工	检查	搬运	等待	储存	改善后 距离(米)	改善后 时间(秒)	备注说明
7	将内膜袋套在纸箱上		2					√					√						2	
8	向左转身		0.8	√							√									转身动作浪费
9	双手拿起4包卫生巾		1.6				√			√					√				1.5	需要弯腰,桌子宽度改小
10	向右转身		0.8	√							√									转身动作浪费
11	放卫生巾入纸箱		1.2							√					√				1.2	
12	重复8~11动作11次		48.4																29.7	
13	折内膜袋		3.6				√	√					√						3.6	
14	折合纸箱		2				√	√					√						2	
15	推入自动包装机		0.5							√					√				0.5	
16	重复1~15动作		71.6																47	
17	走到封箱机后面	2	2				√			√					√			0.5	1	走动距离太远,调整布局
18	搬起两箱卫生巾		2							√					√				2	
19	走至栈板位置	2.6	2							√					√			1.2	2	
20	放置		2.5									√					√		2.5	
21	回到包装桌前	3	4				√			√					√			1.2	3	走动距离太远,调整布局
22	贴合格证		11.46				√	√					√						11.46	
	合计	15.2	167.16															5.6	115.96	

二、线路图分析

线路图分析是以生产作业现场为研究对象,将产品的流向和作业者的路线绘制成线路图,并结合流程程序分析,寻找并发现流程路线中存在的问题点,进行针对性优化布置、缩短搬运或移动距离的先进管理方法。

线路图分析既是对流程程序分析方法的有效补充,也有助于深入检讨各道加工工序间的搬运作业分析。

在实际生产过程中,搬运和加工占用大量生产时间,对生产效率和成本的影响是显而易见的。

线路图分析的改善原则就是尽最大可能消除搬运对生产效率和成本的影响,将搬运距离、时间、次数和成本降到最低。

通过现场布置线路图进行布局讨论时,可借助3D仿真软件进行模拟。结合搬运分析方法,充分考察物料堆放、装载、卸载、摆放以及停滞状态中存在的时间浪费和成本浪费现象，记录搬运重量、次数、距离、工时、成本等数据。最终制定通过改变存放场地、改变配置、改变设备、改变作业顺序或改变使用输送带的方式，来减少搬运量、搬运次数和搬运周期的改善方案，帮助企业获取更大的经济效益。如图 6－10 所示。

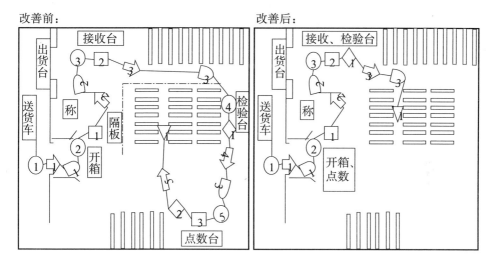

图 6－10　××公司外购零部件收货线路图

第九节　产品价值流管理

产品价值流管理是通过绘制目标产品族的价值流图，分析其业务流、物料流、信息流、资金流和价值流的状态信息，找出过程浪费、挖掘改善空间、指引改善方向的先进管理方法。

在产品开发完成并交付量产前，开发部门应当交付产品标准价值流图，明确产品的工艺标准、质量标准、用工标准、成本标准以及工时标准等。以便在量产过程中，能够灵活应对客户订单需求数量与交期的原则下，做好部门协同、制程管理、效率保证、质量控制和成本核算等作业的高效开展。

活学活用产品价值流管理，有助于企业各级管理者锻炼系统性思考和解决复杂性问题的能力，可以直观发现浪费、找到浪费根源，进而明确提案改善的方向。

在实施产品价值流管理时，应当从客户订单需求导向入手，选定典型产品族并确定其交货节拍。然后按其生产工艺流程展开跟踪。描绘每一个工序的产情产况，标示工序间物料流、信息流和价值流的走向，形成"当前状态图"。然后识别出增值活动、必要但非增值活动和非增值活动（即浪费），找出各类改善空间，分析研讨相应的改善方案，并按预计改善成效描绘一个"理想状态图"。具体步骤如下：

第一步，以客户导向选定典型产品族，对其生产运作过程的现状进行分析。

从客户一端开始，了解客户的订单数量需求及其交货节拍。若某生产工序的节拍不能吻合交货节拍的要求，就有可能导致过量生产、生产不足或延迟交货进而造成浪费。

第二步，研究生产工艺流程中的每一道工序，从下游出货物流追溯到上游材料供应。

分析每个工序的增值和非增值活动，包括准备、加工、换型、库存、物料转移、标准时间、质量水平、设备产能、人力编制，甚至单位成本、工序利润等，都一一清楚记录。

第三步，了解和分析物流信息的传递方法和路径。

包括顾客到工厂、工厂到供应商、生产物料计划到各工序的信息传递情况，生产计划是如何下达、如何执行的。

第四步，绘制"当前状态的价值流图"。

利用以上资料计算出整个运作过程中的产能、工时、效率、质量、成本和编制的现况，绘制"当前状态的价值流图"。通常人们会发现改善之前增值时间只占生产周期时间的很小比例。

第五步，绘制"理想状态的价值流图"。

按照企业的战略发展要求，基于当前的技术和认知水平，组织团队专题研讨在未来一定时间内可以达到的理想状态，绘制出"理想状态的价值流图"。

第六步，组织持续改善。

针对当前状态的价值流图与理想状态的价值流图之间的差距，找出影响绩效发挥的障碍问题及其原因。以"谁主管谁负责"的方式确定提案改善的主责部门，必要时立项申请进行跨部门专案改善。

举例：A 公司 A 产品系列价值流图分析。

A 公司规模不大，但产品品项较多，各工序设备的共用程度非常高，如何合理调配各工序设备在各产品品项上的生产时间，充分发挥设备的运行效率，是 A 公司最担忧的问题。经过多年的精益管理变革改善，建立 ERP 系统，采用"三周滚动计划＋日生产工令"的计划管控模式，计划明确每一个工序每一台设备的每一个时段应该生产产品的数量，整体效率大幅提升 62% 左右。

但从产品价值流管理的角度上看，还是存在很大的改善提升空间。这里以该公司最典型的 A 产品为例演示产品价值流管理的方法运用。A 产品是该公司市场最成熟的产品，终端商超卖场每日销量 5000 件，商贸客户不愿积压库存，订单需求 150000 件/月，10 件/箱，每天一次供货 5000 件。

一、当前状态价值流图分析

（1）客户需求节拍：5000 件/天。

（2）生产节拍：13 秒/件。

（3）工序时间总和：36 秒。

（4）材料采购周期 7 天，生产各工序滞留合计 8 天，导致第一批货的最短交付周期为 15 天。

（5）产品直通率：92.16% ×94% ×96.01% ×97.99% ×100% ×100% =81.5%。

（6）生产平衡率：36 ÷（13 ×6）×100% =46%。

（7）平均产能发挥率：（6451 ÷8847 +5885 ÷6204 +5529 ÷5760 +5418 ÷5543 +5418 ÷10800 +5000 ÷6600）÷6 ×100% =81.24%。

（8）现场在制品：合格半成品及成品 1614 +179 +121 +418 =2332（件），不合格品 686 +387 +235 +111 =1184（件）。

图 6 –11 为当前状态价值流图。

二、提案改善的机会

考虑到尽可能不对其他大量的产品系列加工造成影响，在不改变现有生产工艺布局和工艺标准的情况下，保证每天一次供货 5000 件。

（1）采用拉引式生产，由后道需求量决定前道生产计划安排。

（2）生产计划安排按各工序标准产能的严格管控计划工时。

（3）取消材料暂存，直接配送冲压车间，车间不留呆滞材料。

（4）取消产品暂存，压缩成品仓储，每天一次直接配送商贸客户，"日清日结"。

（5）协助供应商信息化提升，网上下单报价与跟单，采购周期缩短至 4 天。

（6）改良数控加工的夹治具，优化加工程式，缩短该工序的单件加工工时。

（7）改良粗加工的加工方式，缩短该工序的单件加工工时。

（8）开发数控设备自动上下料辅助机构，压缩人员编制。

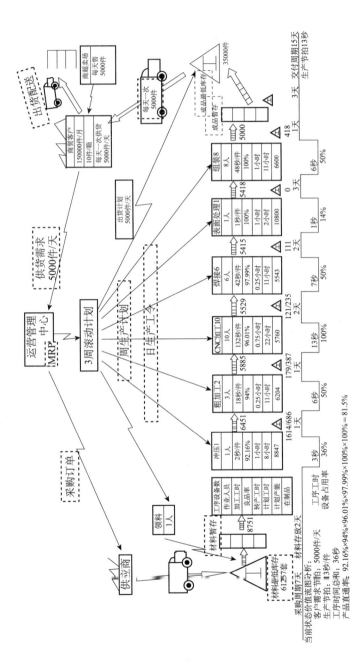

图6-11 当前状态价值流

（9）下道工序 1 小时一次从上道工序领料，减少工序间材料停滞时间。

（10）各工序不良品当班重工完成，管制交下一工序，最终管制良品入库，车间不留呆滞品等。

三、理想状态价值流图分析

（1）客户需求节拍：5000 件/天。

（2）生产节拍：11 秒/件。

（3）工序时间总和：34 秒。

（4）材料采购周期缩短到 4 天，生产各工序滞留合计 4.5 天，导致第一批最短交付周期缩短到 8.5 天。

（5）材料最低安全库存由 61257 套降低到 23560 套。

（6）成品最低安全库存由 35000 件降低到 28000 件。

（7）产品直通率：95.99% ×94% ×95.99% ×98% ×100% ×100% =84.88%。

（8）生产平衡率提升到：34 ÷（11 ×6）×100% =51.51%。

（9）平均产能发挥率提升到：

（5641 ÷6600 + 5315 ÷6000 + 5102 ÷5563 + 5000 ÷5400 + 5000 ÷5400 + 5000 ÷5400）÷6 ×100% =90.59%。

（10）生产现场最低在制不合格品只有 236 + 339 + 213 + 102 = 890（件），管制重工入库，车间不留呆滞品。

（11）各瓶颈工序设备占用率大幅下降，为其他产品生产挤出时间，提升公司整体运营效率：冲压设备占用率由 36% 降到 25%，粗加工设备占用率由 50% 降到 45%，CNC 加工设备占用率由 100% 降到 77%，焊接设备占用率由 50% 降到 47%，组装线占用率由 50% 降到 41% 等。

图 6 – 12 所示为理想状态价值流图。

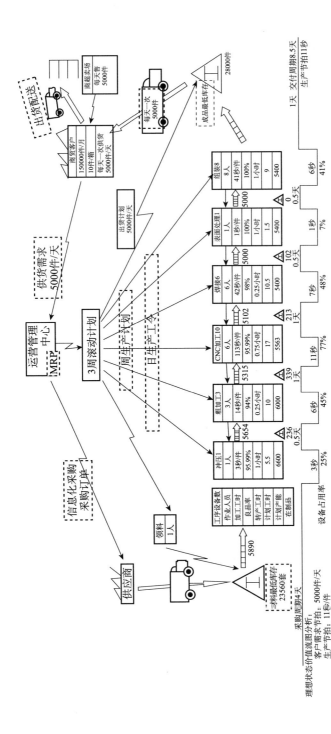

图6-12　理想状态价值流

第十节 生产工艺管理

生产工艺管理是企业产品价值创造的基础，是企业产品生命周期的先决条件。生产工艺的先进水平、准确程度和稳定性能直接影响企业的产品价值产出能力。

生产工艺的生命周期通常分为设计期、量试期、改进期、成熟期、衰退期和淘汰期六个期间，也常合并为设计阶段、运用阶段和淘汰阶段三个阶段。

越是成熟的工艺，生产效率越高、产品质量越稳定，单位生产成本越低。辅以先进管理的统计过程控制（SPC）方法，动态监控各道工序的制程能力水平和产品质量稳定性，可以及时发现质量异常并报警。从源头上防止不合格品的发生，大幅减少常规上的检验人员、检验设备和检验工器具的庞大投入。

若选择开发设计阶段的工艺，整体技术还不够成熟。这就要求企业必须具备一定的设备开发能力和相关技术支撑能力，需要边生产边改进。单位产品的生产成本会因为工艺改进、设备故障、调机不良品、质量不稳定等各方面的因素而大幅攀升。

而一旦选择淘汰阶段的工艺，整体设备性能在衰退或者被革新性工艺所替代。这就要求企业必须具备一定的设备维修技术能力的同时，还要能承担因为革新工艺快速普及而丧失产品竞争力的风险。如图 6-13 所示。

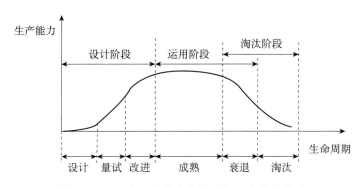

图 6-13 生产工艺的生命周期与生产能力关系

一、生产工艺管理制度

管理学家弗雷德里克·泰勒在《科学管理原理》中，着重强调通过科学的生产工艺流程管理，让工艺设计、设备布置、工具配备、材料供给、人员操作以

及工作环境都尽量标准化、协同化。管理与劳动分离，科学地分工与协作，确保产品工艺设计标准内的价值产出最大化。

在生产工艺既定的情况下，过程管理最重要的任务就是确保业务流、物料流、信息流、人力流和资金流的顺畅，尽力减少造成生产延迟的停滞状态。比如材料、零部件、半成品或成品在仓库中的库存状态，生产工艺不平衡造成流水线生产中的产品积压状态，现场设备故障导致在制品进入下一道工序前的停止状态，以及批量性质量事故导致半成品或成品的扣留状态等。

为此，企业管理应当制定《生产工艺管理制度》并落到实处。严格工艺标准管理，强化工艺执行纪律。提高生产、质量和设备技术人员的工艺标准观念，严格执行生产工艺标准要求。并自觉稽查过程工艺参数是否符合标准要求，过程品质是否满足产品质量标准要求，各岗位的作业标准指导书（SOP）是否落实，生产效率是否得到稳定保证。

通过《工艺程序图》和《工艺参数标准控制表》的运用，便于生产部门贯彻执行各项生产工艺要求。

通过《QC工程图》的运用，便于质量部门落实对产品质量验证和控制工作，进行产品制程能力分析，提出工艺标准执行偏差的整改要求。

通过《工艺变更建议》和《工艺优化方案》的运用，便于开发部门定期对工艺进行稽核，收集整理工艺标准执行状态，结合最新的客户要求、技术革新、设备改造和两化融合等技术升级状况，专案立项工艺条件变更建议和工艺标准优化方案。如图6-14所示。

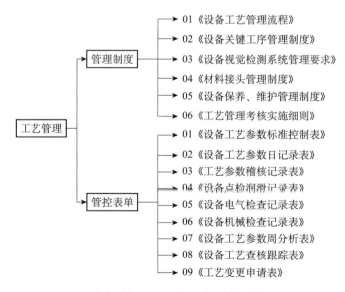

图6-14　××公司工艺管理制度

二、工艺设计管理

工艺设计管理是包括客户需求管制、样品制作管制、模治具开发管制、量试承认管制和移交验收管制五个阶段的集成性开发活动。

工艺设计过程强调跨部门协作、同步开发，才能确保大量生产阶段的产品品质稳定、成本可控和交期保证。

1. 客户需求接收阶段

业务部门接收客户订单需求后，先针对客户需求协调产品开发部门的相关人员进行合理性分析和成本评估后，回复样品交期。

2. 样品制作阶段

得到客户的样品交期确认后，由产品开发部门指定负责人组建包括业务人员在内的样品开发项目团队。根据客户提供的图档和规格等要求，展开样品结构分析、制程可行性评估、工艺流程规划和尺寸规格设计等工作，并制订《样品开发进度表》。

样品开发团队完成样品 2D/3D 图档及其尺寸规格设计，并形成样品制作周期、成本和工艺流程图等相关工程资料后，由业务部门与客户进行样品确认并报价，必要时由项目负责人与客户沟通确认样品规格和工艺流程的修改细节。

当业务部门接收到客户确认的样品制作需求时，样品开发团队便着手进行实材样品制作，并按需经功能检测合格后，由业务部门安排样品出货。

3. 模治具开发阶段

当样品制作完成并得到客户许可后，便进入模治具开发阶段。样品开发项目组收集汇总客户最新图档要求，进行量试阶段的产品结构分析、模治具评估、制程评估和尺寸规格评估，并形成书面报告后与客户沟通确认。

客户确认无误后，由样品开发项目负责人召开新产品开发说明会，介绍新产品要求、零件结构、制程工艺，确定工艺开发项目团队、开发进度状况以及相关配合要求等。

工艺开发项目组在项目资料交接完成后，专人负责与客户确认开模通知及其需求图档等信息，并展开模治具品质、规格、交期的确认和委托制作。

工艺开发项目组同步根据产品结构制作产品物料清单 BOM，根据工艺流程制作工艺流程图 Flowchart，根据制程操作要求制作作业标准指导书 SOP，根据工艺流程和客户需求制作生产管制计划 PMP、进料检验规范 IS、制程检验规范 SIP、成品检验规范 IS 和出货检验规范 OOBA。

模治具制作完成后，工艺开发项目组负责人即予组织试模作业。比如申请备料（名称、规格、数量），知会试模参与、送检、验证，以及制作模具验收报告等。必要时召开模治具开发问题检讨会，决定修模或重开模作业。

4. 量试承认阶段

当模具开发完成并接收到客户量试需求后，工艺开发项目负责人组织量试作业的各个阶段工作安排，必要时召开说明会。

主要确认量试产品的尺寸是否符合产品 2D 图档，首件的结构检验报告是否符合客户要求。若符合要求，组织完成产品 2D 图面转化、规格修正、BOM 修订、一次通过率、标准产能、标准工时、人力配置等。若不符合要求，则组织相关人员检讨改善，直至阶段问题全部解决。

此阶段必须整理完备：模治具量产计划、Flowchart、SOP、PMP、SIP、IS、检治具清单等工程文件。

5. 移交验收阶段

量试承认阶段完成并经客户承认后，即进入移交生产验收阶段。移交验收阶段由相关生产部门组织量产前的小批量试产，并做产品全尺寸检测和工艺制程能力 C_{pk} 评估。若评估不合格则需进行修模作业或组织工艺检讨，若评估合格即可进行工艺验收作业。

工艺开发项目负责人召开量试检讨会，针对量试承认过程中所有缺失与问题，提出检讨并制定持续改善计划。并向生产部门移交进一步修订完善的正式版产品图、Flowchart、SOP、PMP、SIP、IS 等工程文件，产品标准价值流图，以及一次通过率、标准产能、标准工时、人力配置等确认报告。

三、工艺程序管理

工艺程序是指完成某项工作任务所必须经过的多种工序的路径组合顺序。

工艺程序管理是以整个生产系统或某个工作系统的工序状态为研究对象，通过"工艺程序图"的方式直观表述各工序的作业内容、使用机械、工装夹具、作业时间以及检查要求的调查记录，分析发现存在的问题，设计出最经济、最合理、最优化的工艺程序的先进管理方法。

1. 工艺程序管理的作用

（1）掌握工艺流程的顺序。

（2）明确工作工序的总体关系。

（3）确认各工作工序的作业时间。

（4）发现总体工序不平衡的状态。

（5）发现并改进产生浪费的工序。

（6）发现并重排简化工时消耗较多的工序。

（7）减少停滞及闲余工序。

（8）合并过于细分或重复的工序。

2. 工艺程序管理的步骤

第一，调查现况。

调查了解产品的生产工艺流程、产品的 BOM 表、产品功能特性及其品质要求。

了解产品预算产量、实际产出量、生产设备配备及其布置、原材料消耗、各工序加工或检查所需的工器具等。

第二，绘制工艺程序图。

按调查结果将产品生产工艺流程平面绘制为自上而下垂直排列的图示。

第三，测定内容及其工时。

测定并记录各工序动作内容及其所需时间，在工艺流程图中注明。

第四，整理分析结果。

详细分析"加工""检查"作业步骤以及所花费的时间等情况，发现其中影响效率的原因和存在的浪费。

第五，制定改善方案并组织实施。

第六，改善效果验证评价。

第七，改善经验固化，及其效果标准化输出。

3. 工艺程序图的主要内容

工艺程序图是组织生产的指导基准，其重要性相当于军事作战的地图和机械电器的装配图。工艺程序图中仅有"加工"操作和保证操作效果的"检查"两种主要工序符号，避免了图形的冗长和复杂，可以很方便地体现整个程序的先后次序。便于问题分析和改善研究。

（1）制造程序及其工艺布置的概述。

（2）各项工序顺序及其所需的时间。

（3）设备和工器具的规格、型号、数量。

（4）原材料、零件的规格要求及其投入过程。

（5）工位安排及其作业内容。

（6）管制点及其检验内容要求等。

4. 如何绘制工艺程序图

（1）用符号＋阿拉伯数字的方式代表各工艺程序及其顺序，将加工和检查的符号分别编号，从上往下依次垂直排列，并用垂线连接，遇有水平线则转入下一个零件连续编号。

（2）主要物料（或零部件）作为工艺程序图的主要垂直线。若有多个物料（或零部件）均从右向左，按其要在主件上的加工顺序排列。

（3）在符号的右边注明程序要求的动作内容，及其使用的设备或工具，在符号的左边注明该工序所需时间（以小时为单位计量）。检查一般是抽检的，不需专门规定时间。若是100%全检，则注明。

（4）按照实际加工、装配的先后顺序，从上向下，从右至左，以水平箭头线代表物料（或零部件）的引入，引入线上注明材料或零部件的规格、型号。

（5）如果有很多的工作，需要分成几部分分别处理，此时一个主要程序分成几个分程序，将主要的分程序置于最右边，其余的依照重要性自右向左依次排列。如图6－15所示。

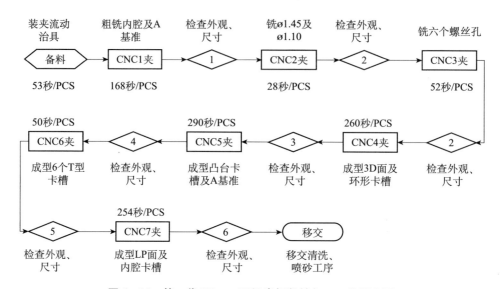

图6－15　第一代iPhone手机嵌框数控加工工艺程序图

四、负荷余力管理

负荷余力管理是在准确调查分析各工序的人员和设备实际作业能力的基础上将作业内容再分配，使作业负荷配置更加合理、人与设备的闲余时间最大限度地减少，从而实现生产效率大幅度提高的先进管理方法。

负荷余力调查的手段有作业测定、联合作业分析和共同作业分析等，用以分析设备产能负荷余力、操作者的负荷余力，以及"一人多机"可行性。

尤其是在人机作业的负荷余力分析时，常用到一个操作者能否同时操作几台机器设备的衡量公式：

$$N = \frac{T + M}{T}$$

其中，N为一个作业者可操作的机器台数；T为一个作业者操作一部机器所需时间（包括走动时间）；M为机器完成该项工作的有效时间。

举例：××公司××产品CNC铣削加工工序改善案。

改善前：一人一机，机内装、卸夹，去除毛刺，检验尺寸等。标准工时206

秒/件，机床加工时间 120 秒。见表 6 – 10。

表 6 – 10　　　　　　　　　　改善前负荷余力分析

主机手（秒）		时间	机床（秒）		时间
取料、吹废屑	8		铣削	8	
装夹	30		等待	30	
等待	120		铣削	112	
卸夹	18		等待	48	
去毛刺并检验尺寸	30				

现况分析：

（1）主机手工作时间只有 86 秒，120 秒的空闲等待，负荷余力达 58%；机床加工时间 120 秒，空闲等待时间 86 秒，负荷余力达 42%。

（2）计算一名主机手可开机台数量：N =（86 + 120）÷ 86 = 2.39；但假如一名主机手开 2 台机，增加机台间往返时间 6 秒，则主机手作业时间 86 + 86 + 6 = 178（秒），大于 120 秒。所以要提高机床的加工时间利用率，必须设法节省主机手备料、取料、吹料和装卸夹时间。

改善方案：

（1）主机手一人开 2 台机，内物流配送备料，节省主机手取料、吹料时间。

（2）开发自动送料双滑台专用设备，每台 CNC 匹配一台，实现机外装卸夹。

（3）加工程序增加精铣、倒角单节，自动去除毛刺。

改善后：

一人两机。标准工时 139.9 秒/PCS，主机手工作时间 106 秒，等待时间大幅下降为 33.9 秒，负荷余力 24%；机床 1# 工时利用率 94.35%，负荷余力只有 5.65%、机床 2# 工时利用率 94.35%，负荷余力只有 5.65%；生产效率提升 40% 的同时人工成本降低一半，见表 6 – 11。

表 6 – 11　　　　　　　　　　改善后负荷余力分析

主机手（秒）		时间	机床 1#（秒）		时间	机床 2#（秒）		时间
机外卸夹 1#	18		双滑台送料	4.6		铣削	55	
检验尺寸 1#	12							
机外装夹 2#	23					双滑台出料	3.3	
等待	15		铣削	132		双滑台送料	4.6	
机外卸夹 2#	18							
检验尺寸 2#	12					铣削	77	
机外装夹 1#	23							
等待	18.9		双滑台出料	3.3				

五、制程能力管理

制程能力是指生产设备在正常工艺标准下的一定工序时间内，保证产品质量满足标准要求（规格范围等）程度的稳定性和一致性状态的实际生产能力。

制程能力管理是在应有产能得到充分发挥的情况下，着重对产品的某项特性化指标的制程变异程度相对于规格范围之间关系进行分析，并加以针对性改善提升的先进管理方法。

制程能力管理为产品制程工艺的标准制定和改善分析提供依据。便于有效管控制程稳定性，让所有的制程变异都能在标准变异范围（也就是规格范围）之内。从而在保证应有产能得到充分发挥的情况下，大幅提高产品的一次通过率，实现产品价值创造过程的效益最大化。

制程能力评价是一种通过统计数据偏离目标值多少来量化评估制程好坏程度的先进管理方法。用于反映充分标准化的工艺方法、机器、人员、原材料、测量和环境处于稳定生产过程中的正常状态时，所表现出的产品质量保证能力。

制程能力指标也称制程能力指数、过程能力指标、工序能力指数或工艺能力指数。

1. 制程能力评价指标

制程能力评价指标，主要有 C_p、C_{pk}、C_{pm} 和 C_{pmk} 四种，有助于发现制程稳定性的水平或制程能力的大小。在有偏离目标的情形下，按各自制程能力灵敏度作比较，四种指标反映事实能力依序为：

$$C_{pmk} > C_{pm} > C_{pk} > C_p$$

（1）C_p 值。为清楚描述一台机器或一道工序的制程能力水平，比较常用的衡量指标是 C_p 值。但 C_p 值仅测量产品制程规格上限 USL 与规格下限 LSL 之间的允许范围和实际变动值 σ 水平的比值关系，没有考虑制程偏离目标值 T 的情况。

如图 6 - 16 中的情形，虽然图中制程 1 到制程 5 的 C_p 值相等，但是只有制程 1 是正常的，其余均偏离目标值。尤其是制程 4 和制程 5，已经造成大量不良品了，仅看 C_p 值就无法有效反映出来。

能力指数 = 规格公差幅度 ÷ 制程能力

$$C_p = \frac{USL - LSL}{6\sigma}$$

其中，C_p 为能力指数，USL 为规格上限，LSL 为规格下限，σ 为标准差，T 为目标值。

举例：

××公司为完成一项加工订单，产品规格范围是 10.00 ~ 10.80mm，有 A、

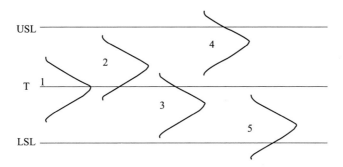

图 6 – 16 五个不同偏移程度的制程对比

B、C 三条生产线可以生产，已知 A 生产线的加工精度为 0.13mm，B 生产线的加工精度为 0.08mm，C 生产线的加工精度为 0.16mm，管理者一般看哪条生产线空闲就安排哪条生产线进行生产，造成生产效率不稳定、品质不稳定，成本也忽高忽低。

改善：

计算出各生产线每天的制程能力（即 6σ），A 生产线的制程能力为 0.78mm、B 生产线的制程能力为 0.48mm、C 生产线的制程能力为 0.96mm，则各生产线制程能力指数是：

A 生产线　（10.80 – 10.00）÷ 0.78 = 1.03

B 生产线　（10.80 – 10.00）÷ 0.48 = 1.67

C 生产线　（10.80 – 10.00）÷ 0.96 = 0.83

结论：

B 生产线制程能力较强，产品一次通过率最高，生产成本最低，应该优先安排生产。

C 生产线最好停机做静态恢复工作整顿，尽量不要安排生产，否则产品必须执行 100% 全检，承担额外增加的质量成本。

A 生产线制程能力一般，若一定要安排生产，必须加大抽检力度。

（2）C_{pk} 值。为了避免目标值不在规格允许范围之内造成误导，比较客观地反映出制程平均值和规格值偏差的程度，通常采用 C_{pk} 值指标。

C_{pk} 值指标比 C_p 值指标更能明确表示出制程的优劣。

$$C_{pk} = Min\left(\frac{USL - \mu}{3\sigma}, \frac{\mu - LSL}{3\sigma}\right)$$

其中，C_{pk} 为能力指数，USL 为规格上限，LSL 为规格下限，μ 为平均值，σ 为标准差。

举例：××公司××产品生产克重均值 9.20 克，标准差为 0.3 克，标准规格下限和上限分别为 7.50 克和 10.50 克，评估其制程能力。

计算：

标准差下限的比率：$\dfrac{9.20 - 7.50}{3 \times 0.3} = 1.89$

标准差上限的比率：$\dfrac{10.50 - 9.20}{3 \times 0.3} = 1.44$

其中，$C_{pk} = 1.44$，大于 1.33，其制程能力充足。

（3）C_{pm} 值。C_{pm} 不仅考虑制程变异部分（σ），也考虑平均数和目标值之差距（$\mu - T$），故 C_{pm} 在分析制程偏离目标值部分，也优于 C_p 指标。

$$C_{pm} = \frac{USL - LSL}{6\sqrt{\sigma^2 + (\mu - T)^2}}$$

其中，C_{pm} 为能力指数，USL 为规格上限，LSL 为规格下限，μ 为平均值，T 为目标值，σ 为标准差。

（4）C_{pmk} 值。C_{pmk} 把制程平均数及制程规格界限综合考虑在内来加以定义。

$$C_{pmk} = Min\left\{\frac{USL - \mu}{3\sqrt{\sigma^2 + (\mu - T)^2}}, \frac{\mu - LSL}{3\sqrt{\sigma^2 + (\mu - T)^2}}\right\}$$

$$C_{pmk} = \frac{C_{pk}}{\sqrt{1 + \left(\dfrac{\mu - T}{\sigma}\right)^2}}$$

其中，C_{pmk} 为能力指数，USL 为规格上限，LSL 为规格下限，μ 为平均值，T 为目标值，σ 为标准差。

2. 如何做制程能力分析

制程能力分析在习惯上都以产品品质特性的 6σ 水平来衡量。

如图 6 - 17 所示，一个品质特性是常态分布的制程，μ 为平均值，σ 为标准差，自然允差的上下界限分别落在 $\mu + 3\sigma$ 和 $\mu - 3\sigma$ 之间，所以此图的意义可以和 6σ 的观念相结合。也就是落在此界限之内的面积占总分布的 99.73%，即合格率为 99.73%。

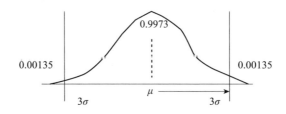

图 6 - 17 正态分布下的允差界限

（1）什么是 6σ。6σ 在统计学上称为 6 个标准差，一般将不良品或错误发生机率为百万分之 3.4（3.4ppm）定义为 6σ 的水准。6σ 通常运用在品质管理上，表示实测数据与规格范围之间的分散差异程度，也就是不良品或错误发生的概率。如图6-18所示。

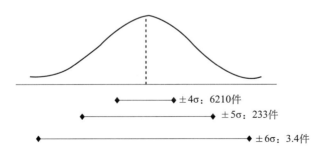

±4σ：6210件

±5σ：233件

±6σ：3.4件

图6-18 每100万次的不良发生数（以偏移1.5σ情况计算）

（2）C_p值和标准差等级的对应关系。表6-12所示为C_p值和标准差等级对应。

表6-12 　　　　　　　　　　　　C_p值和标准差等级对应

C_p	USL - LSL	标准差等级
0.67	4σ	±2σ
1	6σ	±3σ
1.33	8σ	±4σ
1.67	10σ	±5σ
2	12σ	±6σ

（3）C_p值评价标准。表6-13所示为C_p值对应制程能力评价。

表6-13 　　　　　　　　　　　　C_p值对应制程能力评价

C_p值范围	级别	制程能力评价
$C_p > 2.0$	特优	制程能力过强，可以考虑降低制造成本，或者提高产品质量档次
$2.0 > C_p >= 1.67$	I	制程能力强，运行性能很稳定，产品一次通过率很高，可以免检
$1.67 > C_p >= 1.33$	II	制程能力充分，运行性能较稳定，产品一次通过率较高，正常检验即可
$1.33 > C_p >= 1$	III	制程能力尚可，运行稳定性一般，产品一次通过率一般，须加严检验
$1 > C_p >= 0.67$	IV	制程能力差，运行稳定性差，产品一次通过率差，须及时整改，产品100%全检
$C_p < 0.67$	V	制程能力很差，运行稳定性很差，产品一次通过率很差，必须停机整改或考虑重新整改设计制程

（4）制程能力与规格范围偏差问题分析。

① $6σ < (USL - LSL)$。

如图6-19所示，（a）、（b）、（c）三种制程都不会产生不合格品，其中（a）为正常制程，（b）为平均值偏移，（c）为变异数增大。

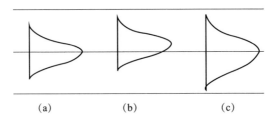

图 6 - 19　6σ < (USL - LSL) 情况

② 6σ = (USL - LSL)。

如图 6 - 20 所示，从（a）到（c）三种制程，不合格率逐步增加。

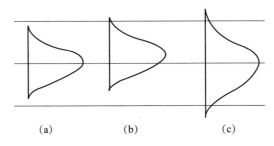

图 6 - 20　6σ = (USL - LSL) 情况

③ 6σ > (USL - LSL)。

如图 6 - 21 所示，（a）到（c）三种制程均产生大量不合格品，c 制程为最差状况。

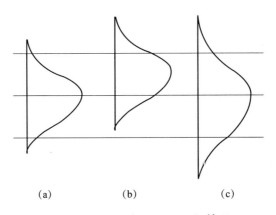

图 6 - 21　6σ > (USL - LSL) 情况

3. 制程能力的改善

制程能力太低固然不好，但制程能力指标也并非越高越好。制程能力指标提高也意味着成本的提高。所以在满足客户需求的一定生产规格要求下，应考虑技术与成本的关系，权衡取舍最合理的制程能力水平。

在实际生产过程中的制程工序可能是不稳定的，过程能力可能不是正态分布的，也有可能数据的中心值和均值不是很吻合的，这些都会导致测算出的 C_p 值偏离实际真实水平。

因此，可以利用制程能力指标数据给管理和改善提供的参考信息，推行DMAIC改善手法，不断实施制程能力水平的改善提升。

定义（Define）：明确要解决的问题。

测量（Measure）：量化描述影响品质的关键因素。

分析（Analyze）：找出问题产生的原因及其影响方式。

改善（Improve）：利用各种改善工具手法排除问题关键因素，针对性解决问题。

控制（Control）：利用统计手法管制监控，以确保问题不再发生。

（1）当制程能力指标过大时。

①可以缩小规格的公差范围，提升产品品质档次。

②可以提高设备运行速度，提高核定产能标准。

③可以导入自动化或提高自动化水平。

④可以通过适当减少工艺稽核力度，适当降低员工素质要求等手段放宽变异范围（即增大 σ 值）。

⑤可以酌情改用较低成本设备。

⑥可以适度延长关键备件的使用寿命，降低维修费用。

⑦可以适度简化品质检验程序，将全数检验改为抽样检验等。

（2）当制程能力指标过小时。

①应当检讨工艺管制环节，补缺补漏。

②改善生产工艺稳定性或重新设计。

③改善模具精度或重新开发。

④改善夹治具精度或重新设计。

⑤降低设备运行速度，降低核定产能标准。

⑥使用精密度更高的设备。

⑦加严检验，甚至100%全检。

⑧尤其在此时计划导入自动化设备的，应该谨慎评估。

⑨在不影响产品性能要求下，也可以适当与客户沟通放宽规格范围。

第十一节　人机协同管理

人机协同管理，侧重以人从事的一个工序或岗位工作为研究主体。

在兼顾操作者的人性需要的情况下，通过对工序的详细研究，有助于科学地组合操作者、操作设备、操作工具三者之间的布置与安排。从而达到优化工序结构，减轻劳动强度、减少工时消耗，提高生产效率、提升产品质量和降低生产成本的目的。

人机操作的具体过程的改善提升，通常需要借助于人机操作分析、联合操作分析和双手操作分析三种工具手法。若需要更深层次研究，甚至可以将整个操作工序看作一个小的盈散系统。系统管理的节律周期、弛豫时间和协同能力三项基础性能指标，系统成本、竞争节拍和产出效率三项管理性能指标，以及价值盈余、投入产出比和风险变量三项经营性能指标也都可灵活运用于人机协同水平的评价。

一、人机操作分析

人机操作分析是指通过绘制操作程序与机器设备的运转状态之间的时间关系图表，研究每一个操作周期中的人机配合协调状况及其负荷余力状况，予以针对性地优化改善，提高生产效率、降低成本的先进管理方法。

人机操作分析主要研究人与机器的共同工作过程，将操作者、操作对象、操作工具三者科学组合，提高工作效率、降低各种浪费。或者将人员和机器在作业时的每一个动作分解、对比，分析其中增值动作的配合流畅性、非增值动作的改善可行性，进而实现优化动作步骤、降低工时浪费、减轻劳动强度的目的。或者通过合理布置安排或增加辅助工器具，达到工序结构合理，减轻劳动强度，减少作业工时消耗，提高人与机器作业效率及工时利用率的目的。

举例： ××公司 CNC 加工××产品的效率提升改善案。

改善前： 一人一机，装夹工件 30 秒/PCS，铣削 120 秒/PCS，卸夹 18 秒/PCS，去毛刺并检查尺寸 30 秒/PCS，标准工时 198 秒/件，主机手工作饱和度为 39%，机床工时利用率为 61%，寻求效率提案改善方案。见表 6 - 14。

表 6 - 14　　　　　　　　改善前的人机协同水平

主机手（秒）		时间	机床（秒）		时间
装夹	30		空闲	30	
空闲	120		铣削	120	
卸夹	18		空闲	48	
去毛刺并检验尺寸	30				

改善方案 1： 人机动作优化改善。

标准工时 168 秒/件，主机手工作饱和度 46%，机床工时利用率 71%，生产效率提升 17.87%。见表 6 - 15。

表 6-15　　　　　　　　　　　　改善后的人机协同水平

主机手（秒）		时间	机床（秒）		时间
装夹	30		空闲	30	
去毛刺并检验尺寸	30		铣削	120	
空闲	90				
卸夹	18		空闲	18	

改善方案 2：一人两机。

标准工时 168 秒/件，主机手工作饱和度为 92.8%，机床 1#工时利用率为 71%、机床 2#工时利用率为 71%，生产效率提升 17.87% 的同时人工成本降低一半。见表 6-16。

表 6-16　　　　　　　　一人两机改善后的人机协同水平

主机手（秒）		时间	机床 1#（秒）		时间	机床 2#（秒）		时间
装夹 1#	30		空闲	30		铣削	30	
卸夹 2#	18		铣削	120		空闲	48	
装夹 2#	30							
去毛刺并检验尺寸 1#、2#	60					铣削	90	
空闲	12							
卸夹 1#	18		空闲	18				

改善方案 3：一人两机，开发双滑台自动送料专用设备，每台 CNC 匹配一台，实现机外装卸夹；加工程序增加精铣、倒角单节，自动去除毛刺。

标准工时 139.9 秒/PCS，主机手工作饱和度为 75.77%，机床 1#工时利用率为 94.35%、机床 2#工时利用率为 94.35%，生产效率提升 41.54% 的同时人工成本降低一半。见表 6-17。

表 6-17　　　　　　　导入自动送料机后的人机协同水平

主机手（秒）		时间	机床 1#（秒）		时间	机床 2#（秒）		时间
机外卸夹 1#	18		双滑台送料	4.6		铣削	55	
检验尺寸 1#	12		铣削	132		双滑台出料	3.3	
机外装夹 2#	23					双滑台送料	4.6	
空闲	15							
机外卸夹 2#	18					铣削	77	
检验尺寸 2#	12							
机外装夹 1#	23							
空闲	18.9		双滑台出料	3.3				

二、联合操作分析

联合操作分析是指通过图表分析记录两个或两个以上的操作人员同时对一台或多台设备进行操作作业时，人、机、物、料之间的相互配合关系，找出空闲等待的时间浪费现象，针对性实施作业效率提升的先进管理方法。

联合操作分析主要用于描述人与设备或人与人的相互协作关系之中，研究多人多机联合作业的可行性和协调方法，减少过度投资、设备闲置和人员空闲的浪费现象。并以此制定联合操作作业的标准，组织有针对性的改善提升。

举例： ××公司加工 A、B 产品共用一台气割机的联合操作改善案。

改善前： 操作工 1 切割 A 产品工时利用率只有 50%，单位产能 32.7 件/小时。操作工 2 切割 B 产品工时利用率只有 44%，单位产能 34.6 件/小时。气割机的工时利用率为 81%，单位产能 35.3 件/小时。见表 6-18。

表 6-18　　　　　　　　　　改善前联合操作的协同水平

操作工 1（秒）		时间	操作工 2（秒）		时间	气割机（秒）		时间
取料、备料	19		取料、备料	13		等待	19	
上料装夹	6		等待	43		被操作工 1 准备	11	
切割参数调整	5					操作工 1 切割	15	
等待切割	15					被操作工 1 卸料	17	
下料卸夹	17							
修边去毛刺	8		上料装夹	6		被操作工 2 准备	11	
等待	40		切割参数调整	5				
			等待切割	15		操作工 2 切割	15	
			下料卸夹	14		被操作工 2 卸料	14	
时间利用率 = 55÷110 = 50%			修边去毛刺	8		时间利用率 = 83÷102 = 81%		
			时间利用率 = 46÷104 = 44%					

改善后：

操作工 1 切割 A 产品工时利用率提升到 65%，单位产能 42.8 件/小时，产能提升 31%。操作工 2 切割 B 产品工时利用率为 44%，单位产能 43.4 件/小时，产能提升 25%；气割机的工时利用率达 81%，单位产能 43.4 件/小时，产能提升 23%。见表 6-19。

三、双手操作分析

生产现场的工作大部分是靠员工的双手完成的。即便导入机器人，也只是让机器人替代员工规律性的、标准化的重复性动作，双手操作分析是作业效率管理的基础。

双手操作分析又称左右手操作分析，是为了平衡双手工作负荷、降低劳动强度、提升作业效率，而用标准的图形符号、动素缩写记录左右手相互协同关系的先进管理方法。

表6-19　　　　　　　　　　改善后联合操作的协同水平

操作工1（秒）		时间	操作工2（秒）		时间	气割机（秒）		时间
取料、备料	15		等待切割	15		操作工2切割	15	
等待	14		下料卸夹	14		被操作工2卸料	14	
上料装夹	6		修边去毛刺	8		被操作工1准备	11	
切割参数调整	5		取料、备料	13		操作工1切割	15	
等待切割	15		等待	22		被操作工1卸料	17	
下料卸夹	17					被操作工2准备	11	
修边去毛刺	8		上料卸夹	6				
取料、备料	4		切割参数调整	5				
时间利用率=55÷84=65%			时间利用率=46÷83=55%			时间利用率=83÷83=100%		

通过双手作业分析记录来清晰显示动作分解，并对所记录的双手作业顺序、内容及其相互关系进行研究。帮助员工找出其中的不规范、不合理、不平衡、不经济动作，找到新的动作观念或新的动作流程，来高效运用双手、提高工作效率。

双手操作分析的原则是尽可能双手同时使用，取消不必要的动作；尽可能实现双手平衡操作；尽量辅助夹治具，减少双手协作失误的概率等。改善手法通常包括：

（1）研究双手动作平衡的方式方法。

（2）改良双手配合的动作顺序。

（3）合并可以合并的动作。

（4）减少动作频次。

（5）识别并取消绊手、绊脚或笨拙无效的动作。

（6）优化工具、物料及设备等不合理的放置位置。

（7）找到新的动作观念或改善途径等。

举例：××公司××产品氩弧焊工序双手操作分析改善案。

改善前：工件用夹具固定后烧焊，标准工时36秒/件，单位产能100件/小时，一次良品率87.3%，左手工时利用率为78.6%，右手工时利用率为69%。见表6-20。

表6-20　　　　　　　　　　改善前双手操作的协同水平

序号	左手（秒）		序号	右手（秒）	
1	拿起工件放入焊模	4	1	空手等待	4
2	拿起焊丝	1	2	按下夹具固定工件	1
3	等待	1	3	盖下防护面罩玻璃镜	1
4	烧焊	18.5	4	烧焊	18.5
5	等待检查焊道质量	1.5	5	放下焊枪	1.5
6	等待检查焊道质量	1	6	揭开面罩玻璃镜	1

续表

序号	左手（秒）		序号	右手（秒）	
7	等待检查焊道质量	4	7	等待检查焊道质量	4
8	放下焊丝	1	8	松开夹具	2
9	取出焊件，放入成品箱	3	9	空手等待	3
小计	有效动作5个，用27.5秒	35	小计	有效动作6个，用25秒	36
备注：标准工时36秒/件，左手工时利用率78.6%，右手工时利用率69%					

改善后： 改变氩弧焊作业模式和操作程序，用新设计焊接模具与夹具固定后烧焊。标准工时34.5秒/件，单位产能104件/小时，一次良品率96.7%；左手工时利用率为81%，右手工时利用率为68%；产能提升4%，而质量提升108%，大幅降低质量成本损失。见表6-21。

表6-21　　　　　改善后双手操作的协同水平

序号	左手（秒）		序号	右手（秒）	
1	拿起工件放入焊模	4	1	空手等待	4
2	拿起焊丝	1	2	按下夹具固定工件	1
3	等待	1	3	盖下防护面罩玻璃镜	1
4	烧焊	18.5	4	移动焊模	18.5
5	等待检查焊道质量	1.5	5	揭开面罩玻璃镜	1
6	等待检查焊道质量	4	6	等待检查焊道质量	4
7	放下焊丝	1	7	松开夹具	2
8	取出焊件，放入成品箱	3	8	空手等待	3
小计	有效动作5个，用27.5秒	34	小计	有效动作5个，用23.5秒	34.5
备注：标准工时34.5秒/件，左手工时利用率81%，右手工时利用率68%					

第十二节　动作效率管理

生产活动是由人和机械设备对材料或零部件进行加工、检验、移动或存储等动作组成的系列性活动。大多数企业对工序动作的安排，往往是在产品研发成功后刚开始生产时安排一次，此后若非出现重大问题便很少进行优化变更，生产效率的提高一般视作业者的动作熟练程度而定。

事实上，加工和检验工序由一系列的相关动作所组成。这些动作的快慢、多少与准确度，直接影响生产效率的高低。随着动作的逐渐熟练，作业者对作业动作习以为常，经常会在无意识中进行操作，导致生产效率受作业者的工作情绪影响很大。

可想而知，没有建立员工动作效率管理的企业，潜藏着很大的效率损失和成本浪费。如图6-22所示。

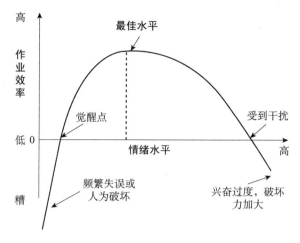

图 6-22 员工情绪水平与作业效率的关系

　　动作效率管理是着重研究人在进行各种操作任务时的身体动作，以达到排除多余动作、减轻身心疲劳、减少移动距离、优化动作组合等目的的先进管理方法。动作效率管理的主要内容是通过动素分析、影像分析和动作经济分析的方法，对作业人员在进行各种岗位操作时的细微动作进行顺序性分解研究，从中发现操作人员的无效动作和浪费现象。然后利用取消、合并、重排、简化的手段，优化作业过程、简化操作方法、减少身心疲劳。以此制定出更优的标准操作方法，达到提高工作效率、稳定产品品质、降低生产成本的目的。

　　其中的影像分析，是利用影像设备记录资料的慢放、快进、停顿以及剪辑等功能，仔细研究动作流改善空间的手法。具体分析过程离不开动素分析和动作经济分析手法的支撑。以下着重讲述如何运用动素分析和动作经济分析进行动作效率管理：

一、动作效率管理的原则

1. 关于人体运动的管理原则

第一，能利用双手从事的工作尽量利用双手。

第二，能通过脚部完成的工作不麻烦双手。

第三，尽量减少或避免转身、抬头和弯腰动作。

第四，尽可能让双手同时从事各种对称或反向的工作。

第五，尽量减小动作幅度。

第六，尽量使用低级别的动作。

第七，使手和手臂的移动尽量做连续曲线性的动作。

第八，动作程序设计应有节奏而圆滑。

第九，操作范围内，尽量使移动距离最短等。

2. 关于工作场所的管理原则

第一，手和手臂的运动途径应在正常工作区域内。

第二，必须用眼睛注意的工作，应保证有正常视野。

第三，工具和材料应置于固定位置。

第四，工作场所的高度应设计能供站立或坐着使用。

第五，工作区域应以少移动为原则。

第六，尽量营造好的工作环境等。

3. 关于工具和设备的管理原则

第一，工具和设备应预置于随手即可拿到或抓取之处。

第二，以脚踏板或固定工具解放手的动作，让手能做更有用的工作。

第三，使用自动上下料装置，减少手动时间。

第四，在方便操作的情况下，将机器控制排列妥善。

第五，利用特别的工具和复合的工具。

第六，优化机器操作流程等。

4. 关于材料搬运的管理原则

第一，搬运设计应注重方便拿放。

第二，安排重力输送的漏斗、分离器和输送带将材料送至使用地点。

第三，预置和分类标明下一步操作所需的材料和零件。

第四，用落地输送法将产品转移、区隔。

第五，较重物品举起时尽量使用搬运机械等。

5. 关于节省时间的管理原则

第一，优化作业区域内人、机、物的布置。

第二，改善人与机器的动作迟疑或暂时停止的问题。

第三，尽量采用动作、步骤少的方案。

第四，让人与机器工作互补，减少各自等待时间。

第五，尽量减少搬运或走动的距离等。

二、动素分析

动素分析是指观察人在操作某项特定工序作业时的细微动作行为，用动素符号进行分解、归类、记录与分析，找出动作顺序不顺、方法不当和工具不灵的问题并加以针对性改善的先进管理方法。

美国工程师吉尔布雷斯经过长时期研究与统计从事操作者的动作，认为人的作业动作是由一系列连贯基本动作所组成的，结果提出 17 个动素。后来美国机械工程师学会又增加"发现"动素，形成人体动作的 18 种基本动作要素。为便于了解运用，笔者将此 18 种动素归成三大类。

第一类是必要性动素（1～8类）。是指完成工作任务所必需的动素，是系列动作的核心组成部分。

第二类是指导性动素（9～14类）。是为必要性动素作准备的动素，通常会造成第一类动作延迟或阻碍，主要意义在于为必要性动素提供明确的指向与引导。

第三类是过渡性动素（15～18类）。是不进行工作活动，对工作本身没有价值的动素，主要由疲劳、失误或主观排斥而引发。

动作分析和改善的研究过程中，应当尽可能排除第三类动素、优化第二类动素。并通过取消、合并、重排及简化的 ECRS 改善手法，将所需的动素合理调整到能够一气呵成，实现更高的动作效率、更轻松的动作流程。见表 6-22。

表 6-22　　　　　　　　　　动素的分类与定义

分类	动素名称	缩写	定义
第一类 必要性 动素	伸手	TE	空手移动接近或离开目的物的动作，又称运空
	抓取	G	利用手指充分控制物体的动作
	移物	M	手持物从一处移到另一处的动作，又称运实
	装配	A	为了两个以上的物件的组合而做的动作
	使用	U	为改变目标物而借助工器具或设备的动作，又称应用
	拆卸	DA	局部或全面分解组合件目标物的动作
	放手	RL	从手中放掉东西，也称放开
	检验	I	将物体与规定标准比较的动作
第二类 指导性 动素	寻找	SH	找出潜在目标物位置的动作
	发现	F	察觉到目标物的瞬间
	选择	ST	在同类事物中选取其中一个的动作
	计划	PN	在操作进行中，为决定下一步骤所做的考虑
	定位	P	把目标物放置在所希望的正确位置的动作，又称对准
	预定位	PP	把目标物放在下次使用时所希望的正确位置的动作
第三类 过渡性 动素	持住	H	手握目标物并保持其状态不变的动作，又称拿住
	休息	RT	因疲劳而停止劳动的动作
	迟延	UD	操作者本身无法控制的、不可避免的停顿
	故延	AD	操作者有意造成而可以避免的停顿

1. 伸手（Transport Empty，用 TE 表示）

定义：空手移动接近或离开目标物的动作，又称运空。

起点：从手开始伸出的瞬间开始。

终点：当手触及目标物的瞬间终止。

分析要点：

（1）伸手就是空手移动。

（2）此动素前常接"放手"，后跟"抓取"。

（3）此动素不能取消，但可缩短距离。

（4）移动距离是指动素的实际路径，而非两点间的直线距离。

（5）在其他条件不变时，手移动距离长短决定需要时间的多少。

（6）熟练的操作者在重复性工作周程内，其手的移动路线几乎完全相同。

（7）伸手通常包括下列三种过程：

①由静止开始，加速达最大。

②以后即以此速度等速前进。

③最后减速到完全停止。

（8）手移动时，通常以眼引导手，眼的移动次数及距离，常对操作有影响。

改善方向：

（1）能否缩短其距离。

（2）能否减少其方向的多变，尤其是突变。

（3）能否使工具物件移向手边。

（4）手移动的种类，按其耗时量的多少，排列顺序如下：

①伸手至一固定位置的物件或地点。

②伸手至每次位置都有变动的物件。

③伸手至一堆混杂物中选取。

④伸手抓取目标物件。

2. 抓取（Grasp，用 G 表示）

定义：利用手指充分控制目标物体的动作。

起点：当手指或手掌环绕一物体，欲控制该物体的瞬间开始。

终点：当物体已被充分控制的瞬间结束。

注意：当物体已被充分控制后的抓取称为持住（即已不是抓取了）。

分析要点：

（1）此动素不能取消，只可以改善。

（2）此动素的定义着重点在以手指围绕目标物（如用任何工具夹物，则不能称为抓取）。

（3）抓取常发生在运空与运实之间，其后常跟"持住"。

改善方向：

（1）是否可一次抓取多件或减少抓取次数。

（2）是否可以在容器端开一定缺口，以便抓取（尤其是较小零件，是否可以改善容器的边缘，以利抓取）。

（3）工具、物件能否预先放好，以利抓取。

（4）前一工位的操作者放下工件的位置以及工器具的放置，能否使下一位操作者简化抓取。

（5）是否能用其他工具代替手的抓取。

（6）工具、物件能否预先放于回转盘内，以利抓取。

3. 移物（Moving Object，用 M 表示）

定义：手持物从一处移到另一处的动作，又称运实。

起点：手有所负荷并开始朝向目的地移动的瞬间开始。

终点：有所负荷的手抵达目的地的瞬间结束。

分析要点：

（1）运送的物件可能为手或手指携带，也可能由一地点滑送、托运、推送等。

（2）此动素所需时间，依其移动的距离及种类而定，故可通过缩短距离、减轻重量及改良移动种类，以达到改善。

（3）运实途中常发生"寻找"。

（4）此动素前常接"抓取"，后跟"定位"及"放手"。

改善方向：

（1）能否减少其重量。

（2）是否可应用合适的器具，如输送带、容器、盛具、镊子、钳子及夹具等。

（3）是否可降级使用身体的合适部位，如手指、手腕、前臂、肩等。

（4）能否利用重力来滑送或坠送。

（5）搬运设备能否用脚来操作。

（6）是否可减少物料搬运或程序往返的时间。

（7）是否可因增加一小工具或放搬运物靠近使用点而取消搬运。

（8）是否可以规避搬运方向的突变和各种障碍物。

（9）常用物料是否已放置于所希望的使用点。

（10）是否可借用合适的工具、小盒子等，且其操作是否按装配顺序排列。

（11）是否可视搬运物的重量，使用身体最合适的部位，而达到最快的搬运速度。

（12）是否可以取消有些身体的动作。

（13）双手的动作能否同时、对称而又反方向。

（14）能否由提送改为滑送。

（15）眼的动作能否与手的动作相协调。

4. 装配（Assemble，用 A 表示）

定义：为了两个以上物件的组合而做的动作。

起点：两个物件开始接触的瞬间。

终点：两个物件完全配合的瞬间。

分析要点：

（1）此动素可予改善或取消。

（2）此动素前常有"定位"或"预定位"，后常跟"放手"。

改善方向：

（1）能否用夹具或固定器。

（2）能否使用自动设备。

（3）能否同时装配数件。

（4）是否已达最有效的速度。

（5）是否可用动力工具，以减少人的装配时间。

5. 使用（Use，用 U 表示）

定义：为改变目标物而借助工具或设备的动作，又称应用。

起点：开始控制工具进行工作的瞬间。

终点：工具使用完毕的瞬间。

分析要点：

（1）此动素常可获得改善，不但可节省时间，更可节省物料。

（2）在某种操作内，常可连续发生多次的"使用"。

（3）以手代替工具工作时，也属此动素。

改善方向：同"装配"。

6. 拆卸（Disassemble，用 DA 表示）

定义：局部或全面分解组合件目标物的动作。

起点：两个目标物开始分离的瞬间。

终点：两个目标物完全分离的瞬间。

注意：尽量使用工具，以减少时间。

分析要点：

（1）此动素常为改善的准备。

（2）此动素前常为"抓取"，后常跟"移物"或"放手"。

（3）此动素所需时间，常与两物件的连接情况及松紧程度有关。

改善方向：同"装配"。

7. 放手（Release Load，用 RL 表示）

定义：从手中放掉东西，也称放开。

起点：手指开始脱离目标物的瞬间。

终点：手指完全脱离目标物的瞬间。

注意：考虑放手的终点是否为下一个动素开始的最佳位置。

分析要点：

（1）此动素为所有动素需时最少者。

（2）实际测量时，常与前一动素合并计时。

改善方向：

（1）能否取消此动素。

（2）能否在工作完成处放手，用坠送法收集物件。

（3）能否在运送途中放手。

（4）是否必须要极小心地放手。

（5）容器或盛具是否经过特殊设计，以便能接纳放手后的物件。

（6）放手后，物件的位置是否对下一动作或次一移动最为有利。

（7）能否一次放手多个物件。

8. 检验（Inspect，用 I 表示）

定义：将物体与规定标准比较的动作，也叫检查。

起点：开始检查物体的瞬间。

终点：物体质量的优劣被判定的瞬间。

分析要点：

（1）此动素为眼注视一物，而脑判断是否合格。

（2）此动素的重点是心理上的反应。

（3）检验时，按操作情况需用视觉、听觉、触觉、嗅觉等器官。

（4）此动素所需时间常由下列因素决定：

①个人的反应快慢。

②标准的精确度。

③物料的误差。

④视力等感官的好坏。

（5）在一般条件下，人对声音的反应比对光的反应要快，而对触觉的反应比对声和光的反应更快：

①人对声音的反应时间为 0.185 秒。

②人对光的反应时间为 0.225 秒。

③人对触觉的反应时间为 0.175 秒。

改善方向：

（1）能否取消或与其他操作动素合并。

（2）能否同时使用多种量具或多功能量具。

（3）增加亮度或改善布置，减少检验时间。

（4）检验物与检验者眼睛的距离是否合适。

（5）是否能够采用自动化检验。

9. 寻找（Search，用 Sh 表示）

定义：找出潜在目标物位置的动作。

起点：眼睛开始致力于寻找的瞬间。

终点：眼睛找到目标物的瞬间。

分析要点：

（1）新手及不熟练者重复此动素较多，训练有素者及工作熟练者，则费时极少。

（2）如工具、零件、物料各有定所，工作现场布置合适，则此动素费时极少，也为取消此动素最有效的方法。

（3）最好能取消此动素。

（4）操作越复杂，越需记忆、越不稳定，物件越精细，相关动素费时越多。

改善方向：

（1）将物件给予醒目的特别标示。

（2）良好的工作场所布置。

（3）是否需要特殊的灯光。

（4）物件、工具是否有固定位置，并放置于正常工作范围内。

（5）操作人员应培训，使之成为习惯性的动作，而取消此动素。

10. 发现（Find，用 F 表示）

定义：察觉到目标物的瞬间。这个动素是美国机械工程师学会增加的。

起点：眼睛开始寻找到物体的瞬间。

终点：眼睛已找到物体的瞬间。

分析要点：

（1）通常发生在"寻找"后，"选择"之前。

（2）操作者情绪低落状况影响发现的时间。

（3）操作者在足够熟悉的情况下，下意识动作通常会省略"发现"。

改善方向：

（1）是否可取消此动素。

（2）能否改善安排，将物体预定位在随手可及的位置。

（3）能否当前在操作完毕时即将零件（物料）放于下一操作的预放位置。

（4）能否施以显著特征，以利快速发现。

11. 选择（Select，用 St 表示）

定义：在同类事物中，选取其中一个。

起点："寻找"终点即为选择的起点。

终点：物件被选出。

分析要点：

（1）实际上常将"寻找"与"选择"合并来计时。

（2）物件越精细，规格越严格，此动素的时间越长。

（3）分类放置，避免混杂的现场布置，常可取消此动素。

改善方向：

（1）是否可取消此动素。

（2）能否更容易选择或者取消。

（3）能否当前在操作完毕时即将零件（物料）放于下一操作的预放位置。

（4）能否颜色管理，以利选择。

12. 计划（Plan，用 Pn 表示）

定义：在操作进行中，为决定下一步骤所做的考虑。

起点：开始考虑的瞬间。

终点：决定行动的瞬间。

分析要点：

（1）此动素完全为心理的思考时间，而非手动的时间。

（2）操作中由于操作者的犹豫，即发生此动素。

（3）操作越熟练，此动素时间越短。

改善方向：

（1）是否可以改善工作方法，简化动作。

（2）是否可以改善工具，设备，使操作简单易行。

（3）操作人员是否已培训，使其熟练而减少或消除此动素。

13. 定位（Position，用 P 表示）

定义：把目标物放置在所希望的正确位置的动作，又称对准。

起点：开始放置物体至一定方位的瞬间。

终点：物体被安置于正确方位的瞬间。

分析要点：

（1）此动素前常为"移物"，后常跟"放手"。

（2）很多情况此动素常可能发生在"移物"途中。

（3）此动素所需时间常按下列情形而定：

①对称的物件，或任何方向均可放置的物件，需时最少。

②能有数个位置可以放置的半对称物件，需时比对称物件多，比不对称物件少。

③仅有一个位置可以放置的不对称物件，需时最多。

改善方向：

（1）是否必须定位。

（2）能否使用量具以利定位。

（3）松紧度能否放宽。

（4）手臂能否有依靠，使手能放稳而减少定位的时间。

（5）物件的"抓取"是否容易定位。

（6）能否利用脚操作的夹具。

14. 预定位（Pre-position，用 PP 表示）

定义：把目标物放在下次使用时所希望的正确位置的动作。

起点：与定位的起点、终点相同。

分析要点：

（1）此动素常与其他动素混合在一起，最常见的情况是与"移物"一起发生。

（2）所谓预定位，必须能将物体放置于合适的位置上，方便再行取用。

（3）可以利用夹持工具或特设容器，使物体保持应用时的姿势，以利"抓取"时即已成为使用时的姿势。

改善方向：

（1）物体能否在运送途中预先对正。

（2）工具的设计是否能使放下后的手柄保持向上，以利下次使用。

（3）工具能否悬挂起来，以便一伸手即可拿到。

（4）物体的设计能否使每一面（边）均相同。

15. 持住（Hold，用 H 表示）

定义：手握目的物并保持其状态不变的动作，又称拿住。

起点：用手开始将物体定置于某一方位的瞬间。

终点：当物体不必再定置于某一方位上为止的瞬间。

分析要点：

（1）此动素常发生在装配工作及手动机器的操作中，前为"抓取"，后为"放手"。

（2）人手绝对不是有效的持物工具，而是成本最贵的夹持工具。

（3）应设法利用各种夹具来代替手持物。

（4）能否于操作中取消此动素。

改善方向：

（1）能否用夹具来持物。

（2）能否运用摩擦力或黏着力。

（3）能否应用磁铁。

（4）如不能取消，则是否可以减轻手的疲劳。

16. 休息（Rest，用 R 表示）

定义：因疲劳而停止劳动的动作。

起点：停止工作的瞬间。

终点：恢复工作的瞬间。

分析要点：

（1）此动素所需的时间的长短，视工作性质及操作者的体力而定。

（2）此动素通常都在工作周期中发生。

（3）此动素通常受操作者情绪影响较大。

（4）改善工作环境及动作等级可减少或消除此动素。

改善方向：

（1）肌肉的运用及人体动作的等级是否合适。

（2）温度、湿度、通风、噪声、光线、颜色及其他工作环境是否合适。

（3）工作台的高度是否合适。

（4）操作者是否坐立均可。

（5）操作者是否有高度合适的座椅。

（6）重物是否用机械装卸。

（7）工作时间长短是否合适。

17. 迟延（Unavoidable Delay，用 UD 表示）

定义：操作者本身无法控制的、不可避免的停顿。

起点：开始等候的瞬间。

终点：开始连续工作的瞬间。

分析要点：

（1）当发生故障或中断时，即为迟延。

（2）当操作者恐惧安全隐患时，也会造成迟延。

（3）由于程序的需要，而等待机器或他人的工作，或等待检验、待热、待冷等。

改善方向：

此动素的发生非操作者所能控制，必须在管理及工作方法上做相应改善。

18. 故延（Avoidable Delay，用 AD 表示）

定义：操作者有意造成而可以避免的停顿。

起点：开始停顿的瞬间。

终点：开始工作的瞬间。

分析要点：

（1）这是由于操作者的疏忽而产生的，可以避免。

（2）如能建立一个有工作意愿，有纪律、有效率的工作团体，此动素即可避免。

改善方向：

（1）改善管理方法、规章、制度、政策，使操作者毫无怨言。

（2）改善工作环境，提供一个合适、健康、愉快而有效的生产现场。

（3）改善工作方法，降低劳动强度等。

三、动作经济分析

动作是在工艺流程和作业规范要求下，操作者为寻找或处理必要的目标物体，而产生身体各个部位的活动轨迹。日常的基本动作可大致分为加工、移动、握持和等待四类：加工，是指改变目标物形状或装配目标物的动作；移动，是指改变目标物位置的动作；握持，是指保持目标物形态或位置的动作；等待，是指手空闲着无任何作业的动作。

动作经济分析是通过对人体的综合使用、工作场所的布置、工具设备的设计进行研究分析，探讨如何实现人在操作作业时，能以最小的劳动力投入得到最大的工作效果的先进管理手法。

动作经济分析过程中，凡是人体各部位具有进行动作能力的部分，都尽可能全面活用。尽可能使用小幅运动来完成操作任务，避免多余的运动量，降低时间、空间的浪费和体力的消耗。尽可能利用取消、合并、重排和简化的改善手法，去除徒劳动作，精简有效动作。从而能够实现以最少的劳动力投入获取最大工作效益。见表 6 – 23。

表 6 – 23　　　　　　　　人体运动部位反应灵敏度对比

	运动枢纽	指节	手腕	肘	肩	身躯
1	人体运动部位	手指	手指、手腕	手指、手腕及小臂	手指、手腕、小臂及大臂	手指、手腕、小臂、大臂及肩
2	动作范围	手指活动区	手掌活动区	前臂活动区	整只手活动区	上臂 + 躯体弯曲活动区
3	体力消耗	最小	较小	一般	较多	很大
4	疲劳感	最小	较小	一般	较大	很大
5	反应灵敏度	0.093 秒	0.105 秒	0.112 秒	0.169 秒	至少 0.327 秒

四、动作效率的改善原则

1. 降低等级

让动作简单易行，降低体能量耗用导致的疲劳感。我们将动作等级按难易程度分七个等级，持续改善的方向就是尽可能降低动作等级。

等级 1：动手指。仅以手指为活动中心的动作。

等级 2：动手腕。以手腕为中心带动手指的动作。

等级 3：曲肘。以肘部为中心带动手腕及手指的动作。

等级 4：抬肩。以肩部为中心带动手肘、手腕及手指的动作。

等级 5：弯腰。以腰部为中心带动上半身的动作。

等级 6：转身。通过小幅度移动脚部带动全身转向的动作。

等级 7：走动。通过大幅度移动脚步带动全身移位的动作。

2. 双手并用

双手协调作业。让双手或双臂周期性反复运动，避免一手操作一手空闲，动作节奏感就更强。可以大幅提高作业速度，降低劳动负荷。

3. 取消合并

减少动作频次，避免不必要的动作。从而节省动作时间，提高作业效率。

4. 重排简化

对必要的增值动作或辅助动作，通过组合或改变动作的顺序、简化动作的幅度，从而节省动作时间，提高作业效率。

5. 减少动作限制和距离

避免出现全身性活动。减少动作难度，避免不合理的工作姿势或操作方式。让作业者作业时处于较为轻松、自如的状态。注意事项太多、走动距离过大，必然影响动作效率。

6. 追求舒适的工作环境

让作业者在不需要担心、不太需要判断的环境下进行有节奏的作业。使人身心愉悦地工作，必然能带来效率的提高。

7. 借势使力

利用惯性、重力、弹力等进行动作，以最少的动作量投入获取最大的动作效果，必然能够大幅提高动作效率。

8. 手脚并用

将能够由脚完成的较为简单的动作，或者费力的动作，都尽可能交给脚来完成，能大大提高作业效率、降低劳动负荷。

9. 辅助工具

能借助工具的尽可能使用工具，能实现自动化或半自动化的尽可能借助设备，节省人力的同时大幅提高效率。

第七章 持续改善

现有状态与目标状态之间的差距称为问题。目标状态与理想状态之间的差距称为挑战。未按正确的规范要求执行标准的行为表现称为错。按正确的规范要求履行但未如期达成标准要求的行为表现称为误。在标准状态范围内的问题属于错误，需要的是改正。改正只是回归正常，谈不上改善。只有在达到标准要求的基础上向更高目标要求努力的改变活动，才叫改善，需要一定的技术支持、理论支撑和资源投入。而"创新"是向挑战理想状态的目标所做的改变活动，必须具有一定的行业突破。如图 7 - 1 所示。

也就是说，改正错误是岗位基本要求。而改善需要一定的创新，创新就一定存在改善。改善是创新的基础，创新是改善的终极要求。

改善是人人都可以做的，也是人人都要做的，而创新需要具备专业背景的人士才能做。所以，改善是小幅度的、投入较少的，不需要太多专业的知识含量、技术含量的。

创新是大幅度的，短期能够发生剧烈变化的，甚至能够带来产业革命的，它需要比较专业的技术、比较大的资源投入。

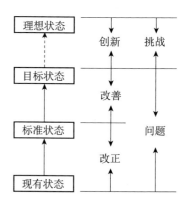

图 7 - 1　改正、改善与创新的关系

持续改善的定义就是在系统价值导向与相关方诉求指引下，持续利用提案改善活动和专案改善工具识别并消除各种影响价值创造活动的问题、障碍和浪费，重新配置各类生产要素形成新的生产力，进一步提高系统价值链的稳定性和产出能力的先进管理方法。

也只有在持续改善过程中的经验积累的基础上，促成内涵式增长的创新性研究，才能带来确实可行的专利发明。见表 7 - 1。

表 7 -1　　　　　　　　　　　改善与改正、创新的区别

比较项目	改　正	改　善	创　新
适用范围	所有企业，标准化水平不高，管理较粗放时期	制造型企业，经济低度成长时期	研发型企业，经济高度成长时期

比较项目	改　正	改　善	创　新
关键因素	制度标准	人员积极性	技术与资金投入
适用人群	岗位胜任能力不足的人	全员参与、每一个人	专业人员、少数优秀分子
能力要求	制度，标准，岗位应知应会	传统技术，当前技术，行业经验	技术突破，新发明，新理论
投入	无需投入	小投资，庞大的维护努力	大投资，小幅度的维护努力
指导原则	严格执行，自我检查，主管督导	标准意识，群体努力，系统导向	创意提炼，协同研究
开展形式	建立 SOP/POP/SIP 等，落实标准要求	维护，改良，提升 KPI 水平	舍弃，再造，团队攻关
最终效果	绩效提升，快速达成目标	影响深远，不剧烈	立竿见影，很剧烈
改变状况	按标准作业，无需改变	稳定温和的小幅度改变	突发剧烈的大幅度改变
时效性	即时，立马见效	长期，连续渐进的	短期，间歇性跳跃的
评估标准	KPI 绩效	经济效益，投入产出比	研发成果，创造的利润

第一节　持续改善的形式

持续改善的形式主要有日常改善、提案改善和专案改善三类。日常改善通常属于岗位本职工作，不太需要其他岗位人员的参与支持便可完成。因此，在持续改善模式下的改善活动通常都是指提案改善和专案改善。

提案改善是就一个问题的解决需求展开的提出对策、协调资源、组织改善及验证成果等系列性活动的先进管理方法。提案改善活动应当与企业经营业绩紧密挂钩。各行各业的任何岗位人员，无论是否专业、能力是否强，都可以通过问题票、提案卡或提案改善计划书的形式参与提案改善，自我对标、找到成就感。

而专案改善是针对较为复杂的跨部门、跨层级或跨专业的系统性问题，组织攻关团队开展问题定义、数据测量、目标分解、实施改善、风险控制、效果验证以及成果分享等项目管理活动的先进管理方法。专案改善的参与人通常需要具备较丰富的工作经验，能够独当一面。项目负责人更是需要具备丰富的项目、管理和技能经验。

提案改善更多的是个人意愿的体现，一般由日常工作生活过程中遇到的障碍，或专案项目组的指派任务等因素的触发而展开。而专案改善更多的是部门要求的指令，多为专题性研讨、政令性的指派、群体性的呼吁或事故后的根治等因素的触发而开展。专案改善目标的实现需要由各项结构性的大小提案改善成果来支撑。

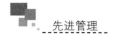

常见的战略研讨、经营分析、产能爬坡、技术改造、产品升级、新品量试、QCC 活动等，都属于专案改善范畴。在具体开展过程中会有很多来自方方面面的问题，需要群策群力地逐一解决，其中也会有较多非常见的问题需要分派任务下去各自开展提案改善。见表 7 - 2。

表 7 - 2 提案改善与专案改善的区别

序号	对比项目	提案改善	专案改善
1	针对性	具体性问题	系统性问题
2	提案人	各级岗位的任何人员	有项目管理经验的人员
3	改善人	相关岗位的任何人员	相关专业技能的人员
4	项目动机	日常遇到障碍，或专案项目组的指派	专题会议要求或上级政令指派
5	项目投入	投入成本低廉	投入成本较高
6	相关性	某个改善环节中，可能需要组建临时排障小组进行某个专题性改善	专案改善的过程中，可能会暴露出大量的障碍性问题，需要群策群力地分工提案改善
7	成果评估	提案改善管理办法	专案项目管理办法
8	奖励原则	辅助性工作，只奖不罚；单项奖金通常较小	任务性工作，有奖有罚；单项奖金通常较大

第二节　持续改善的意义

不同企业在产业价值链中的占据位置，决定着企业发展过程和前景的复杂程度、问题多少，以及改善方式的不尽相同。企业的市场定位决定竞争格局，竞争格局决定问题的层次。层次越高，问题越专业，创新发明的需求就越强烈。层次越低，问题越简单而重复，全员提案改善的需求就越旺盛。

创新是人类在劳动创造过程中不断重复、积累、改善和提升价值性经验的量变，通过重新配置生产要素形成新生产方式，向更高生产力、更大规模效益演化的质变过程。

创新从来就不仅仅只是某个人的灵光一闪，而是群众性持续改善氛围的必然。尤其对制造企业而言，真正高效运行的生产技术专利，都是从生产一线持续改善经验成果积累出来的。在现实经济环境下，政府提出的"万众创新"有其内在的哲学机理，持续改善活动也就当之无愧地成为"万众创新"的有效落地工具。

企业导入持续改善模式，通过提案改善和专案改善的方式，发动全员在日常工作过程中自主识别并改善产品价值流中的增值和浪费，识别并改善岗位工作中的问题和障碍，建立人人"小老板"心态氛围，不断突破行业标准水平。在提升企业 KPI 绩效的同时，深耕管理标准化、技术标准化和岗位工作标准化等"内功"。

必要时联合相关高校、科研所和行业协会资源，在源源不断产生的优秀改善成果中提炼总结、创新研究。建立校企合作"双师制"、产研合作"委托制"和协企合作"顾问制"的产学研融合机制。实现实践经验输送与科研成果转化的相辅相成，批量式推动企业的管理创新、技术创新、产品创新和经营模式创新，稳步促进企业的转型升级。如图 7－2 所示。

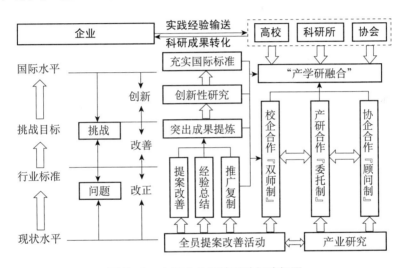

图 7－2　中国企业的转型升级路径图

当然，最佳对策是建立全国性的持续改善促进组织，整合高校、科研所和行业协会的相关资源，系统性推动全国所有企业都导入持续改善模式。

引导各行业的企业都围绕各自产业市场的发展趋势，发动全员提案改善、协同专案改善。不断调动全员改善创新的积极性，提升优秀人才的改善能力和创新能力，从而不断突破行业性的技术瓶颈。

定期通过全国性的持续改善促进组织推动各行业的提案改善大赛和创新大赛。分级组织各行业优秀提案改善成果的演示、交流和评选，促进各个行业的改善创新成果推广、专有技术交流和非核心专利技术共享。

然后组织有关高校、科研所和行业协会的专家，有针对性参与相关企业的突出改善成果的创新性研究。协助企业改善提升影响短期经营业绩的障碍性问题的同时，一边组团攻关研发应用技术的专利和标准，一边大量发现并培养创新型技术人才，实现真正的产学研融合。

若能如此，只需 2~3 年的时间就能建立起中国工业"技能智库"。引领中国制造各个行业以"产学研融合＋万众创新"的方式推动企业内生性的供给侧改

革。如图 7 - 3 所示。

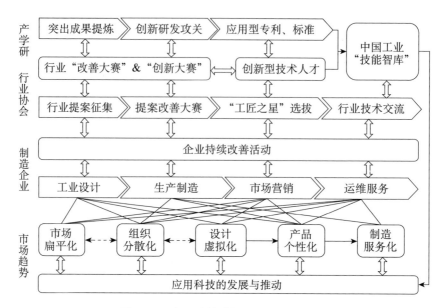

图 7 - 3　中国"技能智库"的打造路径

第三节　持续改善哲学

　　企业的持续改善是系统性工程，与企业管理者的经营理念息息相关。管理者的经营理念决定企业的商业模式，商业模式决定企业文化、价值链和员工素质水平，进而决定企业产品的创新能力和市场竞争力。

　　企业基于价值链盈余能力和产品竞争力水平而制定的经营目标的顺利完成，最佳方法是系统性开展先进管理和价值经营，发动企业相关方全线协同改善与创新。

　　企业的改善创新强调系统性改善，而不仅仅是局部改善的累加。应当着重从价值导向的"协同共赢"思想出发，全员遵循整体目标、人性协同、组织伦理、权责统一、风险预防和持续改善六大原则，不断改善提升整体效率带动局部效率的提升。

　　企业持续改善的哲学是在"合理致知、竞协发展"的理念下实现"系统竞争、人性协同，先进管理、价值共赢"。如图 7 - 4 所示。

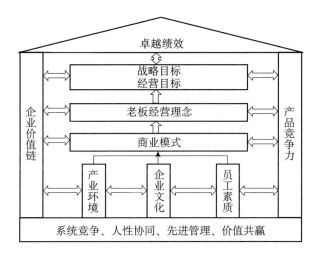

图7-4 企业持续改善哲学

第四节 持续改善的任务

持续改善的任务是在"系统竞争、人性协同、先进管理、价值共赢"的理念指导下,以市场需求为导向,通过系统性布局和价值化运营,追求"一稳定、三提升、四创新、五共赢"的经营目标(如图7-5所示)。因此,持续改善活动有助于不断促进产品创新、质量提升和成本下降,加快资金周转,从而不断提升企业的经营价值盈余。

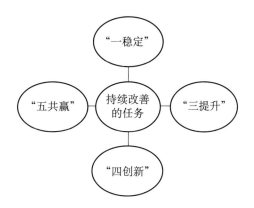

图7-5 持续改善的任务

1. "一稳定"

是指持续稳定生产。主要是尽量减少淡季停产、交接班停机、设备故障检修、产品换型换线、产品质量异常、超负荷赶产等各种影响设备产能发挥的现象。

2."三提升"

一是提升效率。具体在于持续提升运营过程的生产效率、销售效率、供应效率、审批效率、回款效率和投资效率等。

二是提升产品力。具体在于持续提升产品的市场表现、客户黏性、利润贡献、品牌贡献等。

三是提升盈利能力。具体表现为持续提升企业毛利、净利润和股东分红等。

3."四创新"

是指持续推动企业管理创新、技术创新、产品创新和商业模式创新四个方面。

4."五共赢"

是指实现股东、员工、顾客、合作商和社会五大相关方的共赢。

第五节　持续改善的范围

企业持续改善的活动范围包括了每个产品生命周期内从市场需求发掘，到研、采、产、供、销活动运营，再到消费者满意体验的全过程。从改善的涉及面和影响力角度，可分为战略、经营、运营和岗位执行四个层面的持续改善。

1. 战略层面的持续改善

有助于企业在股东所有制的主导下，形成与企业发展阶段相适应的价值观、价值链和价值分配制度，按商品生产要素的增值贡献分配价值盈余。系统性压缩价值链各相关方的投机加价收益和非劳动所得收益。

2. 经营层面的持续改善

有助于企业持续优化企业商业模式体系，不断推陈出新。在价值设计阶段就规避资本套利，在价值创造阶段就避免不必要的工资、采购、地租、利息支出，在价值交易阶段就避免不必要的渠道费用和广告支出，在价值变现阶段就避免不必要的税费和分红支出。

3. 运营层面的持续改善

有助于企业持续消除各个环节上的不增值活动，畅通信息流、物料流及现金流的连续性，实现快速反应、缩短交期、改善质量和降低成本的目标。

4. 执行层面的持续改善

有助于企业系统性识别各个岗位投入的必要性、有效性和浪费程度，有针对性地避免高价采买、减少无效劳动、杜绝资源浪费，建立鼓励高效工作、创造价值及按贡献取酬的竞争性协同氛围。如图 7-6 所示。

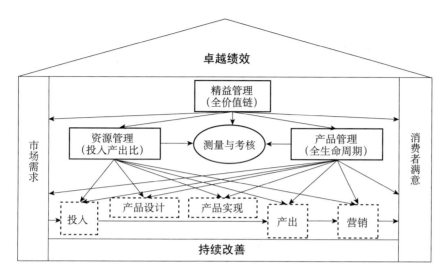

图7-6 企业持续改善的范围

第六节 持续改善的模式

每一个企业都是面向产业市场的开放性盈散系统。本身就存在各种各样的内部运营问题和发展障碍，同时又不可避免地受到外部竞争环境变化的影响，不断对企业内部的价值链活动提出新的、更高的要求。

但是随着企业管理水平的不断提高，各类岗位工作标准化程度的不断加强，岗位工作变得越来越简单而程序化。员工很容易在严格遵照标准化作业、实现高效生产的情况下，从意识上将"做熟"等同于"做好"、将"做完"等同于"做好"，扼杀自己的创新思维。

精益管理的重点是目标对象的能力发挥和维持，而持续改善的重点在于目标对象的能力挖掘和提升。如何让各级岗位员工在手头上的工作已经很熟的情况下仍不放弃思考，不断尝试在做好本身岗位工作的同时积极发现存在的问题、思考可能的原因、找到改善的方法；不断改善提升岗位工作绩效，实现个人素质与部门业绩的一起成长。最佳对策就是导入一套系统化的持续改善模式，全面激发企业各级岗位员工不断围绕岗位工作目标而改善创新的积极性。

20世纪50年代末，美国著名组织行为学家道格拉斯·麦格雷戈提出的"X-Y"理论认为，大多数人在解决组织性问题与困难时，都能发挥较高的潜能、想象力和创造力。事实上，在个人目标和组织目标一致工作的情况下，工作任务可以变为某种需要的满足预期，促使自动自发的执行动机和行为。外来的控制和惩罚并不是促使人们努力实现组织目标的唯一方法，甚至是一种威胁和阻碍。人们更愿意在自我管理和自我控制的过程中完成应当完成的工作任务。

企业持续改善模式有助于企业通过系统性的日常改善、提案改善和专案改善三个渠道的活动开展，利用绩效考核和标杆管理结果识别各种问题障碍，发动全员参与、群策群力地改善创新，促进企业价值盈余能力水平的持续提升。

同时，有助于营造全员改善的积极氛围、固化员工发现并解决问题的思考模式、教导员工养成主动学习的习惯、培养优秀人才的创新意识。把本来很辛苦、很困难、需要诀窍的工作，必须要有才能方可胜任的工作，必须要经过训练方可胜任的工作，只有老手才能搞定的工作，或者只有专业人才才能做好的工作等，都变成简单的、任何人都可以做、任何人都能做好的工作。让每个人都能"更快、更好、更加简洁"地完成岗位工作任务，推动企业效率、成本、品质、安全和士气管理工作水平的持续提高。如图7-7所示。

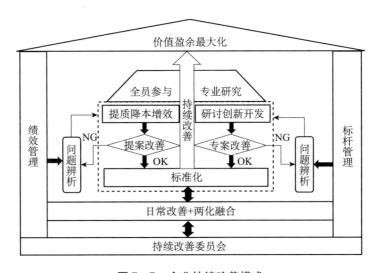

图7-7　企业持续改善模式

企业持续改善模式是在持续改善委员会的领导下，依据企业价值盈余最大化原则，围绕绩效考核和标杆管理识别的问题障碍，而构建的日常改善、提案改善和专案改善活动组织体系。该体系主要由1项制度、2种目标、3条途径、4类重点和5个环节共同组成，简称为"12345"体系（如图7-8所示）。

1项制度：持续改善管理制度。

2种目标：改善目标、创新目标。

3条途径：日常改善、提案改善、专案改善。

4类重点：绩效导向、标杆管理、两化融合、创新研究。

5个环节：激发意愿、问题自查、活用工具、效益评估、及时奖励。

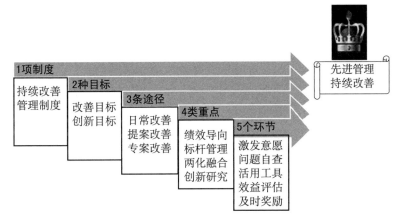

图 7 - 8 持续改善体系 "12345"

其中:

日常改善侧重通过效率管理识别影响日常工作价值实现的问题和障碍,约束全员及时做好日常改善,持续提升日常工作的两化融合水平和标准化程度。

提案改善侧重通过绩效管理识别影响岗位绩效水平发挥的问题和障碍,驱动全员开展提案改善活动,系统性提质减耗、降本增效。

专案改善侧重通过标杆管理识别影响产品竞争力提升的问题和障碍,组织专业团队开展专案改善,有针对性研讨创新和开发。

根据日常改善、提案改善和专案改善三个维度的整体性改善空间的大小和难易程度的变化,企业的持续改善水平可以分为导入阶段、升级阶段和创新阶段三级水平。

导入阶段也叫初级水平。刚导入提案改善活动时,改善空间很大,随处可见改善机会,提案范围一般都限于各级岗位力所能及的改善。只要根据提案改善活动的制度程序开展,调动各级岗位员工积极性,就可以获得立竿见影的改善创新成果。

中级水平是升级阶段。提案改善活动推展到一定阶段,改善空间大幅缩小,很多问题需要比较细致的眼光才能够发现。改善方案的提拟和实施也通常已经超出岗位员工个人的能力水平。这时的提案改善活动必须与各部门经营业绩挂钩,围绕产品竞争力提升和企业利润提高的角度展开,倒逼各级部门主动组织内部改善团队,准确识别问题并实施改善提升。

高级水平是创新阶段。当企业管理水平、技术水平和人员素质整体都比较高的情况下,改善空间越来越小,很多问题需要一定专业审慎的眼光才能发现。这

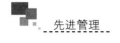

时提案改善活动应当与创新研究相挂钩，各级部门主动组织跨部门的专案改善团队，准确识别问题并实施专业性改善和创新性改善，如图7-9所示。

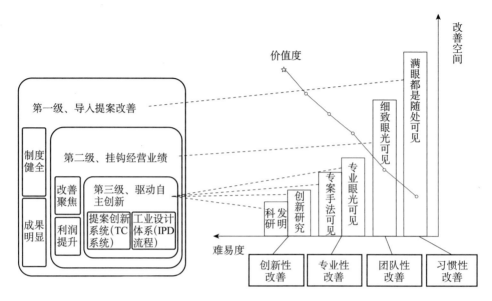

图7-9 企业持续改善的三级水平

第七节 持续改善模式导入

企业持续改善工作是"一把手工程"，没有"一把手"的主责推动，涉及跨团队的提案无法立项，涉及跨部门的资源无法协调、涉及跨年度的改善无法延续。

企业持续改善模式的量身打造，应当围绕"一把手工程"原则，做好顶层设计和专案推动，如图7-10所示。

第一，从项目管理上，成立持续改善项目组。

建立项目例行会议等管理机制，顾问做好顶层设计、全程辅导，高层全程参与、持续关注，确保高层与顾问的协同推动。由项目组负责推动现存问题收集整理、专案改善项目开展、改善工具方法教导等各项工作。过程中不断沟通探讨、建立共识，协调必要资源支撑典型性改善项目的示范性开展。

第二，从组织保证上，设立持续改善委员会。

各部门"一把手"兼任本部门持续改善工作负责人，全面负责本部门的年度改善计划制定、专案改善项目安排、改善资源统配以及人员改善能力教导等各项事务。

> **项目推动机制的建立**
> ·项目推行组织成立、项目例行会议、建立持续改善管理办法
> ·现存问题的收集整理、专案改善项目开展、改善工具方法教导

> **高层与顾问协同推动**
> ·高层的参与、高层的关注
> ·戴作辉顾问的顶层设计、全程辅导

> **管理与执行力同步提升**
> ·制度保证：持续改善管理办法、管理效益核算办法、生产成本节约奖励办法
> ·目标管理：集团降本增效目标要求→车间降本增效计划→工厂降本目标→集团降本目标
> ·降本增效：年度降本增效计划→改善事项落实与跟踪→改善项目成果输出（效益、提案、标准化）
> ·全员参与：问题票→提案改善→专案改善
> ·项目跟踪：车间日改善工作跟踪→工厂降本增效工作周例会→月生产成本分析例会
> ·夯实基础：岗位应知应会、岗位作业SOP、岗位胜任能力评价→先进管理、精益生产

图 7 – 10　某集团公司的持续改善模式导入

第三，从系统贯彻上，导入全员提案改善活动。

通过提案改善活动，系统性培训教导并发动各级岗位人员在做好本身岗位工作的同时，积极发现问题、思考改善创新。推动系统性提质减耗、降本增效，促进各模块管理和执行力的同步提升。

第四，从制度保障上，建立完善的制度、流程和核算规则。

在《持续改善管理办法》《管理效益核算办法》及《成本节约效益奖励办法》等制度框架下，建立问题票、提案卡及申请报告等反馈渠道，与日常改善、提案改善和专案改善三种改善通道，让每一个问题障碍都能及时得到解决和改善。

再辅以"提案改善及时奖励＋部门月度总结交流＋集团季度优秀表彰＋年度成本节约奖"四层激励，全过程、全系统地鼓励全员积极参与改善创新。

第五，从落地执行上，以提案改善小组为抓手。

将每一个提案改善小组作为"最小的改善组织单位""最小的创意输出单元""最基层的精益辐射源"和"最基础的工匠教导源"，酌情分担企业年度提质减耗、降本增效的任务，博采众长、群策群力，如图 7 – 11 所示。

第六，从开展方式上，以"绩效导向、标杆管理"为核心。

利用先进管理手段发现岗位绩效问题的障碍、找出与标杆水平的差距，引导员工通过问题票、提案卡或申请报告的形式反馈建设性的意见建议。及时给予提案审批或专案立项支持，让问题及时得到解决和改善。

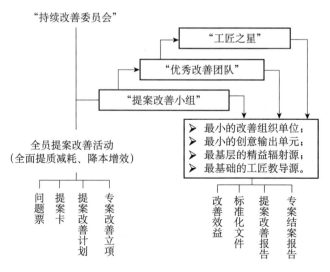

图 7-11　企业持续改善的抓手

第八节　持续改善活动管理

在实际工作中存在的一些重大问题或专案项目，往往涉及到资源投入、人员调配、时间调整以及跨部门协作等事项。仅靠个人是无法进行的，需要一个专门的组织机构负责统筹协调和管理跟踪。而且企业持续改善不可避免地涉及个别针对性的管理变革，变革项目管理又是管理变革成功的关键。这就是建立企业持续改善委员会的初衷。

持续改善委员会是企业为系统性开展持续改善活动而设立的跨部门管理机构。全面负责持续改善活动的设计、教导、计划、组织、协调、指挥和控制，以及阶段成果验证、经验推广复制、创新提炼研究以及标杆管理等工作的组织开展。

在持续改善委员会的统一指导下，提案人、改善人根据问题的性质与程度，可以在本部门立案，组织提案改善。也可以跨部门立案，组织跨功能小组进行专案改善。过程都会涉及资源投入问题、项目执行问题、人员配合问题、数据统计问题、效果验证问题、员工成就感问题，以及贡献人员的奖励问题等。每一个环节都很重要，都需要有相应的制度规则进行规范。

一、持续改善委员会

持续改善委员会以"主委会"负责制。下设提案改善活动管委会、精益管理办公室、创新管理办公室、标杆管理办公室和绩效管理办公室，提案改善活动管委会下设各部门分会。如图 7-12 所示。

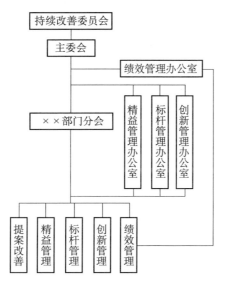

图 7－12　某集团持续改善委员会组织

1. 主委会

主委会是指主责推行持续改善活动的跨功能组织，相关人员均为兼职。组织成员包括主任、副主任和总干事。

2. 分会

分会是指各部门、各公司推行持续改善活动的跨功能组织，相关人员均为兼职。组织成员包括分会主任、分会总干事、分会委员和分会干事。

二、"一把手"工程

持续改善委员会的工作开展必须是"一把手工程"，只有部门"一把手"充分重视，并发挥自己的专业知识和领导能力，才能统筹本部门全员参与、共同努力，才能快速协调跨部门的资源，才能分清责任、有序推进。

1. 组织权责要求

（1）持续改善委员会主任由集团总裁担任。主任在下属部门负责人中挑选确定副主任、总干事人选。分会主任由各部门、各公司负责人担任，分会主任在下属经理级中挑选确定分会总干事及分会委员人选，分会委员在下属科长/班长级中挑选确定干事人选。

（2）持续改善委员会总干事负责修订完善持续改善相关制度、流程及其表单，负责制定年度持续改善总计划。分会总干事根据总计划要求制定分会年度持续改善计划，并组织开展分会日常工作。

（3）主委会总干事每月跟进、指导并反馈各分会持续改善活动的开展状况，每季度定期组织各分会总干事召开视频例会，讨论各分会每月持续改善的工作开

展状况。

（4）各分会每月举办一次提案改善发表大会，评选各分会优秀改善提案，督促优良提案充分交流、互相学习、共同进步。主委会每季度举办一次集团优秀提案改善表彰会，每年组织主办一次年度持续改善总结大会。

2. 岗位职责说明

表 7-3 为某集团持续改善组织岗位职责。

表 7-3　　　　　　　　　　　某集团持续改善组织岗位职责

组织	成员	工作内容
主任	集团总裁	主任由集团总裁担任 持续改善工作督导 担任提案改善评审小组主席 审批持续改善运作模式及制度修订 审批集团优秀提案改善报告及其表彰奖金 参与持续改善评审、工作总结及表彰大会
副主任	事业部主管	由各部门负责人担任 协助主任工作推展 持续改善工作目标规划 审核集团优秀提案改善报告及其表彰奖金 参与持续改善评审、工作总结及表彰大会
总干事	总经理级人员	制订持续改善推动计划 提案改善制度修订及其相关工作宣导 持续改善相关教育训练达成督导 督促各部门、各公司提案改善达成 组织召开各分会选送优秀提案改善的评审工作 组织召开优秀改善提案的交流发表及表彰大会
分会主任	各公司负责人	分会主任由各公司负责人担任 负责本分会持续改善工作推动 负责本分会持续改善月总结表彰例会召开 督导本分会持续改善达成并审批优秀提案改善报告书 负责本分会持续改善相关资源协调安排
分会总干事	经理级人员	制订本分会持续改善活动推动计划 制订本分会持续改善活动相关教育训练计划 推动本分会持续改善活动相关教育训练实施 本分会各部门持续改善达成状况分析、反馈与跟进 为本分会持续改善提供相应技术支持 汇总、筛选并审核各部门优秀提案改善报告书 协助组织本分会提案改善月总结表彰例会召开
分会委员	各部门经理	分会委员由各部门经理级人员担任 制订本部门提案改善计划 落实本部门提案改善及目标达成 协助分会总干事开展提案改善教育训练 优秀提案改善报告书筛选 督导提案改善实施并协调所需资源

续表

组织	成员	工作内容
分会干事	班长级人员	分会干事由班长级人员担任 推动部门持续改善工作开展 推动本部门持续改善教育训练 汇总并筛选本部门持续改善成果 提案改善报告书初审，定时提交分会委员审核

三、"七个零"的改善追求

企业持续改善委员会的核心任务是发动全员参与，发现影响岗位工作绩效的问题和障碍，并利用日常改善、提案改善或专案改善的方式积极改善创新。群策群力地追求零浪费、零故障、零切换、零停滞、零缺陷、零库存和零事故的"七个零"改善目标。见表7-4。

表7-4 持续改善的"七个零"追求

项目	改善要求	常见现状问题	改善方向
零浪费	降低成本	各种浪费严重，似乎无法发现、无法消除	• 系统性查检评估 • 整体能力协调 • 彻底暴露问题 • 绘制流程路线图
零故障	提高效率，延长设备寿命	故障频繁发生，同类故障重复发生，加班加点与待工待料相伴发生	• 专用工装、备件寿命管理 • TPM 全面设备维护 • 故障分析与故障源对策 • 初期清扫与自主维护
零切换	对应多品种，提高生产弹性	切换影响因素繁杂，切换时间长短不定，切换后生产不稳定	• 经济批量，均衡化生产 • 快捷物流 • 生产计划标准化 • 作业管理 • 标准化作业
零停滞	缩短交货期，提高效率	交货期长、延迟交货多，顾客投诉多，加班加点、赶工赶料	• 同步化、均衡化 • 生产布局改善 • 设备小型化、专用化 • 流水化作业
零缺陷	保证质量，稳定生产	低级错误频繁发生，不良率高，批量事故多发，忙于"救火"	• 三不放过主义 • 零缺陷运动，田口品质工程 • 工作质量零缺陷 • 全员质量改善活动 • 自主研究活动 • 质量改善工具运用

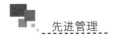

续表

项目	改善效果	常见现状问题	改善方向
零库存	暴露问题，盘活资金	大量库存造成成本高、周转困难，且看不到真正的问题在哪里	• 探求必要库存的原因 • 库存规模的合理使用 • 均衡化生产 • 生产设备布局流水化
零事故	安全保证	忙于赶货疲于奔命，设备点检维护松散，忽视安全事故频发，意识淡薄，人为事故多	• 安全第一 • 5S 活动 • 危险预知训练 • 定期巡查 • 安全教育活动 • 安全改善活动

第九节　持续改善的工具方法

持续改善模式下的日常改善、提案改善或者专案改善活动的开展，都应遵从先进管理的"理—合—辨—行—控"五步循环螺旋发展。

在理清改善目标、组合有效资源，明辨真因、对策及风险，按时保质保量笃行的同时，全过程监督、管控，及时纠正与改善，直到改善任务的最终完成。整个过程一般分为九个阶段。

第一阶段和第二阶段是发现问题阶段和选定题目阶段。主要采用的工具手法是企业价值链分析、产品价值流图分析、生产线平衡分析、全员"问题票"等，精准识别影响绩效发挥的问题障碍，建立《问题库》。

第三阶段是分析原因阶段。针对问题库中所选定的改善课题，利用时间分析、程序分析、操作分析或动作分析等方法进行原因查找。

第四阶段是提案对策阶段。所设定的改善方向主要是提升流程化、防呆化、自动化、信息化、数字化或智能化的水平。

第五阶段是改善实施阶段。采用的手段主要是调整布置、简化程序、增减环节、优化流程、两化融合或革新替代等方面的措施。

第六阶段和第七阶段是成效总结阶段和改善提案报告阶段。总结应当采用统一格式进行，由改善背景、现状描述、问题分析、改善历程、改善绩效、标准化、改善推广和改善心得八大模块组成。

第八阶段和第九阶段是标准化输出阶段和推广复制阶段。所有优秀改善完成后，都必须做好相应的技术标准、工艺标准、作业标准、质量标准或时间标准等方面的输出。

图 7 - 13 为持续改善常用工具方法。

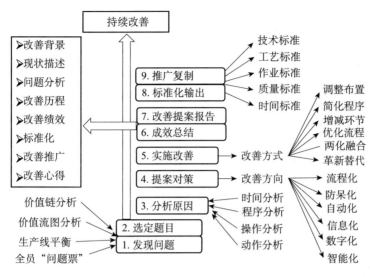

图 7－13 持续改善常用工具方法

第十节 管理综合考评

在工业全球化大生产的进程中，企业的品牌影响力和系统集成能力已经成为企业盈利和发展的根本，尤其是系统集成能力更具时代竞争的意义。

在商业竞争中，企业要获得市场份额，打响自有品牌，必须具备一套比竞争对手更有竞争力的运营管理系统。未建立健全一套科学完善的运营管理系统的集团化公司，很容易因为各下属公司的各行其是、争抢内耗而错失良机、丢失利润。

先进管理下的综合考评制度，总体把握"价值理念→业务开展→信息沟通→组织调控→风险评估→内部监督→绩效考核"的思路逻辑，对企业的研发设计、生产制造、供应链、销售渠道、市场营销、财务管理以及法务公关等业务模块进行系统性地查检。一旦发现影响企业商业竞争力、影响企业盈利或影响企业发展的问题与障碍，及时归类检讨、分析并提出整改建议。

必要时可以单独运用《企业经营模式测评体系》工具，针对企业商业模式下的价值链性能、经营价值导向、经营模式定位和生产方式选择方面的竞争力，做系统性的查检、分析和评价。

可以单独运用《卓越绩效评价准则》工具，针对企业领导与组织、战略管理、顾客与市场、资源支持与管理、价值创造过程管理、测量分析与改进和经营结果管理方面的效益性，做系统性地查检、分析与评价。

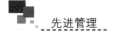

也可以单独运用《企业内控体系测评》工具，针对企业现金流控制系统、银行存款控制系统、采购业务控制系统、加工工艺控制系统、生产成本控制系统、物资领用控制系统、销售业务控制系统、人才梯队控制系统和投资活动控制系统的可靠性，做系统性地查检、分析与评价。

一、考评的意义

通过管理综合考评工作的开展，可以系统性评价企业"三观"的指引性、商业模式的竞争力、过程管理的效益性和内控体系的可靠性。

通过管理综合考评工作的开展，能够客观公正地检验企业运营管理系统是否符合战略要求，管理制度是否建立健全，组织设计与资源配置是否合理，流程衔接与组织协同是否顺畅高效，研发创新与风险抵御是否管理得当。

通过管理综合考评工作的开展，可以有效推动全国性集团公司下属部门或基地的管理统一化、规范化，促成全集团业务的高效协同，并将成功经验总结整理成系列标准，快速推广复制，实现全集团利益的最大化。

二、适用范围

企业内部所有职能系统、所有生产基地、所有销售经营部，以及其他相关部门的日常工作管理管控过程。

三、考评组织

第一，综合考评设置领导组，由集团总裁担任组长，负责领导综合考评工作的有效实施、资源协调、结果利用，以及持续改善战略的规划安排。

第二，领导组下设相关考评小组，由持续改善委员会及相关职能部门总监级以上人员组成，同时设立小组长。

第三，持续改善委员会负责综合考评的整体组织工作。

四、考评内容

第一，按独立职能部门为考评主责，负责建立相应的考评条例细则。比如某集团的综合考评细则包括公司管理考评细则、行政人力部门考评细则、品管部门考评细则、生产部门考评细则、供应链部门考评细则等。

第二，每个考评细则项目都有对应的评分权重、考评数据依据、考评评分标准、检查记录、最终得分等栏目，由考评组成员逐项对照查检评分。

第三，考评过程是个互动学习、教导改善的过程，一起发现问题、暴露问题，一起讨论规范化解决方案。

第四，考评过程也是面对面观察被考评部门主管人员的管理能力、领导能力和团队教导能力的过程，客观评估其任职资格水平。

第五，发现严重不合格的事项，应当开具《考评主要不合格项报告单》勒令整改。

第六，每次考评着重检查上次不合格项的整改状况，若未整改，给予记一次严重不合格。

第七，发现优秀亮点性的经验，给予认可并记录，汇总整理后提交集团持续改善委员会整体研究、推广复制。

五、考评程序及要求

1. 组织协调工作

（1）持续改善委员会应根据年度工作计划安排半年及全年综合考评工作。

（2）持续改善委员会应在考评实施前将考评计划方案（目的、成员、时间、路线等）报集团总裁审批并给予发布。

（3）综合考评需要从各部门、各单位抽调有关人员，由持续改善委员会负责做好相关协调工作。

（4）各个考评小组应高度重视并严格按审批的考评计划程序进行，各单位应积极配合考评组工作。

2. 首次会议安排

（1）由被考评公司经理级以上人员参加，具体可根据实际情况安排班长级等其他人员参加。

（2）首次会议内容：

①考评组长宣布首次会议开始。

②被考评公司总经理、考评组长分别介绍参加首次会议的人员。

③考评组长宣读考评计划、人员负责及时间安排。

④被考评公司总经理简要介绍考评时间内的管理活动情况。

⑤考评组长宣布首次会议结束。

3. 现场考评及考评报告

（1）考评组成员按照考评时间、综合考评条例和《××部门综合考评查检表及考评小结》，深入现场检查并做好记录。尤其要着重检查上次考评不合格事项的整改情况。

（2）考评小组长应根据各成员检查情况及时召开考评组成员会议，对不符合项和严重缺失项，讨论改善建议或发出整改要求，并开具《××部门综合考评主要不合格项报告单》。

（3）考评组成员须对所考评部门的考评结果，按标准格式形成书面的《××部门综合考评查检表及考评小结》报告，在末次会议前4个小时必须送至

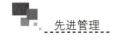

考评小组组长。

（4）考评小组组长在末次会议前半小时，必须按标准格式形成《××公司综合考评报告》，与该公司总经理沟通探讨一致后，按时召开末次会议。

4．末次会议

（1）由被考评单位经理级以上人员参加，具体可根据实际情况安排班长级等其他人员参加。

（2）末次会议内容

①被考评公司总经理宣布末次会议开始。

②考评组长宣读考评综述及各部门不符合项。

③考评组长宣布所开出的《主要不合格项报告单》。

④综合考评报告确认签字。

⑤被考评公司总经理总结性讲话。

⑥考评组长宣布考评结束。

⑦《××公司综合考评报告》一式两份，被考评公司一份，持续改善委员会一份。

六、总结会议

综合考评完成后，各考评小组组长将本组考评结果的电子版及签字版交持续改善委员会。持续改善委员会总干事负责汇总整理分析，并沟通集团相关各部门负责人。然后由持续改善委员会总干事组织召开总结会议，集团各部门负责人及考评组成员参加。

第一，持续改善委员会总干事主持会议并接受本次考评工作的总体情况。

第二，各考评小组组长汇报考评状况。

第三，持续改善委员会主任做考评总结及其相关持续改善工作建议。

第四，重大改善专案立项讨论，并确定责任人、完成时间。

第五，集团总裁对本次综合考评工作评价和持续改善工作的指示。

七、结果利用

第一，按"巡视—巡查—检查—督查"的不同力度要求，有针对性地对各公司的薄弱环节给予改善建议，对严重缺失提出整改要求，并对已成型的亮点给予肯定与推广，协助各公司提升管理水平。

第二，各被考评公司针对已发现的问题建立问题库，按"谁主管谁负责"的原则指定改善负责人组织提案改善。需要上升到公司层面的，则由公司立项并指定负责人组织专案改善。本公司无法解决的，则申请集团资源支持，或由集团立项组织专案改善。

第三，半年度综合考评得分与年度综合考评得分按4:6的比例折算全年综合考评得分。以80分为基准，低于60分者，责任主管须担管理失控之责，其年度绩效考核的综合考评项得分为0分（一年内新建厂区或新调任者，酌情评定处理）。

第四，年度综合考评得分占各公司各部门责任主管（总经理、经理）的年度绩效考核30%权重。从而补强绩效管理的"公平、公开、公正"原则。

第五，持续改善委员会统一汇总并整理集团的问题库，每月跟踪改善进度并作评比公示。涉及需要集团层面立项组织专案改善的问题，由持续改善委员会负责指定改善负责人。

第六，持续改善委员会负责推动全集团的优秀改善案例成果的经验交流和推广复制。

八、举例

图7–14为××公司管理综合考评体系。

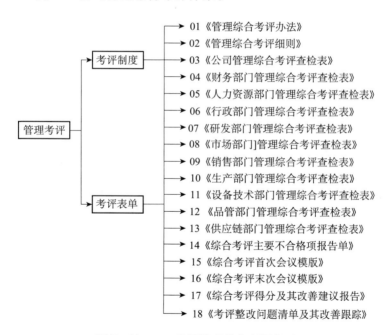

图7-14 ××公司管理综合考评体系

第十一节 全员提案改善

随着企业自动化程度、技术能力和管理水平的不断提高，各类岗位工作变得越来越简单而程序化。员工很容易流于机械化动作执行，而扼杀了自己的创新思维。

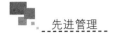

提案改善就是系统性引导各级岗位员工在做好本身岗位工作的同时，积极主动发现问题、查找原因，并思考如何通过手段选择或方法变更来实现"更快、更好、更加舒适"地完成岗位工作任务的先进管理方法。

提案改善活动的任务就是在企业发展战略框架下，系统性引导各级岗位员工在做好本身岗位工作的同时，通过先进管理理念和 IE 改善手法，持续改善岗位工作中的"人—事—物—料"协作关系，实现个人素质与工作绩效一起成长，推进企业管理创新、技术创新、产品创新和经营模式创新。

一、提案改善活动逻辑

提案改善首先是注重员工行为动机管理和激励的活动机制。提案改善默认企业改善的动机来自解决现行问题需要。并以此着力引导各级岗位员工确定改善行为目标，积极主动地发现问题、解决问题。过程中给予必要的改善方法和改善资源支持，再辅予完善而及时的激励措施。从而系统性激发、驱动和强化员工自动自发的持续改善行为，如图 7-15 所示。

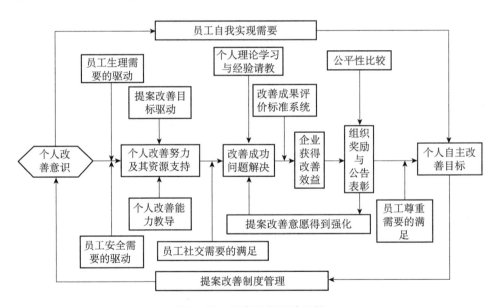

图 7-15　提案改善活动逻辑

二、提案改善活动范围

提案改善是覆盖企业研、采、产、供、销的系统性方法论。生产端侧重通过技术改进和管理提升的手段，促进各种生产要素投入产出控制的改善，提升企业整体的生产力水平。销售端侧重通过标杆学习和创新研发的手段，促进各类产品或服务的市场交易回报的改善，提升企业整体的品牌力水平，如图 7-16 所示。

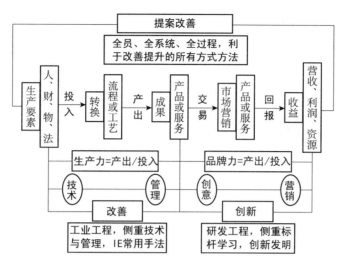

图 7 – 16 提案改善活动范围

三、提案改善活动重点

提案改善活动必须既重视改善件数,又重视改善质量,"两手一起抓、两手都要硬"。

企业提案改善活动着重围绕价值创造过程中影响岗位绩效或部门绩效的问题而展开查检,并建立问题库。同时,逐步督导全员自主识别并改善业务流程中的增值和浪费,识别并改善岗位工作中的问题和障碍,纳入问题库。

然后按"谁主管谁负责"的原则,由各部门自行设定改善目标并安排相关人员组织改善攻关,对取得的改善成果强调经验总结、标准化输出和快速推广复制。改善效果不论大小都给予肯定,让参与人员可以自我对标、找到成就感,逐步营造"比""学""赶""帮""超"的持续改善氛围,如图 7 – 17 所示。

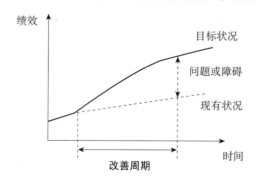

图 7 – 17 提案改善的目标

四、提案改善活动流程

企业一旦成功导入提案改善活动，将帮助企业持续提高 KPI 绩效的同时，促进管理标准化、技术标准化和岗位工作标准化水平的提升，还能源源不断地为企业的创新研究提供创意素材和技术支撑。

通常由持续改善委员会负责组织各部门建立《问题库》《提案改善计划项目清单》和《提案改善活动成果台账》，并建立系统性的改善跟踪、评比表彰和推广复制的机制。

每年年底根据年度绩效水平状况和问题库内待解决事项，制订各自的年度改善计划，设定提质减耗、降本增效的目标。督促每位员工都根据各自岗位的特性和绩效要求，承担一定数量的年度提案改善任务。比如总经理和经理级别的人均 6 件/年、职员级别的人均 3 件/年、工人级别的人均 1 件/年，另加上各自的目标改善效益，然后汇总到小部门、大部门。持续改善委员会负责跟踪目标达成状况，及时协调处理问题障碍。

工作经验不够、逻辑思维能力不够以及行文能力不强的一线作业人员，可以通过"问题票"的形式，将日常工作、生活中所遇到或发现的问题、困难及不满积极反馈出来，提交团队探讨解决改善。

具有一定工作经验、逻辑思维能力和行文能力的各级岗位员工，可以通过"提案卡"的形式，将日常工作、生活中所遇到或发现的问题、困难及不满，分析原因、提出改善意见或改善方法，提交团队酌情安排实施改善。

而对于具有较强工作经验、逻辑思维能力和行文能力的各级岗位员工，可以进一步通过"提案改善计划书"的形式，针对某项特定的问题，展开原因定义、数据测量、对策分析以及可行性论证后，提出可供组织实施的创新性改善方案，并自行组织或参与具体的改善实施活动，如图 7-18 所示。

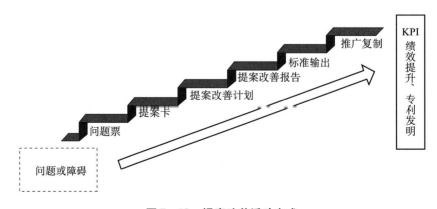

图 7-18 提案改善活动方式

所有已经改善完成并取得改善成效的提案改善，都必须以"提案改善报告"的形式申报结案，并参与逐级评分评级与奖励的申报作业。其中，获二等奖及以上的改善成果，必须有标准化成果输出佐证（SOP、SIP、工艺流程图、OPL、修订制度或优化流程等），必须形成标准格式的PPT改善报告，便于快速推广复制来取得更大规模效益，如图7-19所示。

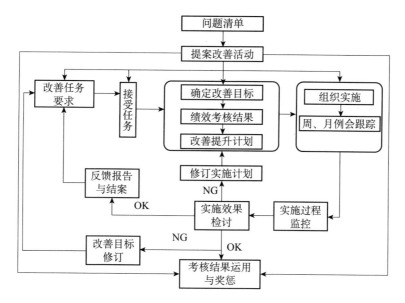

图7-19 提案改善活动流程

第十二节 项目专案改善

日常工作只需要严格按既定规则执行，而专案项目讲究对照标杆实践或创新性方法来完成目标任务。每个企业在日常经营发展的过程中都不可避免地会碰到大量的专案改善项目管理问题。项目是一种在有限的期限内必须完成的临时性工作任务。比如一项工程、服务、活动，或者是一个研究课题等。项目管理是指为达成既定的项目目标要求，统筹各相关要素或专业之间的有限资源，对项目所涉及的工作进行计划、组织、指挥、协调、控制和考核的系列性活动过程。

很多企业在规模较小时，都是老板或总经理亲力亲为，或者按项目职能归口到相应部门。随着企业规模壮大、多元化发展，大量的日常运营管理工作都跟不上，对临时增加的专案改善工作更是一片混乱。究其原因，就是缺乏一套完善的项目专案改善的管理制度。

建立项目专案改善制度的意义在于围绕专案项目的改善目标，有机协调项目

工作与部门职能之间的关系，统筹安排分工协作、资源调配、绩效考核以及项目奖励等活动，系统性激发专案团队成员的积极性和创造力。

专案改善的定义是指为完成某项特定工作任务或解决某个重大问题，通过组建跨部门性的专业团队立项、调研、分析、计划、改善和控制，有序达到预先设定的工作目标并形成标准化输出的先进管理方法。

专案项目管理在完成专案工作任务的同时，注重专案改善过程的经验总结、标准化输出和快速推广复制，为企业创造更大的经济效益，如图 7 - 20 所示。

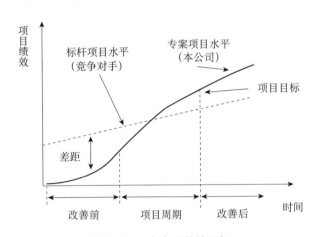

图 7 - 20 专案改善的目标

一、项目专案的分类

项目专案主要有任务性专案和提案性专案两类。任务性专案是指为承接集团战略规划任务、公司经营计划要求、企业项目指派任务、领导交办课题或会议指定项目等主题而立项的专案。提案性专案是指基于提升团队 KPI 绩效或为完成某个专项课题目的的重大提案，为便于跨部门协同，经慎重提请或团队提议而立项的专案，如图 7 - 21 所示。

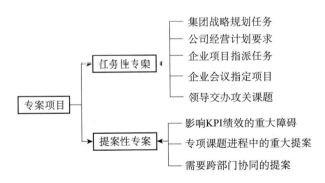

图 7 - 21 改善专案的分类

二、项目管理原则

1. 不予立项的原则

（1）涉及面不大，提案改善渠道可以解决的。

（2）专案改善方案不具实施性的。

（3）专案改善方案预计会带来不可控风险的。

（4）明确专案改善前后投入产出比倒挂的。

（5）专案目标超出现阶段实际需求导致投入过大的。

（6）专案改善目标太简单，没有优化改善或创新的。

（7）复制其他专案成果且没有明显创新性方案的。

（8）其他不应受理的情形。

2. "谁主管谁负责"

各自辖区内的专案改善课题，由各自主管负责组织立项和开展。利用攻关改善，锻炼自身的项目管理能力、培养团队骨干人才、标准化改善经验，并在集团范围内宣传推介、推广复制。

3. "分工合作、资源共享"

对跨部门性的重大项目课题，由持续改善委员会指派专人负责组织立项、开展，并协调专案改善项目所必需的跨部门资源。

4. "分级管控、专人跟踪"

专案改善项目组成员必须明确职责、分工协作，建立项目计划并做好进度跟踪，严格按项目进度要求完成各项工作。

各级持续改善组织也应安排专人负责每月定期跟进辖区内各个专案改善项目的进度状况，每月定期跟进，并向上一级汇报。

三、项目专案改善流程

1. 专案来源

（1）任务性专案。对于基于战略规划任务、公司经营计划要求、重点项目要求、会议指定、高层交办等原因而确立的任务性专案改善项目，一般会按职能归属指定主办人和协办人。被指定承办单位的主管为第一责任人，在被具体指派的项目负责人无法胜任时，必须及时调整或亲自担任项目负责人。

（2）提案性专案。对基于提升团队 KPI 绩效或完成某个专项课题目的的重大提案，为便于跨部门协同，经慎重提请或团队提议而立项的提案性专案改善项目，提案人或团队举荐人为主办人，该主办人为项目第一责任人。

2. 专案立项

专案项目负责人须填写《专案立项报告》，将专案来源、专案背景、专案目标、改善方案、专案投入、预计效益等项目资料，主办单位、协办单位、改善单位等支持部门，以及参与改善人员的分工等内容填写完整。

再将《专案立项报告》呈本单位直属主管审核。若专案涉及跨部门协作的，则须经协办单位主管确认会签。再由部门持续改善委员会分会干事登记编码后才可立项报财务做项目预算审核，持续改善委员会做项目整体审核备案，转呈权限领导审批后即为立项成功。

3. 专案实施

专案实施过程中，项目所属部门直接主管和持续改善委员会都必须跟踪项目进展状况，必要时给予相应支持。

4. 专案结案

专案完成或到期限无法进行下去时，项目负责人须填写《专案结案报告》，将完整的专案来源、专案背景、现状分析、专案目标、改善过程、专案投入、改善效益、标准化输出等项目资料，实际主办单位、协办单位、改善单位等支持部门，以及实际参与改善人员贡献等内容填写完整，再将《专案结案报告》呈本单位直属主管审核。

5. 成果评审

《专案结案报告》单位直属主管审核并评分后，转由持续改善委员会组织专家评审改善成果。评审有资料不全、描述不清或弄虚作假等情况的直接退回，评审确认无误的评分后转财务复核改善效益。

6. 专案奖励

经持续改善委员会组织评审和财务复核改善效益的《专案结案报告》经权限领导审批同意，才算专案结案完成。持续改善委员会知会专案负责人提交表彰及奖励申请。

改善效益巨大的，可以专题申报"记功"，并额外追加申请奖金。构成相关创新发明并符合专利申报要求的，可提报主委会组织协调集团相关部门协助相关专利资料的整理和申请。专利申办下来后，按企业相关制度给予奖励和表彰。

7. 推广复制

所有经权限领导审批同意结案的专案改善成果，均由持续改善委员会安排并跟踪推广复制。

图7-22为专案改善活动流程图。

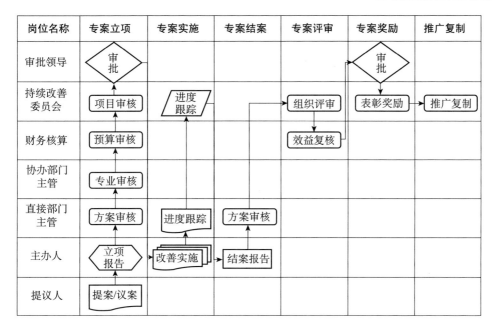

图7-22 专案改善活动流程

第十三节 成本内控体系

商业模式是企业为了实现价值和效益最大化而构建的满足客户需求的交易体系。

在企业商业模式的运行过程中，一切交易的前提都是成本的付出，一切不能带来增值的成本投入都是浪费。

每一个企业都应基于自身特性化的商业模式，量身打造适合企业发展要求的成本内控体系。形成事前预算、事中控制、事后考核和持续改善的螺旋式闭环管理。这远比局部的精益管理推展、自动化导入，或者个别工具方法运用更为有效。成本内控体系就是保证企业商业模式高效运行的必要成本投入的系统性管控模式。如图7-23所示。

一、企业成本内控体系组成

企业成本内控主要是在由"两个目标""一个计划""四个系统"和"三维跟踪"组成的"2143"体系下开展的系列性持续改善活动。如图7-24所示。

"两个目标"是指成本战略目标和持续改善目标。一般都是充分考量企业阶段发展能力的同时参考行业标杆水平而制定。

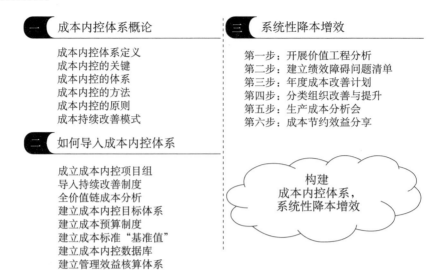

一　成本内控体系概论

成本内控体系定义
成本内控的关键
成本内控的体系
成本内控的方法
成本内控的原则
成本持续改善模式

二　如何导入成本内控体系

成立成本内控项目组
导入持续改善制度
全价值链成本分析
建立成本内控目标体系
建立成本预算制度
建立成本标准"基准值"
建立成本内控数据库
建立管理效益核算体系

三　系统性降本增效

第一步：开展价值工程分析
第二步：建立绩效障碍问题清单
第三步：年度成本改善计划
第四步：分类组织改善与提升
第五步：生产成本分析会
第六步：成本节约效益分享

构建
成本内控体系，
系统性降本增效

图 7 - 23　成本内控体系构建

"一个计划"是指成本控制计划。成本控制计划通常都是企业基于各类计划性的成本预算、改善投入和研发开支而编制的年度成本内控计划。

"四个系统"是指运营成本控制系统、决策成本控制系统、创新成本控制系统和全面预算管理系统。

"三维跟踪"是指对企业整个持续改善活动进行成本核算、偏差分析和绩效考核三个维度的跟踪管理方式。

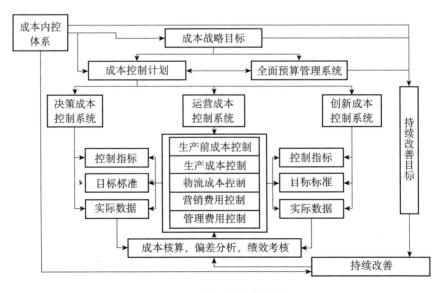

图 7 - 24　企业成本内控体系

二、导入成本内控的核心

如何导入成本内控体系，实现全员参与持续改善，系统性提质减耗、降本增效，是每个具有可持续发展雄心的企业的共同目标。

成本内控体系导入过程的方式方法应当因地、因人、因时、因势而制宜。其中的核心都要先系统性识别各类价值创造活动的障碍问题，识别各部门与各级岗位绩效的障碍问题，建立系统性的《问题清单》。

然后按"谁主管谁负责"的原则，组建专案团队开展价值工程分析，识别其中相关的增值和浪费情形，有针对性地组织开展各项成本内控相关的持续改善活动。在开源节流、提质减耗的过程中降本增效，实现企业全系统性的成本控制。如图 7 – 25 所示。

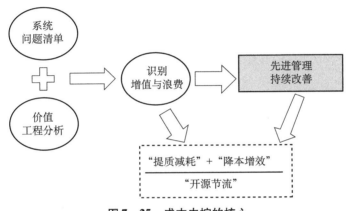

图 7 – 25　成本内控的核心

三、导入成本内控的关键

企业导入成本内控体系的过程中，必须有效构建成本内控问题清单、成本内控计划、成本内控目标、成本预算制度、成本基准值清单、成本监测数据库和内控效益核算体系七个关键要素，如图 7 – 26 所示。

1. 建立成本内控问题清单

通过绩效管理和标杆管理两个维度，组织排查各个层级、各个系统的浪费源、污染源和危险源，分门别类地建立成本内控问题清单，如图 7 – 27 所示。

2. 建立成本内控计划体系

基于企业发展战略发展的成本内控要求，参考绩效管理和标杆管理的结果，按

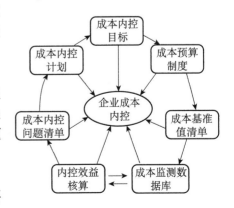

图 7 – 26　企业成本内控七大要素

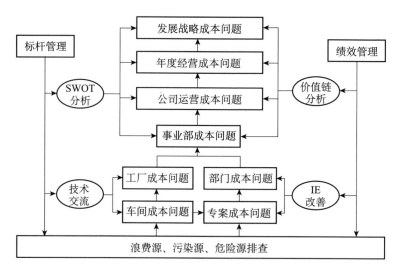

图 7-27 企业成本内控问题清单

"谁主管谁负责"的原则或组建专案团队的方式，各自组织针对年度成本内控问题清单的持续改善计划。然后汇总、分析和整理出企业的年度成本内控计划体系，如图 7-28 所示。

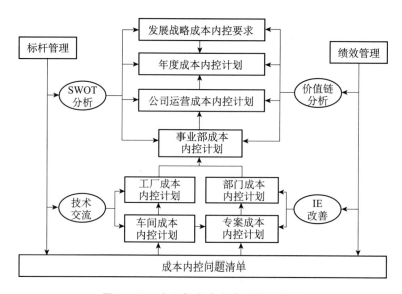

图 7-28 企业年度成本内控计划体系

3. 建立成本内控目标体系

基于企业战略发展目标、年度成本内控计划，结合绩效管理和标杆管理的结果，逐层分解并检讨确定各个部门、各级岗位与各项专案的成本控制目标。然后汇总、分析和整理出企业的年度成本内控目标体系，如图 7-29 所示。

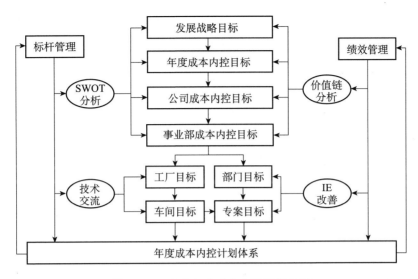

图 7－29　企业年度成本内控目标体系

4. 建立成本预算制度

基于企业战略发展要求、年度经营计划安排，结合年度成本内控计划状况，分别检讨制定销售预算、生产预算和费用预算，形成产品成本预算。

再将产品成本预算结合各类专项投资预算，形成现金预算。进而编制出《预计损益表》《预计资产负债表》和《预计现金流量表》，用以指引企业全年的经营活动和持续改善工作开展，如图 7－30 所示。

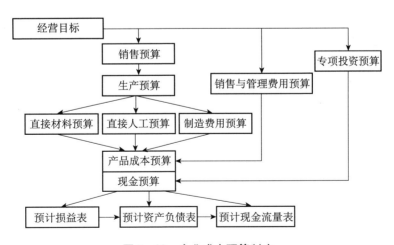

图 7－30　企业成本预算制度

5. 建立成本基准值清单

年度成本内控效益的分析、评估和考核必须有一套科学的对比基准。完全按经验值对比、按分摊值归集的做法都会导致数据的失真。

为符合会计准则要求，单位成本的对比、分析和核算的基准值通常涵盖单位材料成本基准值、单位人工成本基准值、单位制造费用基准值、单位库存成本基准值、单位物流费用基准值、单位管理费用基准值和单位销售费用基准值等科目。

同时为确保核算管理的合理性和准确性，还须建立材料采购价基准值、在制品交易价基准值、产成品交易价基准值和产品销售价基准值，如图 7-31 所示。

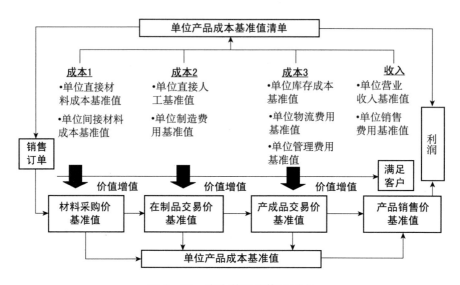

图 7-31　成本基准值体系组成

6. 建立成本内控数据库

在企业各类经营活动的开展和年度成本内控计划的改善过程中，为有效帮助各级管理者及各类改善者的阶段工作效果分析和评估，必须要确保成本内控数据的对比标准、计算方法、报送周期和真实准确性保持一致。

成本内控数据库是基于绩效考核、效益核算和系统评价作业，而进行差异性分析、典型性分析、阶段性分析和综合性分析后所形成的结构化数据信息。通常分类归集分为绩效指标数据库和最佳实践案例库两种形式，如图 7-32 所示。

7. 建立成本内控效益核算体系

建立成本内控效益核算体系的重要性不言而喻。只有建立了科学合理的成本内控效益核算体系，才能准确衡量某个持续改善项目或部门改善工作给企业经营业绩带来的贡献大小，如图 7-33 所示。

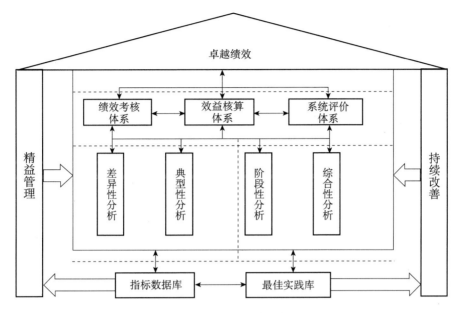

图 7 - 32 企业成本内控数据库

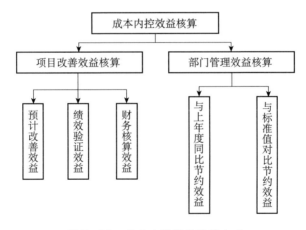

图 7 - 33 成本内控效益核算方式

四、成本内控实施步骤

企业的成本内控工作，必先系统性识别各类价值创造活动、各个职能部门和各级岗位现况所存在的影响绩效发挥的问题，建立系统性的《问题清单》。然后按"谁主管谁负责"或组建专案团队的方式进行逐一的价值工程分析，建立各种领域的成本内控计划，组织有针对性地开展各项持续改善活动。

属于现有状态与标准状态之间存在差距的问题，责令岗位从事人员自行组织开展自主改善（即"日常改善"），并限期完成。

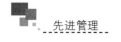

属于已达到标准要求而与目标状态之间存在差距的问题，由岗位相关部门组织开展提案改善，并设定完成期限、改善目标和效益目标。

属于已超过标准要求、达到目标状态，但对比行业标杆水平的理想状态之间存在差距的问题，由岗位相关部门申请立项。必要时由公司层面组建跨部门攻关团队，开展专案改善，并设定完成期限、改善目标和效益目标。

过程中，通过周改善进度检讨会、月成本分析会持续跟踪。一旦有确认结案的项目，及时要求总结、给予表彰并全面推广复制。

对年度成本控制工作取得同比节约效益和与标准比节约效益的部门，按《成本节约奖励办法》给予表彰、发奖金，如图 7 - 34 所示。

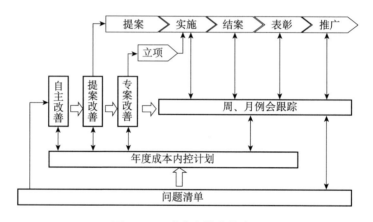

图 7 - 34　成本内控实施步骤

第十四节　持续改善效益核算

改善效益按核算方式分主要有预计改善效益、绩效验证效益和财务核算效益三种。

为保证持续改善工作成果激励的时效性，提案改善报告和专案改善报告以预计改善效益方式核算，阶段性持续改善工作成效以绩效验证效益方式核算，年度持续改善项目或部门改善创新对公司经营业绩的贡献以财务核算效益方式核算。

1. 预计改善效益

根据持续改善成果的效益核算标准，结合年度预算产量或销量折算出实际改善后一年内可以带来的效益金额，减去改善过程的投入总金额，即为预计改善效益。

一般由各改善团队在项目完成后及时核算预估出来，以便决定是否推广复制，也便于奖励等级评审并安排及时奖励。

2. 绩效验证效益

在某个持续改善项目或部门改善工作完成一段时间后，带来的 KPI 绩效数值改观，如作业效率提升、单位材料耗用降低、一次通过率提升、人均贡献提升、单位制造费用下降、单位管理费用下降或单位销售成本下降等。按本年度内实际产量或销量折算出改善效益金额，减去改善过程的投入总金额，即为绩效验证效益。

绩效验证效益的核算方式比预计改善效益更为切合实际，但也有很多费用的分摊无法考虑到。而且核算时间的严重滞后影响员工奖励的及时性，进而影响员工的提案改善积极性。

绩效验证效益一般用于持续改善项目完成一段时间后，从绩效变化角度验证改善项目的实际意义，确保提案改善活动真正推动公司业绩和员工素质一起成长。

3. 财务核算效益

在某个创新改善项目或部门改善工作完成一段后，财务部门在实际经营业绩数据下，按产品、单位、品牌、客户或区域的维度，核算出单位材料耗用、单位人工成本、单位制造费用、单位管理费用、单位物流费用或单位销售费用等的变化值。再按期间内实际产量或销量折算出改善效益金额，减去改善过程的投入总金额，即为财务核算效益。

财务核算效益较为吻合财务经营报表，但其前提是已经建立系统性标准成本体系和管理效益核算制度，而且通常滞后一个月时间。也只有最终的财务核算效益才能真正体现某个持续改善项目或部门改善工作给经营业绩带来的贡献大小。让"老板奖得下去""获奖拿得安心""贡献越大奖励越多"。并及时曝光提醒"不思进取""拖后腿"的单位与个人，激发全员的积极性与创造力。

一、制程改善类效益核算标准

1. 效率提升效益核算标准

（1）作业效率提升。

改善效益金额 =［计划量 ×（改善后作业效率 – 改善前作业效率）］×
产品单价 – 改善投入成本

（2）机台时产能提升。

改善效益金额 = 计划工时 ×（改善后时产能 – 改善前时产能）×
产品单价 – 改善投入成本

（3）故障降低。

改善效益金额 = 计划工时 ×（改善前故障率 – 改善后故障率）×
每小时机台工费率 – 改善投入成本

（4）换线工时减少。

$$改善效益金额 = （改善前换线工时 - 改善后换线工时）\times$$
$$换线次数 \times 每小时机台工费率 - 改善投入成本$$

（5）保养工时减少。

$$改善效益金额 = （改善前保养工时 - 改善后保养工时）\times 保养次数 \times$$
$$每小时机台工费率 - 改善投入成本$$

（6）大修工时减少。

$$改善效益金额 = （改善前大修工时 - 改善后大修工时）\times 大修次数 \times$$
$$每小时机台工费率 - 改善投入成本$$

（7）备注。

①作业效率是指价值产出的工时与总投入工时的比，也理解为在投入工时内实际产出量与标准产能之比。

$$作业效率 = \frac{有效工时}{作业工时} \times 100\%$$

$$= \frac{实际产量 \times 单位产品标准工时}{投入工时} \times 100\%$$

$$= \frac{实际产量}{小时标准产能 \times 投入工时} \times 100\%$$

②机台工费率是指该设备平均工作 1 小时的市场价格，其中包括折旧、维修费、场地费、水电气费及主要耗材费用等。

2. 品质改善效益核算标准

（1）材料品质提升导致的利用率提升。

$$改善效益金额 = ［计划量 \times （改善后材料利用率 - 改善前材料$$
$$利用率）］\times 材料单价 - 改善投入成本$$

（2）废品率降低。

$$改善效益金额 = ［计划量 \times （改善前废品率 - 改善后废品率）］\times$$
$$产品单价 - 改善投入成本$$

（3）次品降低。

$$改善效益金额 = ［计划量 \times （改善前次品率 - 改善后次品率）］\times$$
$$（成品单价 - 次品单价）- 改善投入成本$$

（4）产品一次通过率提升。

$$改善效益金额 = ［计划量 \times （改善后一次通过率 - 改善前一次$$
$$通过率）］\times 产品单价 - 改善投入成本$$

（5）备注。

①一次通过率是考察产品从第一道工序开始到最后一道工序的一次性合格比率，能够了解制造过程一次性生产合格成品的能力。

$$一次通过率 = \frac{末道工序合格品数}{材料投入量的理论总数} \times 100\%$$
$$= 所有工序合格率之乘积$$

②废品指不符合质量标准、不能按原用途使用的产品。

③废品率指废品数量在合格品、次品和废品三者总产量中所占的百分数。

$$废品率 = \frac{废品数}{总产出数量} \times 100\%$$

④次品率是指次品数量在合格品、次品和废品三者总产量中所占的百分数。次品是指不完全符合质量标准或订货合同规定的技术要求，但仍能按原规定用途使用的产品。

$$次品率 = \frac{次品数}{总产出数量} \times 100\%$$

3. 交付能力提升效益核算标准

（1）物流影响停机改善。

$$效益金额 = 损失工时 \times 机台工费率 + 损失工时 \times 人工费$$

（2）缺料影响停机改善。

$$效益金额 = 损失工时 \times 机台工费率 + 损失工时 \times 人工费$$

（3）订单满足率提升改善。

$$改善效益金额 = （改善后订单满足率 - 改善前订单满足率）\times 销售量 \times 产品单价$$

4. 成本下降效益核算标准。

（1）工艺改进带来的材料利用率提升。

$$改善效益金额 = [计划量 \times （改善后材料耗用率 - 改善前材料耗用率）] \times$$
$$材料单价 - 改善投入成本$$

（2）保质材料替换。

$$改善效益金额 = 计划量 \times （改善前单位材料成本 - 改善后单位材料成本） -$$
$$改善投入成本$$

（3）人工成本降低（人员数量减少）。

$$改善效益金额 = 计划量 \times （改善前单位产品人工成本 - 改善后单位产品$$
$$人工成本）- 改善投入成本$$
$$= 节约人工数 \times 平均工资福利总支出 - 改善投入成本$$

（4）制造费用降低。

①设备寿命延长。

$$改善效益金额 = 寿命延长期内设备总产能 \times 产品单价 - 设备折旧费用 -$$
$$改善投入成本$$

②备件寿命延长。

$$改善效益金额 = 备件使用量 \times （改善后使用天数 - 改善前使用天数）\times$$

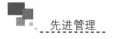

备件单价 – 改善投入成本

③备品备件保质替换（便宜的备件替换贵的备件）。

改善效益金额 =（改善前备件单价 – 改善后备件单价）× 备件使用数 –
改善投入成本

④备件用量减少（默认改善前后使用寿命相等）。

改善效益金额 =（改善前用量 – 改善后用量）× 备件价格 – 改善投入成本

⑤日常消耗用品用量减少。

改善效益金额 =（改善前用量 – 改善后用量）× 采购价格 – 改善投入成本

⑥电费耗用成本降低。

改善效益金额 = 计划产量 ×（改善前单位产品耗电度数 – 改善后单位
产品耗电度数）× 电费 – 改善投入成本

⑦水费耗用成本降低（切削液、天然气、煤耗等改善效益核算同此法）。

改善效益金额 = 计划产量 ×（改善前单位产品耗水吨数 – 改善后单位
产品耗水吨数）× 水费 – 改善投入成本

⑧厂房利用率提升。

改善效益金额 = 可利用的厂房节约面积 × 厂房单位面积费用 – 改善投入成本

（5）备注。

①材料利用率是指合格品中包含的材料数量在材料总消耗量中所占的比例，即已被有效利用的材料与实际消耗的材料之比。用以衡量某种材料被有效利用的程度。

$$材料利用率 = \frac{单位产品中所包含的材料净重量}{单位产品耗用材料重量} \times 100\%$$

$$= \frac{合格产品中包含的材料重量}{该种材料总耗用量}$$

②单位产品人工成本是指平均每一产品所发生的人工成本，通常以月度或年度衡量，人工成本包括直接人力和间接人力的工资、福利总金额。

$$月度单位产品人工成本 = \frac{当月该产品投入的人工总成本}{当月该产品合格品总产量}$$

二、设计改善类效益核算标准

1. 材料利用率提高

改善效益金额 = 计划量 ×（改善后材料利用率 – 改善前材料利用率）×
材料单价 – 投入成本

2. 单位材料成本降低

改善效益金额 =（改善前单位材料成本 – 改善后单位材料成本）×
计划量 – 改善投入成本

3. 材料节约

改善效益金额 =（改善前单位材料成本 − 改善后单位材料成本）×
计划量 − 改善投入成本

4. 工时节约

改善效益金额 =（改善前单位产品标准工时 − 改善后单位产品标准工时）×
机台工费率 × 计划量 − 改善投入成本

5. 人力节约

改善效益金额 =（改善前编制单位人工成本 − 改善后编制单位人工成本）×
计划量 − 改善投入成本
= 节约编制人工数 × 平均工资福利总支出 − 改善投入成本

6. 废品率降低

改善效益金额 =［计划量 ×（改善前废品率 − 改善后废品率）］×
产品单价 − 改善投入成本

7. 次品降低

改善效益金额 =［计划量 ×（改善前次品率 − 改善后次品率）×
（成品单价 − 次品单价）− 改善投入成本

8. 产品一次通过率提升

改善效益金额 =［计划量 ×（改善后一次通过率 − 改善前一次通过率）］×
产品单价 − 改善投入成本

9. 材料替代

改善效益金额 = 计划量 ×（改善前单位材料成本 − 改善前单位材料成本）−
改善投入成本

三、布局改善类效益核算标准

1. 节约空间

改善效益金额 = 可利用的厂房节约面积 × 厂房单位面积费用 − 改善投入成本

2. 提高物流效率

改善效益金额 =（改善后物流效率 − 改善前物流效率）× 物流搬运量 ×
物流搬运单价 + 节约的搬运人工费用 − 改善投入成本

四、工具改善类效益核算标准

1. 提高作业效率

改善效益金额 =［计划量 ×（改善后作业效率 − 改善前作业效率）］×
产品单价 − 改善投入成本

2. 减少工具数量

改善效益金额 = 改善工具前消耗成本 − 改善后工具消耗成本 − 改善投入成本

五、系统改善效益核算标准

1. 提升人员作业效率

改善效益金额 =（改善前有效工时 - 改善后有效工时）×

小时人工费用 - 改善投入成本

2. 提升机台作业效率

改善效益金额 =［计划工时 ×（改善后时产能 - 改善前时产能）］×

产品单价 - 改善投入成本

3. 节约人力

改善效益金额 =（改善前单位人工成本 - 改善后单位人工成本）×

计划量 - 改善投入成本

= 节约人工数 × 平均工资福利总支出 - 改善投入成本

4. 降低成本（参考制程类改善、技术类改善核算方法）

5. 品质改善（参考制程类改善、技术类改善核算方法）

六、表单优化类效益核算标准

1. 提高作业效率

改善效益金额 =（改善前表单作业影响工时 - 改善后表单作业影响工时）×

人工小时费用 - 改善投入成本

2. 消耗成本管控

改善效益金额 = 改善前表单消耗成本 - 改善后表单消耗成本 - 改善投入成本

第十五节　部门管理效益核算

管理效益核算作业通常以财务核算效益为准则，主要有模拟利润核算和成本节约核算两种方式。

两种核算方式都相对准确、客观且吻合财务经营财务报表。能够及时、准确而客观地反映各公司、部门、工厂、车间甚至生产线的过程管理效益水平，进而让各部门的工作和绩效能够紧扣企业经营业绩而不流于形式。

模拟利润核算方式的部门效益核算规则，一般是在已经建立标准成本体系的前提下，由企业财务对各考核部门进行独立核算。赋予各部门相应的利润目标和经营责任，并定期为其编制损益表，以便全面鼓励各部门积极开源进取。

以下主要讲述成本节约核算方式下的部门管理效益核算规则，重在全面鼓励节流性的提质减耗、降本增效。让企业各级部门的持续改善工作"能说清""可比较""知短板""懂改善"。便于及时反馈、彰显积极向上的单位与个人，便于提醒"不思进取"或"拖后腿"的单位与个人，进而便于从"比贡献大小"的角度激发员工的积极性和创造性。

一、成本核算项目

管理效益的核算口径有与上年同比和与标准对比两种节约状况的核算方式。

与上年度同比节约状况的核算，体现核算对象管理水平的进步程度或是退步程度。主要以各单品上年度的实际单位耗用和实际单位成本为依据，建立其生产料、工、费各成本项的同比基准值体系。

与年度标准对比节约状况的核算，体现核算对象对公司经营业绩的贡献大小，主要以各单品上年度的实际单位耗用与实际单位成本和本年度控制标准要求为依据，建立其生产料、工、费各成本项的标准比基准值体系。

二、成本核算科目

生产管理效益的核算科目主要为材料成本、人工成本和制造费用三个模块。

（1）材料成本为所有直接材料投入成本，一般都会在产品 BOM 表上体现，包括各种主材、辅材、包材等科目。

（2）人工成本指生产一线的直接人工工资及其福利费用的支出科目。

（3）制造费用是指围绕产品生产制造而发生的水电费、折旧费、维修费、各种机物料消耗和车间管理人员工资及福利费等费用科目。

三、成本核算规则

不同企业应充分考虑企业现阶段的实际情况而定与标准对比和与上年同比二者哪个为主。

对过程管理水平不是很高的企业，建议采用与上年同比为主考核，与标准对比为辅，更多强调进步程度。

对过程管理水平比较高的企业，建议采用与标准对比为主考核，与上年同比为辅，更多强调贡献大小。

四、基准值核定原则

（1）统一材料基准价。主要材料、能源采购价格基准值均以上年度平均采购单价为准，避免因材料采购价格波动的影响。

（2）主要材料、能源成本等以单位耗用为核算基础。通过"单耗×材料基准价"的方式确定单位材料成本的基准值。

（3）人工成本以单位人工成本为核算基础。通过上年度实际平均数结合实

际情况，综合而定单位人工成本的基准值。

（4）制造费用以单位制造费用为核算基础。通过上年度实际平均数结合实际情况，综合而定单位制造费用的基准值。

五、与上年同比节约效益的核算

1. 计算公式

（1）材料、能源耗用管理效益 = 本期实际生产入库量 × (本期实际材料单耗 − 上年值材料单耗) × 材料基准价

（2）人工成本管理效益 = 本期实际生产入库量 × (本期实际单位人工成本 − 上年值单位人工成本)

（3）制造费用管理效益 = 本期实际生产入库量 × (本期实际单位制造费用 − 上年值单位制造费用)

2. 主要优势

（1）直接展现各自与上年度成本水平对比状况，强调持续改善、不断进步，与 KPI 绩效考核互为呼应。可以避免很多过度强调其他外部影响因素的借口，督促各公司各部门踏踏实实地扬长避短、补缺补漏。

（2）便于直接识别各公司各部门的管理水平在进步还是退步，方便点对点地奖优惩劣。

（3）大幅减少或规避标准太严、目标太高等方面的扯皮或借口。

3. 主要劣势

（1）年度推出的新产品没法和去年同比，对新品贡献率比较高的企业，会较大影响每月管理效益核算数据的准确性，这也是最容易被充当借口的"挡箭牌"之一。

（2）上下年度生产淡旺季变化造成同比订单数量的大相径庭，很容易造成每月管理效益数据的非人为波动现象，这也是最容易被充当借口的"挡箭牌"之二。

（3）上年度整体运营管理和技术水平高的公司或部门，整体进步的空间越来越小，进步难度也会越来越大，这也经常被充当争要更多资源或奖励的理由。

六、与标准对比节约效益的核算

1. 计算公式

（1）材料、能源耗用管理效益 = 本期实际生产入库量 × (本期实际材料单耗 − 材料单耗标准值) × 材料基准价

（2）人工成本管理效益 = 本期实际生产入库量 × (本期实际单位人工成本 − 单位人工成本标准值)

（3）制造费用管理效益＝本期实际生产入库量×（本期实际单位制造费用－单位制造费用标准值）

2. 主要优势

（1）年度"标准值"与KPI绩效考核目标紧密捆绑。"标准值"的确定过程，也是全面对比分析、上下沟通讨论的过程，相当于强制性总结检讨会，利于有意识地扬长避短、补缺补漏。

（2）利于全面强化标准的意识。通过每年提高标准值的水准，推动运营管理水平的不断提升，推动精益管理、IE工具和持续改善的导入与深化。

（3）基本不会因为生产淡旺季变化和产品推陈出新，造成每月管理效益数据的非人为波动影响。

（4）可以避免或减少效益数值因规模大小无法确定贡献程度的争议。

3. 主要劣势

（1）"标准值"的讨论确定过程往往容易跑偏，或过于严苛、流于形式，或过于宽松、纵容慵懒。

（2）BOM表设计的准确性和运行维护体系的科学性与否，相当影响材料成本核算数据的准确性。没有BOM表或者BOM表不合理会造成数据失真。

（3）在统一的BOM表、统一采购单价的情况下，整体运营管理和技术水平高的公司或部门在同比上年退步的情况下也能取得较显著的节约效益，容易滋养"大公司病"。

参 考 文 献

［1］亚当·斯密. 国富论［M］. 胡长明译. 重庆：重庆出版社，2015.

［2］约翰·泰勒·盖托. 上学真的有用吗［M］. 汪小英译. 北京：生活·读书·新知三联书店，2010.

［3］商鞅. 商君书［M］. 石磊译注. 北京：中华书局出版社，2011.

［4］孙黎，李平. 好理论，坏管理，战略大师波特的公司破产了［J］. 中欧商业评论，2014.

［5］弗雷德里克·泰勒. 科学管理原理［M］. 黄榛译. 北京：北京理工大学出版社，2012.

［6］国家统计局福建调查总队. 福建工业企业技术引进与消化吸收状况分析［EB/OL］. 中国统计信息网，2007－6－8.

［7］国务院关于印发《中国制造2025》的通知［Z］. 中华人民共和国中央人民政府，2015.

［8］三谷宏治. 商业模式全史［M］. 马云雷，杜君林译. 南京：江苏文艺出版社，2016.

［9］迈克尔·波特. 竞争优势［M］. 陈丽芳译. 北京：中信出版社，2014.

［10］伊查克·爱迪思. 企业生命周期［M］. 王玥译. 北京：中国人民大学出版社，2017.

［11］彼得·德鲁克. 管理的实践［M］. 齐若兰译. 北京：机械工业出版社，2009.

［12］威廉·史蒂文森. 运营管理（原书第11版）［M］. 张群，张杰，马风才译. 北京：机械工业出版社，2012.

［13］朱熹. 大学中庸章句［M］. 北京：中国社会出版社，2013.

［14］刘学智. 中国哲学的历程［M］. 桂林：广西师范大学出版社，2011.

［15］GB/T 19580—2012 卓越绩效评价准则［Z］. 国家质量监督检验检疫总局、国家标准化管理委员会，2012－3－9.

［16］钱学森. 论宏观建筑与微观建筑［M］. 杭州：杭州出版社，2001.

［17］沈小峰，胡岗，姜璐. 耗散结构论［M］. 上海：上海人民出版社，1987.

［18］刘学智. 中国哲学的历程［M］. 桂林：广西师范大学出版社，2011.

［19］实藤远. 标量波理论和科学革命［M］. 李小青译. 上海：上海中医药

大学出版社，1998.

［20］中野明. 图解高德拉特约束理论［M］. 吴麒译. 北京：中国人民大学出版社，2008.

［21］胡明霞. 上市公司舞弊案例分析：基于舞弊三角理论的视角［M］. 成都：西南财经大学出版社，2015.

［22］马斯洛. 马斯洛人本哲学［M］. 唐译编译. 长春：吉林出版集团有限责任公司，2013.

［23］林崇德，杨治良，黄希庭. 心理学大辞典［M］. 上海：上海教育出版社，2003.

［24］台启权，陶金花. 大学生心理健康教程［M］. 南京：南京大学出版社，2012.

［25］唐震. 接受与选择——关于对象视域与人的主体性研究（第二版）［M］. 北京：中国社会科学出版社，2015.

［26］马仁杰，王荣科，左雪梅. 管理学原理［M］. 北京：人民邮电出版社，2013.

［27］何盛明. 财经大辞典［M］. 北京：中国财政经济出版社，1990.

［28］陆雄文. 管理学大辞典［M］. 上海：上海辞书出版社，2013.

［29］亚当·斯密. 国民财富的性质和原因的研究（上卷）［M］. 郭大力，王亚南译. 北京：商务印书馆，1972.

［30］大卫·李嘉图. 政治经济学及赋税原理［M］. 丰俊功译. 北京：光明日报出版社，2009.

［31］马克思，恩格斯. 马克思恩格斯选集（第二卷上）［M］. 北京：人民出版社，1972.

［32］马歇尔. 经济学原理［M］. 陈良译. 北京：商务印书馆，1965.

［33］冯俊华. 企业管理概论［M］. 北京：化学工业出版社，2006.

［34］赫尔曼·哈肯. 大自然成功的奥秘：协同学［M］. 凌复华译. 上海：上海译文出版社，2018.

［35］戴维·温伯格. 知识的边界［M］. 胡泳，高美译. 太原：山西人民出版社，2014.

［36］大野耐一. 丰田生产方式［M］. 谢克俭，李颖秋译. 北京：中国铁道出版社，2006.

［37］胡宗武. 基础工程——原理方法与应用工业工程系列教材［M］. 上海：上海交通大学出版社，2007.

［38］夏国新，张培德. 新编实用管理心理学［M］. 北京：中央民族大学出版社，1998.

［39］程光. 工业工程现场改善与运用［M］. 北京：冶金工业出版社，2013.

［40］关于印发《企业内部控制基本规范》的通知［Z］. 中国证券监督管理委员会，2008－7－10.

［41］道格拉斯·麦格雷戈. 企业的人性面［M］. 韩卉译. 杭州：浙江人民出版社，2017.

［42］迈克·鲁斯，约翰·舒克. 价值流图析［M］. 杜宏生，单金秀译. 北京：人民交通出版社，1999.

［43］戴作辉. 提案改善［M］. 北京：经济管理出版社，2015.

后　跋

先进管理的渊源

对精益生产管理的经验已有二十年，工作经历纷纭复杂，成长心路五味杂陈。所学、所思、所见、所闻的各类管理理论、工具、方法，形形色色、各有千秋、不一而足。

从车间一线员工到班长、主管、厂长、总经理，经历造就我职业技能经验的成熟。面对管理人数从最初的 10 个人到成千过万的经历，促成我对人性动机的理解。多年来勤总结、多思考、爱实践的习惯，促使我不断蜕变成长。

特别感恩在任职富士康科技集团 CNC 厂厂长期间参与 ipod、iphone 的开发、建厂与量产的工作经历，让我融会了现代化精密工厂"人—事—机—物—料"的运营管理；在任职福建恒安集团 CEO 助理、生产管理分部总经理的八年历程，让我领略了百亿级上市公司"研—采—产—供—销"的经营管理。

多年以来，我始终认为近现代西学东渐的各类管理理论、工具与方法大多只是各自领域的精华，彼此间的系统关联性并不强，很容易导致学习、传承与运用上的见仁见智和借题发挥。于是就一直都有系统性整理集成各类管理理论、工具与方法的想法。

特别是两次偶然机缘的顿悟，让我产生着手总结管理经验心得、集成管理理论工具的想法，并真正开始利用业余时间付诸实施：

一悟是，管理的最高境界就是"人—事—机—物—料"间的多方协同。任何管理理论都应当能够有助于协同统一，否则就是无效的管理。

二悟是，管理成功的核心在于是否拥有一个合规顺理、内通外限的保证系统。任何工具、方法与手段都应当有助于系统的合规顺理，否则就是无效的。

到 2015 年末书稿基本完成，从管理沿革到人性动机，从系统管理到价值释义，从市场需求到创新设计，从工业工程到生产制造，数次修改思想脉络与行文结构，书名也更换数次。

如此持续反复，直到 2018 年 7 月中旬，因寻求在福建泉州设立"国家科技

资源共享服务工程技术研究中心泉州分中心"的事宜,我应邀前往北京出差。一个机缘巧合,让我意识到一个成功的管理理论不能仅限于单个具体对象的研究,应当具有一定的哲学理念和人类格局,才会有时间生命力。于是又有了进一步重构书稿的想法。之后就开始广泛查阅、思考,借鉴古今中外哲学与社会学类的思想著作。希望能够在管理相关领域纵承千载论、横汲中外学,成就一家之言。

后来,因为推动北京航空航天大学机械工程与自动化学院与泉州市政府在泉州共建"北航(泉州)智能工业创新研究院"的事宜。2019年1月底,我与北航校方领导及专家教授一行5人应泉州市科技局的第二次考察邀请,赴泉州市政府商讨研究院落地细节事宜。期间有个环节是讨论研究院性质的定义,是装配制造、智能制造、先进制造还是智能工业的问题,让我猛然想到曾经有一位朋友与我微信互动留言,大致意思是这个时代非常缺乏能与时代经济匹配的管理思想。"先进管理"四个字立刻在我脑海浮现出来,几年来求索的书名不就是这个吗?真是恰如其分。但也一直担心无法承载"先进管理"的大课题,于是利用空余时间就围绕心目中的"先进管理"理念修改整理书稿。

直到2019年7月中旬,我应山东省发改委的邀请,担任山东省泰山产业领军人才工程项目评审专家团的小组长,幸会了二十多位来自清华、北大、中科院、人大等单位的专家教授。工作之余,与多位相关的教授聊到先进管理的理论逻辑、工具运用和推广想法,获得了很好的赞同与鼓励。至此才最终决定付印《先进管理》一书。

可以说,《先进管理》的撰著本身就是个与时俱进、先知先觉、博采众长的过程。读者朋友们若能以《先进管理》的视野,把握变局、做好自己,迎接新时代机遇,不愁志向不成。

也谨以此感谢所有相关人士的支持与鼓励!

戴作辉

2020年2月2日于福建长汀